Ostsee
Fehmarn
Mühlenau
Kossau
Oldenburger Graben
Plön
Schwartau
Lübeck
Trave
Wakenitz
Kanal
Ratzeburger See
Schaalsee
Lübeck-
Elbe-
Delvenau
Mecklenburg

Inhalt

Horst Teigeler

Kanuwandern in Schleswig-Holstein

und Hamburg

Gedruckt auf chlorfrei gebleichtem Papier (Zellstoff). Bei dieser chlorfreien Bleiche entstehen keine organischen Verbindungen mit Spuren von Dioxinen und Furanen. Dadurch werden die Abwässer nicht mit diesen Giften belastet.

Alle Bilder ohne Fotonachweis sind von Horst Teigeler

Titelseite: Ratzeburger Dom   Foto: Rabsch

Titelrückseite: Auf dem Großen Plöner See mit Plöner Schloß im Hintergrund

Foto: Rabsch

ISBN 3-925660-21-6

Impressum:

Satz: Sylvia Seyfried, München
Repro: GEWA Repro GmbH, München
Druck: Pollner Verlag
Bindung: Sellier Druck, Freising

Beachten Sie bitte immer: Flüsse unterliegen einem ständigen Wandel. Daher sind die Beschreibungen nur Anregungen für Kajakfahrten. Schriftliche und bildliche Darstellungen dieses Werkes erfolgen nach bestem Wissen und Gewissen des Autors. Das gleiche gilt für die Fotografen. Die Befahrung geschieht auf eigene Gefahr. Eine Haftung – für Autor und Verlag – kann nicht übernommen werden.

Horst Teigeler

Kanuwandern in Schleswig-Holstein und Hamburg

Pollner Verlag

Weites flaches Land an der Sorge — *Foto: Horst Teigeler*

Inhaltsverzeichnis

Auf der Trave in Lübeck *Foto: U. Rabsch*

Mit dem Kanu durch Schleswig-Holstein

Sonne, Wärme, Frühling. Überall sprießende Blumen und platzende Knospen. Draußen frühstücken! Der Mai schrie geradezu nach Kanufahren. Zwei Tage paddelten Johannes, Brigitte – seit 30 Wochen mit einem Kind (Arbeitstitel: Rudi) im Bauch – und ich auf der Obereider bis zum Westensee. Wir schlängelten uns mit dem schönen Flüßchen durch das holsteinische Hügelland und freuten uns des Lebens.

Das war eine von vielen Kanutouren, die ich in den letzten Jahren in Schleswig-Holstein gemacht habe. Allein oder mit Freunden, an heißen Sommertagen und durch winterliche Hagelschauer, flott mit der Tide oder mühsam gegen den Wind bin ich auf mehr als 50 Wasserläufen und 40 Seen weit über 1 000 km durch das Land gepaddelt.

Jede Fahrt war anders, nicht zuletzt, weil nördlich der Elbe eine wunderbare Vielfalt unterschiedlichster Gewässer und Landschaftsformen zu finden ist. die meisten Flüsse und Seen haben trotz nicht zu leugnender Zivilisationsschäden viel von ihrer Schönheit bewahrt. Manch alter Kanal ist wie ein natürlicher Wasserlauf mit der Umgebung verwachsen. Und die große Zahl interessanter „Kulturgüter" von gediegenen Herrenhäusern und historischen Stadtkernen bis hin zum modernen Welthafen machen das Paddeln noch reizvoller.

In diesem Buch ist von Land und Leuten und von den Touren die Rede. Im Anschluß an die Fahrtenberichte fassen „Steckbriefe" von jedem Gewässer die wichtigen Informationen über Beschaffenheit und Befahrbarkeit, Übernachtungsmöglichkeiten, Bestimmungen und vieles mehr zusammen. Im Kapitel „Bevor es losgeht ..." sind zudem die allgemeinen Bedingungen genannt, auf die Paddlerinnen und Paddler in Schleswig-Holstein treffen. So kann jede(r) gut vorbereitet starten.

Die Erhaltung der oft einmaligen Fluß- und Seenlandschaften mit ihrer empfindlichen Tier- und Pflanzenwelt hat bei den meisten Wasserwanderern einen besonderen Stellenwert, ist es doch gerade diese Natur, die sie auf das Wasser zieht. Wer sich dennoch nicht ganz sicher ist, auf welches Verhalten es ankommt, findet in einem gesonderten Kapitel entsprechende Hinweise. Dort sind auch die zur Zeit gesperrten Gewässer aufgelistet, und es werden jene drastischen Einschränkungen behandelt, die dem Kanuwandern in Schleswig-Holstein gegenwärtig von politischer Seite drohen. Es werden jene Stellen genannt, bei denen man nach Gewässersperrungen fragen kann, die nach dem Erscheinen dieses Buches verfügt worden sind.

Von wenigen Ausnahmen abgesehen, sind alle nicht gesperrten, für normale Wanderkajaks und Canadier befahrbare Wasserläufe in diesem Buch beschrieben.

Kleine Flüßchen, auf denen man nur einige Kilometer oder nur bei sehr hohen Wasserständen paddeln kann (und deren Befahrung aus ökologischen Gründen auch fragwürdig ist), sind nur am Rande erwähnt. Das gleiche gilt für Seen, die nicht von einem Wasserlauf durchflossen werden, sowie für Nord- und Ostsee. Die Meere sind nur etwas für entsprechend erfahrene und ausgerüstete Kanuten.

An Hamburgs Grenzen habe ich dagegen nicht haltgemacht. Es wäre auch ein Jammer, der Alster nicht in ihr schönes hamburgisches Tal zu folgen oder auf die Vier- und Marschlande zu verzichten.

Dove Elbe (Vierlande) *Foto: Horst Teigeler*

Von Land und Leuten

320 v. Chr. segelte der Astronom und Geograph Pytheas aus der griechischen Kolonie Massila, dem heutigen Marseille, durch die Meerenge von Gibraltar und weiter bis zur Nordsee. Er wollte mehr über die sagenhaften Länder der Nordwinde in Erfahrung bringen. Seinen Zeitgenossen erschienen die Berichte, die er nach seiner Rückkehr anfertigte, völlig unglaublich. Sie warfen Pytheas Aufschneiderei und Dichtung vor. Für uns enthalten sie die ältesten schriftlichen Mitteilungen über Schleswig-Holstein.

Daß Pytheas überhaupt Land entdeckte, hatte er den Eiszeiten zu verdanken. Ohne das Geschiebematerial aus Skandinavien hätte der Seemann hier nur einige kleine Inseln, ähnlich Helgoland, gefunden. Bis auf diese vereinzelt hochgedrückten älteren Gesteinsschichten ist Schleswig-Holstein ein erdgeschichtlich sehr junges Gebilde, das sich grob in drei Landschaftsformen unterteilen läßt.

Die letzte Eiszeit (120.000 bis 20.000 v. Chr.) bescherte Schleswig-Holstein das „Östliche Hügelland“. Die Gletscher rückten mit „Zungen“ und „Lappen“ vor und schoben ganz unterschiedliche Arten von (Jung-)Moränen auf. Gleichzeitig hobelten sie tiefe Furchen hinein, die seit dem Anstieg des Ostsee-Wasserspiegels als Förden (Buchten) weit in das Land reichen. Den Schmelzwassermassen sind die heutigen Flußtäler zu verdanken.

Der sanftgewellte Mittelrücken der Geest wirkt gegenüber dem reichen Relief des Jungmoränengebietes wenig gegliedert. Während zur Nordsee hin kleinere Höhenzüge und einige größere Erhebungen aus der vorletzten, der Saale-Vereisung, erhalten sind („Hohe Geest“), hat das Schmelzwasser der letzten, der Weichsel-Eiszeit, in der östlichen Hälfte die Altmoränen weggewaschen und mit feinen Sanden überspült („Niedere Geest“).

Noch nüchterner ist die Marsch, das Land an Nordsee und Unterelbe. Jahrtausende hat das Meer feine Sande und Tone abgelagert, hat Land entstehen lassen und in furchtbaren Sturmfluten wieder zerrissen. Die Deiche und die Warften, mit denen die Menschen sich ihren Lebensraum erobert hatten, sind hier die höchsten Erhebungen. Draußen im Wattenmeer, einer der faszinierendsten Naturlandschaften der Welt, zeugen die Halligen von den Niederlagen im Kampf gegen die Fluten. „Schwimmende Träume“ hat Theodor Storm diese Reste der einst viel größeren Marsch genannt.

Der Osten Schleswig-Holsteins lockt neben den Badeorten an der Nordsee die meisten Touristen ins Land. Die ruhige Ostsee mit ihren feinen Sandstränden und Steilküsten, mit Förden und Buchten zieht die Menschen ebenso an wie das reizvolle Hügelland, die waldumstandenen Seen, die vielen schönen Dörfer. Die Holsteinische Schweiz liegt hier, die Lauenburgische Seenplatte, die Städte Flensburg, Schleswig, Lübeck. Ein Landstrich voller (ehemaliger) Gutshöfe mit teilweise imposanten Herrenhäusern und Schlössern. Hier scheint sogar die Sonne länger als im übrigen Schleswig-Holstein.

Übersichtskarte Schleswig Holstein und Hamburg

Gegen soviel landschaftlichen und kulturellen Reichtum wirkt die Geest wie ein „Landstrich ohne Eigenschaften" (Breuer, u.a.). Der dünnbesiedelte Mittelrücken ist nichts für die Liebe auf den ersten Blick. Aber auch er hat seine Reize, etwa die größten Wälder des Landes (Sachsenwald, Segeberger Forst), Naturparks wie der von Aukrug, Reste ehemaliger Moore und das hohe Elbufer zwischen Lauenburg und Geesthacht.

Für viele Menschen ist die Marsch nichts als flach. Dabei ist gerade die fast menschenleere und baumlose Weite das Faszinierende an dieser Landschaft. Nicht selten schieben sich gewaltige Wolkengebirge über das endlose, grüne Land. Nur ein paar Kirchtürme, Strommasten und Silogebäude ragen aus dem Horizont hervor. Besonders schön ist die alte Marsch mit ihren gewundenen Deichen und verstreuten Einzelgehöften auf Warften. In manchem Stück Flußmarsch zeigt Schleswig-Holstein sich von seiner besten Seite, etwa bei Wilster oder in der Eider-Treene-Sorge-Niederung mit der Geestinsel Stapelholm in der Mitte.

Die Germanen, die bei Pytheas' Besuch noch in kleinen Sippen lebten, schlossen sich später zu Stämmen zusammen. Nordöstlich der Eider lebten die Angeln, südlich des Flusses, in drei Gaue geteilt, Sachsen: die Dithmarscher (= die in Dithmars Gau) an der Nordsee, daneben die Holsten (= die aus dem Holz, Wald) und weiter östlich die Stormarner (= die aus dem Land der Stürme). Jahrhunderte später waren sie an der großen germanischen Völkerwanderung beteiligt. Als die Römer 407 n. Chr. Britannien aufgeben mußten, eroberten Sachsen, Jüten, Angeln und Friesen die Insel. Die Angeln gaben als einzige ihre Herkunftsregion ganz auf.

In die entvölkerten Landstriche zogen andere Stämme nach. An der schleswigschen Nordseeküste und auf den Inseln setzten sich Friesen fest. Den übrigen Norden besetzten Dänen. Das heutige Ostholstein machten zwei slawische Obotritenstämme zu ihrer neuen Heimat, den nördlichen Teil die Wagrier und den südlichen die Polaben (po labe = an der Elbe).

Die Franken hatten um 800 n. Chr. unter Karl dem Großen die Sachsen nördlich der Elbe unterworfen. Das Gebiet wurde als Holstein ihre nördlichste Mark. Von Norden strebten ihnen die Dänen entgegen. Als Grenze wurde nach mehreren Schlachten 811 die Eider festgelegt. Die Trennungslinie sollte bis in unser Jahrhundert immer wieder umkämpft, umstritten, jedenfalls bedeutsam sein. Mit den Slawen im Osten einigte man sich schon früher auf den „limes saxionae" als Grenze.

1326 und 1386 erlangten die Grafen von Schauenburg, die Holstein regierten, die Belehnung auch mit Schleswig. Beide Landesteile wuchsen immer stärker zusammen, obwohl Schleswig staatsrechtlich dänisch und Holstein deutsch blieb. Das fand 1460 in dem Vertrag von Ribe am nachhaltigsten seinen Ausdruck.

Im Detail wird die Geschichte immer komplizierter. Die damalige politische Landkarte gleicht einem Flickenteppich. Welche Gebiete von welchem Herzogen-

oder Grafenhaus und von welcher Seitenlinie allein oder gemeinsam verwaltet werden, welche die Kirche und welche die Hansestädte unter sich haben, ist nur noch mit Mühe nachzuvollziehen.

Im letzten Jahrhundert entbrannten die Nationalitätenkonflikte zwischen Dänen und Schleswig-Holsteinern. Es kam zu Aufständen und schließlich zu Kriegen. Am Ende (1867) fand sich Schleswig-Holstein als preußische Provinz wieder.

Ausgestanden war das Thema damit noch lange nicht. Nach dem Ersten Weltkrieg fiel Nordschleswig durch Volksabstimmung an Dänemark. Nach dem Zweiten Weltkrieg liebäugelten die Dänen – allerdings vergeblich – auch mit Südschleswig. Seitdem hat das Verhältnis beider Volksgruppen sich deutlich entkrampft. Das Zusammenleben mit den jeweiligen Minderheiten gilt als vorbildlich.

Die Nazizeit ist für Schleswig-Holstein ein besonders bitteres Kapitel gewesen. Nirgends konnten sich die Braunen rascher durchsetzen als hier. Nirgends blieben sie länger: Flensburg wurde für 23 Tage deutsche Hauptstadt, als das übrige Reich längst verloren war.

Über eine Million Flüchtlinge fanden in Schleswig-Holstein eine neue Heimat. Das waren 40 % der Bevölkerung. Der Anteil der Zugezogenen etwa aus Hamburg dürfte seitdem noch gestiegen sein. Da etwas über den typischen Schleswig-Holsteiner zu sagen, erscheint mehr als gewagt.

Es gibt 2,5 Millionen von ihnen. Sie leben auf 15.700 km^2. Die Bevölkerungsdichte ist mit 163/km^2 die zweitniedrigste der alten Bundesrepublik. 20 % der Menschen leben im Hamburger Umland, weitere 25 % in den vier kreisfreien Städten Flensburg, Kiel, Neumünster und Lübeck. Auf diese Regionen und auf Brunsbüttel an der Unterelbe konzentrieren sich auch die meisten Industriebetriebe. Man kann sich vorstellen, wie dünn besiedelt und ländlich der Rest des Landes ist.

Schleswig-Holstein fürchtet, den Anschluß an das allgemeine Wirtschaftsniveau zu verlieren. Der EG-Binnenmarkt könnte den Norden noch mehr an die Peripherie drängen. Imagepflege ist da besonders wichtig, beispielsweise durch das Musikfestival, das alljährlich im Sommer auch kleinen Orten und ungewöhnlichen Veranstaltungsplätzen hochkarätige klassische Konzerte beschert. Oder durch die Kieler Woche, der größten Segelsportveranstaltung Europas.

Selbstverständlich wuchert man mit dem größten Pfund, mit den beiden Küsten und der Landschaft dazwischen, um Touristen ins Land zu locken. Und in der Tat ist Schleswig-Holstein ein schönes, attraktives und liebenswertes Land, ein Land wie gemacht für Paddler. Wer es von seiner schönsten Seite erleben will, sollte sich mit dem Kanu auf den Weg machen.

Übersicht

über die Gewässer, Bedingungen, Bestimmungen, Wasserqualität, Ausrüstung, Übernachtung, Literatur, Karten und Adressen

Bereits die Planung einer Tour läßt den meisten Paddlerinnen und Paddlern das Wasser im Mund zusammenlaufen. Sie hocken über Karten, studieren, Kanuführer, stecken ihre Nasen in Reiseliteratur und stellen ihre Ausrüstung zusammen.

Dieses Kapitel soll all jenen, die Lust auf eine Kanutour nördlich der Elbe bekommen haben, eine gute Vorbereitung ermöglichen, so daß sie später entspannt paddeln können und keine bösen Überraschungen erleben. Diese ganz Schleswig-Holstein betreffenden Informationen werden in den Fahrtenbeschreibungen und Steckbriefen für die jeweiligen Gewässer weiter präzisiert.

Die Wasserläufe im Überblick: Die Fließgewässer Schleswig-Holsteins münden letztlich in Nordsee, Ostsee oder Elbe. Die Ostseezuflüsse sind durchweg kurz, da die Hauptwasserscheide, bedingt durch die hohen Moränen, weit nach Osten verschoben ist. Diese kleineren Bäche sind – wenn überhaupt – nur bei besonders guten Wasserständen auf wenigen Kilometern befahrbar. Ausnahmen bilden Schwentine und Trave.

Die Schwentine durchfließt auf den 50 km zwischen Eutin und Kieler Förde die Holsteinische Schweiz mit ihrer Seenplatte. Sie nimmt als einzigen befahrbaren Nebenfluß die Kührener Au auf. Die Trave beschreibt einen 90 km langen Halbkreis im Süden des Hügellandes. Ihr fließen mehrere kurze Wasserläufe zu, aus denen die Wakenitz herausragt. Diese ermöglicht eine herrliche Tour zu den Ratzeburger Seen und weiter bis zum Schaalsee. Eine Besonderheit des Ostens ist die Schlei. Dieses 40 km lange Gewässer ist eigentlich eine Meeresbucht. Da sie aber eher den Charakter eines Flusses und einer Seenkette besitzt, gehört die „schöne Tochter der Ostsee“ zu den beliebtesten Paddelgewässern des Landes.

Der bei weitem größte Nordseezufluß ist die Eider. Obwohl ihr durch den Bau des Nord-Ostsee-Kanals (NOK) ein Stück genommen wurde, ist sie immer noch auf über 160 km befahrbar. Auf ihrem Weg zum Meer fließt sie durch alle drei Landschaftsformen. Am schönsten ist sie für mich bei der Geestinsel Stapelholm, wo sie auch ihre beiden bedeutendsten Nebenflüsse aufnimmt. Der eine, die Treene, schlängelt sich wie kaum ein zweiter quer durch die Schleswiger Geest und durch die nach ihr benannte Marsch. Auch der andere Nebenfluß, die Sorge, ist ein netter Wasserlauf.

Die Eider spannt ein solch großes Netz von Wasserläufen auf, daß für andere Nordseezuflüsse nur noch wenig Platz bleibt. Zudem sind alle lediglich auf kurzen Abschnitten attraktiv. Der längste von ihnen ist der Bongsieler Kanal mit seinen Zuflüssen in Nordfriesland. Die Gesamtstrecke von Wallsbüll bei Flensburg bis zum Wattenmeer beträgt 40 km. Ein Stück südlich vom Bongsieler Kanal mündet die Arlau in die Nordsee. Das Flüßchen bringt es immerhin noch auf 22 bis 30 km befahrbare Strecke. Die 20 km lange Miele in Dithmarschen ist wegen der reichen Vogel- und Pflanzenwelt an ihren Ufern für Naturfreunde interessant. Ähnliches gilt für die Wasserläufe des Gotteskooges im deutsch-dänischen Grenzgebiet.

Die Elbe-Zuflüsse kommen die holsteinische Geest herab. Einige fließen in diesem Bereich durch herrliche Talauen. Sie zählen daher wie die Osterau und die Bille zu den schönsten Wasserläufen des Landes. Andere haben ihre stilvollsten Abschnitte dagegen gerade in der Marsch.

Die meisten schleswig-holsteinischen Elbe-Zuflüsse sind auf 20 bis 40 km Länge befahrbar. In der Reihenfolge ihres Einmündens sind das: Delvenau, Dove Elbe (mit oberer Bille), Alster, Pinnau und Krückau. Der letzte in dieser Reihe, die Stör, ist hier mit 80 km die große Ausnahme. Sie besitzt auch als einzige ein großes Netz von Nebenflüssen, von denen auf der Geest die Bramau mit der erwähnten Osterau, in der Marsch die Wilster Au die attraktivsten sind.

Überall im Lande gibt es Kanäle. Sie schaffen oft gute Verbindungen und sind nicht selten selbst schöne Paddelgewässer. Die beiden wichtigsten künstlichen Wasserstraßen sind der Nord-Ostsee-Kanal (NOK) und der Elbe-Lübeck-Kanal (ELK). Der wegen seiner Großschiffahrt beeindruckende, aber sterile Nord-Ostsee-Kanal ermöglicht es, direkt von der Elbe oder über die Wilster Au aus dem Einzugsgebiet der Stör in den Bereich der Eider zu gelangen. Paddelt man weiter bis zur Kieler Förde, läßt sich sogar die Schwentine erreichen.

Ein Blick auf die Karte zeigt, daß vom nachmittäglichen Paddelausflug bis zu einer mehrwöchigen Tour in Schleswig-Holstein alles denkbar ist.

Gesperrte Gewässer: Aber nicht alle geeigneten Wasserläufe dürfen auch befahren werden. Auf einigen Flüssen und Seen ist das Paddeln gegenwärtig ganzjährig und vollständig, meist aus Gründen des Naturschutzes, verboten. Sie sind im anschließenden Kapitel aufgelistet. Auf anderen Gewässern ist das Kanuwandern nur zu bestimmten Zeiten oder nur unter bestimmten Bedingungen (z.B. Mindestwasserstand) erlaubt. Auf solche Beschränkungen wird in den **Steckbriefen** hingewiesen.

Dazu kommen etliche Seen ohne Ausfluß, auf die ich nicht näher eingehe. Wer dort paddeln möchte, sich aber der Erlaubnis nicht sicher ist, sollte sich bei den Naturschutzbehörden vor Ort, bei den Kreisverwaltungen oder beim Umweltministerium erkundigen.

Wer sichergehen will, daß das ausgewählte Gewässer nicht seit Erscheinen dieses Buches gesperrt wurde – und da sind zur Zeit einige in der Diskussion –, sollte ebenfalls bei den Behörden anrufen. Alle Naturschutzverordnungen liegen auch beim Umweltministerium in Kiel (Telefon s.u.) aus. Die Zeitschrift *Kanu-Sport* veröffentlicht ebenfalls Sperrungen. Jährlich erscheint eine – unvollständige – Liste in dem Heft *Kanu Sportprogramm* des DKV.

Weiter ist zu beachten, daß zahlreiche Seen Privateigentum sind. Hier darf man nur mit Genehmigung des Eigentümers oder Pächters mit seinem Kanu fahren. Anders ist es allerdings, wenn ein privater See von einem natürlichen Wasserlauf durchflossen wird. In diesem Fall darf man laut **§ 17 des Schleswig-Holsteinischen Wassergesetzes (SHWG)** den See auf kürzester Strecke überqueren, darf aber keine Rundfahrt machen und die Ufer nicht betreten. Diese Regelung bewahrt die Paddler bei mehreren Touren vor weiträumigen Umtrageaktionen.

Von den **allgemeinen Verkehrsregeln** auf dem Wasser sollen an dieser Stelle nur folgende genannt werden: Jede/r hat sich so zu verhalten, daß niemand (auch die Natur nicht) gefährdet, geschädigt und über ein unvermeidbares Maß hinaus behindert oder belästigt wird. Kanuten haben praktisch allen anderen Vorfahrt zu geben bzw. auszuweichen. Badestellen dürfen während des Betriebes nicht befahren werden. Wer sich vernünftig verhält, wird auch in Unkenntnis keine Übertretung begehen. Besondere Bestimmungen gibt es für Bundeswasserstraßen und andere Schiffahrtswege. Genaueres dazu findet sich in der Literatur (s.u.) und in den Steckbriefen (z.B. zum NOK).

Auch beim Paddeln in den Gewässern an der **Grenze mit Dänemark** gibt es ein paar Vorschriften zu beachten. Wer in der Flensburger Förde die Grenze übertreten (überpaddeln) will, muß sich in Flensburg beim Zollponton am Ostufer hinter dem letzten Getreidesilo ab- und beim Zoll in Kolund/Dänemark anmelden. Wer von Nordfriesland ins nördliche Nachbarland überwechseln will, hat es nicht so einfach. Für das Befahren der Grenzgewässer braucht man eine schriftliche Genehmigung (auch wenn man nicht auf die dänische Seite überwechseln will), die vorher beim Grenzschutzamt Flensburg beantragt werden muß. Die Details sind im Steckbrief „Wasserläufe im Gotteskoog“ ausführlich erläutert. Dort wird auch von jenen umfangreichen Gewässersperrungen berichtet, die die dänischen Behörden im April 1992 im südlichen Jütland verfügt haben.

Wo auch immer, die **Strömung** der Flüsse in Schleswig-Holstein ist gering. Viele Wasserläufe strömen so schwach, daß man sie auch in Gegenrichtigung paddeln kann. Das trifft auf alle Seen und Kanäle, auf fast die ganze Schwentine und auf die meisten Unterläufe der übrigen Flüsse zu. In einigen Gewässern kehrt sich die Strömung durch den Einfluß der **Gezeiten** sogar um: Die Elbe unterhalb Geesthachts, die Unterläufe von Pinnau, Krückau und Stör einschließlich der unteren Nebenflüsse sollte man nicht ohne Tidenkalender befahren. Sonst könnte es sehr anstrengend werden. Das kleine blaue Heft vom Bundesamt für Seeschiffahrt und Hydrographie gibt es in vielen Buchhandlungen. An Nordsee und Elbe veröffentlichen auch die örtlichen Tageszeitungen die täglichen Hoch- und Niedrigwasserstände.

Wenn Sie vor Ort feststellen, daß die tatsächliche von der vorausberechneten Zeit abweicht, liegt das vermutlich am **Wind**. Je stärker der nämlich bläst, desto mehr bremst oder beschleunigt er das Auf- und Ablaufen des Wassers. Aber auch ansonsten ist Tide nicht gleich Tide, denn die Wasserstände weichen in der Regel vom mittleren Hoch- und Niedrigwasser ab. Das liegt an der unterschiedlichen Stellung von Mond und Sonne. Letztere schwächt oder verstärkt die Anziehungskraft unseres Trabanten ein wenig, so daß regelmäßig Nipptiden (mit sehr niedrigen) und Springtiden (mit sehr hohen) Wasserständen auftreten. Daneben wird die Höhe der Wasserstände auch von starken Winden beeinflußt. Das ist besonders deutlich in der Ostsee zu spüren. Der mittlere Tidenhub beträgt an der deutschen Küste etwa 10 cm. Eine Differenz zwischen Hoch- und Niedrigwasser ist also kaum zu bemerken. Der Wind kann dagegen Schwankungen von mehreren Metern bewirken.

Der Wind beeinflußt nicht nur Gezeiten und Wasserstände, sondern auch die Stimmung von Kanuten. Auf der Geest und im östlichen Hügelland läßt er sie meist in Ruhe, da Hügel, Uferbewuchs und Wälder Schutz bieten. Nur auf den Seen und seenartigen Erweiterungen von Schlei und Untertrave macht er sich zuweilen unangenehm und ab gewissen Windstärken gefährlich bemerkbar. Ganz anders dagegen im Marschgebiet. Hier weht er eigentlich immer und nur selten schwach. Schon bei Stärken von 5 oder 6 macht Gegenwind das Paddeln zu einer wahren Schinderei. Wer es einrichten kann, sollte den anvisierten Wasserlauf besser in Gegenrichtung fahren. Das ist auf den meisten Flüssen in den besonders windbeeinflußten Regionen auch gut möglich, da sie hier kaum strömen.

Bei starkem Wind muß auch mit **Wellen** gerechnet werden. Diese können auf größeren Gewässern durchaus unangenehm werden. Gezeiteneinfluß kann den Charakter von Wellen verändern. Stehen sich Tide und Wind entgegen, entstehen kurze, aufschwappende Wogen, die ein kleines Paddelboot unangenehm hüpfen lassen. Auch Wellen von Sportbooten und Frachtern sollten nicht unterschätzt werden. Sie gehen in zwei Folgen von Bug und Heck aus und können gerade in Häfen mit steilen Kaimauern hinterhältig zurückgeworfen werden.

Strömung, Gezeiten, Wind und Wellen werden auf den **Meeren** zu noch weit gewichtigeren und vielfältigeren Faktoren. Andere Größen wie plötzlicher Wetterumschwung oder Nebel können hinzukommen. Das Paddeln auf der Ost- und erst recht auf der Nordsee bedeutet daher für Kanuten, die sich in diesen Revieren nicht auskennen und die nicht die für Großgewässer erforderliche Erfahrung und Ausrüstung haben, Lebensgefahr. Dasselbe gilt für die Elbe im Tidebereich, und zwar um so mehr, je näher man der Mündung kommt.

Hier ist eine besondere **Ausrüstung** unerläßlich. Auf den übrigen Gewässern Schleswig-Holsteins kommt man dagegen mit dem aus, was bei einfachen Wanderfahrten überall üblich ist. Auf einige Dinge möchte ich dennoch hinweisen. Ein Bootswagen ist bei vielen Touren nützlich. Manchmal müssen Wehre 100 m umtragen werden. Da bewahrt der Bootswagen vor allem allein paddelnden Kanuten vor übler Schlepperei. Andere Fahrten sind ohne ihn gar nicht denkbar, etwa das Umsetzen von Ober- in Untereider in Rendsburg (ca. 1 km) oder das Umgehen des Naturschutzgebiets „Alter Schwentinearm" zwischen dem E-Werk Raisdorf und der Oppendorfer Mühle (ca. 1,5 km). Eine Schwimm- oder Rettungsweste ist für alle Unsicheren, Nichtschwimmer und Kinder unumgänglich. Das gilt umso mehr, wenn es auf Seen und größere Gewässer hinausgeht und wenn das Wasser kalt ist. Der Körper ist viel, viel schneller unterkühlt und damit bewegungsunfähig, als angenommen wird.

Das nächste muß ich keinem Norddeutschen erzählen: Es regnet hier besonders viel, auch im Sommer. Will man sich die Tour nicht vermiesen lassen, sollten wirklich dichte und atmungsaktive Regenklamotten zum Gepäck gehören. Gummistiefel können in Tideflüssen gute Dienste leisten, weil man bei Niedrigwasser besser durch den Schlamm ans Ufer kommt. Der Klei ist von anderen Schuhen nur schwer abzuspülen.

Wer die Zeilen über den Wind gelesen hat, dem wird wahrscheinlich eine Besegelung für das Kanu eingefallen sein. Die kann in der Tat sehr nützlich sein. Und zuletzt: Da das Nachholen des Autos gerade in dünnbesiedelten Gegenden schwierig ist, haben wir, zumindest wenn wir mit dem Kanadier unterwegs sind, ein Klapprad an Bord. Einer bleibt am Ziel beim Kanu. Der andere darf noch ein wenig in die Pedale treten.

Bei mehrtägigen Touren stellt sich die Frage nach der **Übernachtung**. Die meisten Paddler schlagen irgendwo am Ufer ihr Zelt auf. Das ist in Schleswig-Holstein grundsätzlich auch für eine Nacht erlaubt (ebenso das Campieren mit dem Wohnmobil), allerdings nicht in Landschafts- und Naturschutzgebieten. Außerdem sind die Interessen der Eigner, Pächter und anderer sowie des Naturschutzes zu beachten. Die Naturschutzbehörden höhlen dieses Recht auf „Gemeingebrauch" gegenwärtig immer mehr aus. Im Kreis Plön erheben sie neuerdings von jedem 100,-- DM Strafe, der näher als 50 m an einem Fluß oder See sein Zelt aufbaut. Natürlich sollte man nicht auf Wiesen zelten, die kurz vor der Mahd stehen und auch nicht beim Bauern im Garten. Wenn jemand da ist, den man fragen kann, ist das allemal am besten.

Von den offiziellen Camping-Plätzen gibt es jede Menge in Schleswig-Holstein (ein Drittel aller Camping-Nächte in den alten Bundesländern werden nördlich der Elbe verbracht), aber nur wenige an den Paddelgewässern. Eine unvollständige

Liste gibt es beim Fremdenverkehrsverband Schleswig-Holstein.

Manche Kanuvereine erlauben DKV-Mitgliedern auf Anfrage, ihr Zelt auf dem Vereinsgelände aufzubauen. Manchmal haben sie sogar im Vereinshaus Übernachtungsmöglichkeiten. Eine Telefonnummer, unter der man um Erlaubnis fragen kann, soll an den Bootshäusern zu finden sein. Eine Liste der Vereine und ihrer derzeitigen Vorsitzenden ist über den Landeskanuverband zu erhalten.

Von den Jugendherbergen liegen einige recht günstig für Kanuten. Zwar sind sie in der Regel nicht auf Paddler eingestellt – es fehlt vor allem an Unterstellmöglichkeiten für die Boote –, aber mit Improvisation ist meistens etwas zu machen. Eine frühzeitige Anmeldung bewahrt dabei vor bösen Überraschungen. Informationen: Deutsches Jugendherbergswerk, Landesverband Nordmark, Rennbahnstr. 100, 22111 Hamburg, Tel. 040/651 00 31. Geeignete Zeltplätze und Jugendherbergen sind in den Steckbriefen aufgeführt.

Dagegen habe ich die vielen Landgasthöfe, Hotels und Pensionen nicht berücksichtigt. Auch wenn es sie überall im Lande gibt, so kommen sie doch für die meisten Paddler nicht in Frage. Ferienwohnungen bieten sich an, wenn man von einem Stützpunkt aus mehrere Tagestouren machen will. Entsprechenden Verzeichnisse sind über die örtlichen Fremdenverkehrsbüros zu erhalten. Die vollständige Liste der Fremdenverkehrsgemeinden kann man ebenfalls beim Fremdenverkehrsverband Schleswig-Holstein in Kiel anfordern (Tel. 0431/56 000). (Über den Verband sind außerdem Spezialprospekte zu verschiedenen Themen wie Camping, Wassersport, Herrenhäuser zu beziehen.)

Das **Nachholen der Autos** ist manchmal ein Problem. Wenn man nicht mit zwei Pkw anreist oder sich am Zielort abholen läßt, dann gibt es grundsätzlich drei Möglichkeiten:

- Öffentliche Verkehrsmittel: Es gibt in Schleswig-Holstein ein gut ausgebautes Netz von Bahn- und Buslinien. Die Busse verkehren aber auf vielen Strecken nur selten. Ein „Taschenfahrplan Schleswig-Holstein“ wird jedes halbe Jahr von der Bundesbahndirektion Hamburg, Museumstr. 39, 22765 Hamburg, herausgegeben und kostet 5,-- DM. Er führt alle Bahnen und Busse auf, nicht jedoch die lokalen Verkehrsnetze, wie z.B. die Buslinien der Stadt Meldorf.
- Das Fahrrad: Ich stelle es bei Touren mit dem Kajak manchmal vor dem Start an den Endpunkt. Fahre ich mit dem Kanadier, kann ein Klapprad im Boot mitgenommen werden. Vom Zielort geht es mit dem Rad zum Auto zurück. Anschließend weiß man, was man getan hat.
- Trampen: Auf befahreneren Straßen kommt man per Anhalter gut voran. Mein Freund Johannes schwört auf diese Methode, denn er wird auch aus den abgelegensten Dörfern stets mitgenommen. Aber nicht alle sehen so gut aus wie er.

Für viele Paddler spielt die **Wasserqualität** eine wichtige Rolle. Gerade wenn die Sonne drückt – und das tut sie auch in Norddeutschland manchmal –, kann ein Sprung in den Fluß die Erlösung von allen Übeln bedeuten. Dreck, Gift oder Gestank können einem dagegen jeden Spaß verderben.

Das „Landesamt für Wasserhaushalt und Küsten Schleswig-Holsteins" und die Umweltbehörde Hamburgs untersuchen seit vielen Jahren die Qualität der Gewässer. Die Ergebnisse werden in unterschiedlicher Form veröffentlicht, beispielsweise auf hundertseitigen Arbeiten über einzelne Flüsse und auf einer Übersichtskarte für das ganze Land. Man richtet sich nach der bundeseinheitlichen siebenstufigen Einteilung der Gewässergüte für Fließgewässer und Kanäle. Hier wird „in erster Linie die Belastung mit organischen, unter Sauerstoffentzug biologisch abbaubaren Inhaltsstoffen" erfaßt, die in Schleswig-Holstein im Vordergrund stehen. Nicht gemessen werden salzhaltige Gewässer, z.B. die Mündungsbereiche von Elbe und Eider, sowie „toxische Stoffe wie Schwermetalle und schwer abbaubare organische Verbindungen (z.B. chlorierte Kohlenwasserstoffe)".

Das Landesamt weist weiter darauf hin, „daß aufgrund der für die im schleswig-holsteinischen Flachland geltenden natürlichen Bedingungen – geringe Wasserführung, kleine Fließgeschwindigkeiten, nährstoffreiche Einzugsgebiete – die Güteklasse I praktisch nicht erreicht werden kann. Auch die Gewässergüteklasse I bis III kann allenfalls im Quellbereich erreicht werden".

Die Untersuchungsergebnisse sind also mit Vorsicht zu genießen. Sie besagen, daß die meisten Fließgewässer in den Güteklassen II (mäßig belastet) und II bis III (kritisch belastet) liegen. Das betrifft bis auf wenige Ausnahmen alle befahrbaren Abschnitte dieser Wasserläufe. Hier überwiegt sogar die Güteklasse II. So gesehen kann man in einem Großteil der Paddelflüsse baden. Weitere Informationen: Umweltministerium Schleswig-Holstein (Tel. 0431/2190) und „Umwelttelefon" der Hansestadt Hamburg (Tel. 040/34 35 36).

Wie auch immer, ansehen kann man den Gewässern ihren Gehalt an belastenden Stoffen so gut wie nie. Vom Rostbraun des Wassers aus Moorgebieten und der milchig-beige-trüben Färbung von Marschwasser jedenfalls darf man sich nicht täuschen lassen. Beides ist durch die Böden der durchflossenen Gebiete bedingt und völlig natürlich.

Literatur: In der folgenden Liste ist eine Anzahl von Büchern aufgeführt, die Schleswig-Holstein (SH) als Ganzes zum Thema haben. Hinweise auf Literatur, die sich bestimmter Flüsse, Landschaften und Orte annimmt, finden sich in den Steckbriefen. Die Liste stellt nur eine kleine Auswahl dar. Wer es gern ausführlicher hätte, sollte eine gutsortierte Buchhandlung aufsuchen oder in eine der öffentlichen Büchereien gehen. Dort stehen auch viele der genannten, zum Teil recht teuren Bücher zum Verleih bereit.

Landesvermessungsamt (Hg): *Topographischer Atlas SH* • Uwe Muuß, u.a.: *Die Binnengewässer SHs*

● derselbe, *Die Küsten SHs* ● L. u. E. Jedicke: *Naturdenkmale in SH* ● P. Dreves (Hg.): *1.000 Ausflugsziele in SH* ● H. Breuer u.a. (Hg): *Schleswig-Holstein* (Regional- und Freizeitführer) ● Pressestelle der Landesregierung SH: *SH – ein Lesebuch* ● DJH: Deutsches Jugendherbergsverzeichnis ● Hamburger Kanuverband: *Kanu-Wanderbuch für Nordwest-Deutschland* (8. Aufl.) ● Bundesamt für Seeschiffahrt und Hydrographie (Hg): *Hoch- und Niedrigwasserzeiten* ● H. Beseler (Hg): *Stadtkernatlas des Landes SH* ● C. Degn, u.a.: *Luftbildatlas SH und Hamburg* ● Bundesbahndirektion Hamburg (Hg): *Taschenfahrplan SH* ● W. Laur: *Historisches Ortsnamenlexikon;* ders. *Die Ortsnamen in SH* ● K. Hingst, u.a.: *Landschaftswandel in SH* ● H. Jessen: *Dat se bliwen tosamend, Eine Geschichte SHs* ● E. Opitz: *SH, Landesgeschichte in Bildern, Texten und Urkunden* ● kanu-Sport: *Amtliches Nachrichtenorgan des DKV* ● dtv-Merian-Redaktion: *dtv-Merian-Reiseführer SH* ● M.C. Engler, u.a.: *Landschaft in SH* ● Kartographischer Verlag Büscher GmbH (Hg): *Das große Seen-Panorama 1985/86* ● Deutsches Hydrographisches Institut (Hg): *Verkehrsvorschriften für Wasserfahrzeuge in der Bundesrepublik Deutschland; eine Übersicht für die Sportschiffahrt* ● Der Bundesminister für Verkehr (Hg): *Sicherheit auf dem Wasser; Leitfaden für Wassersportler* ● K.D. Schmidtke: *Die Entstehung SHs*

Karten: Wer nur einmal auf einem größeren Fluß paddeln will, etwa Eider oder Trave, der kommt mit den gängigen Generalkarten, Blätter 1, 2 und 5 (Maßstab 1:200.000) aus. Kleine Gewässer sind auf ihnen oft verwirrend dargestellt. Abgelegene Einsatzorte sind kaum zu entdecken. Hier findet man sich nur mit Karten in kleineren Maßstäben zurecht. Empfehlenswerte Karten werden in den Steckbriefen angeführt.

Alle Fahrtenberichte in diesem Buch enthalten **Kartenskizzen**. Die verwendeten Zeichen bedeuten im einzelnen:

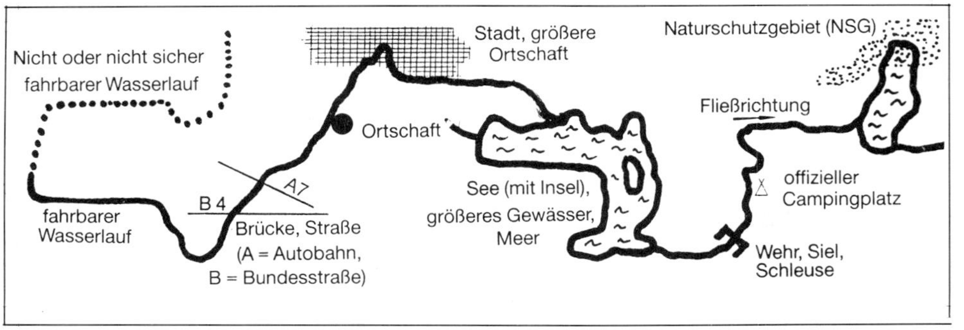

Weitere Informationen können unter folgenden **Adressen** und **Telefonnummern** eingeholt werden:

- Deutscher Kanuverband e.V., Postfach 10 03 15, 47055 Duisburg
- Landeskanu-Verband Schleswig-Holstein e.V., über den 1. Vorsitzenden: z.Zt. Günter Schöning, Prinz-Heinrich-Str. 1, 24106 Kiel, oder über den Kanuwandersportwart Uwe Rabsch, Birkenweg 76, 24211 Preetz.

- Hamburger Kanu-Verband e.V., Geschäftsstelle: Allermöher Deich 36, 21037 Hamburg

Um Verwirrungen vorzubeugen sei darauf hingewiesen, daß der Begriff „Kanu" laut DKV-Definition als Sammelbegriff für Kanadier und Kajak gilt.

Untereider und Ozeanriesen (auf dem NOK daneben)

Kanuwandern und Naturschutz

Grundlegende Verhaltensregeln, Gewässersperrungen

Die meisten Kanuten steigen in die Boote, um draußen zu sein und die Natur zu erleben. Daher liegt ihnen die Erhaltung der Fluß- und Seenlandschaften mit ihrer oft einmaligen Tier- und Pflanzenwelt besonders am Herzen. Damit es nicht aus Unkenntnis zu Beeinträchtigungen von Flora und Fauna kommt, seien an dieser Stelle die **grundlegenden Verhaltensregeln** noch einmal genannt.

- Anfahrten mit dem Pkw sind kaum zu vermeiden. Wenn es geht, sollte man mit einem Wagen auskommen (s. Anmerkung zum Fahrrad).
- Das Parken in freier Landschaft kann zum Problem werden. Wo keine Parkplätze zur Verfügung stehen, sollte man seinen Pkw mit Bedacht plazieren.
- Kleine Flüsse sollten nicht von größeren Gruppen gepaddelt werden. Keinen Lärm machen.
- Nicht bei ungenügenden Wasserständen paddeln oder gar längere Strecken durch das Wasser watend treideln. Viele Fischarten legen ihre Eier am Grund ab. Bootsrümpfe, Paddel und Füße können die Brut zerstören, auch im Winter.
- Aus diesem Grund nicht auf Kies-, Sand- und Schlammbänke fahren. Seichte Gewässer, insbesondere solche mit Wasserpflanzen, meiden.
- Ähnliches gilt für Zonen mit dichtem Pflanzenbewuchs und für die Ufer und Ufergehölze. Sie sind für viele gefährdete Tiere und Pflanzen Lebensraum. Wo vorhanden, an vorgesehenen Stellen an Land gehen oder an solchen, an denen sichtbar kein Schaden angerichtet werden kann. An trittfesten Ufern das Wasser verlassen. Rastplätze sorgfältig auswählen.
- **Nicht** in Röhrichtbestände, Schilf und andere dichtbewachsene, unübersichtliche Uferzonen hineinfahren! Wenn möglich, 30, 50 oder noch mehr Meter Abstand halten. Bei schmaleren Gewässern in der Mitte paddeln.
- Seen mit einer Fläche unter 10 ha meiden bzw. auf dem kürzesten Weg überqueren.
- Wegen der großen Fluchtdistanz der Tiere Abstand von Vogelansammlungen halten: Wo möglich, 100 m und mehr. Tiere nur aus der Ferne beobachten (Fernglas!) oder fotografieren.
- Besonders sensibel sollte man sich in Naturschutzgebieten und Feuchtgebieten von internationaler Bedeutung verhalten, da sie Lebensraum seltener und gefährdeter Pflanzen- und Tierarten sind. Vor dem Start über die Bestimmungen informieren und sich danach richten. Einschränkungen akzeptieren (ggf. an anderer Stelle dagegen angehen).
- Wasser und Rastplätze nicht verunreinigen. Eine Mülltüte gehört unbedingt zur Ausrüstung. Keine Einwegverpackungen mitnehmen.

Diese Verhaltensregeln schließen jene 16 mit ein, die das Kieler Umweltministerium – als Weiterentwicklung der altbekannten „10 goldenen Regeln des Wassersports" – kürzlich veröffentlicht hat. Dort sind noch Regeln genannt, die sich an Segler und Motorbootfahrer richten (etwa zu nicht-toxischen Anstrichen, zur Entsorgung von Altöl und Bordtoiletten sowie zum Ankern).

Die 16 Regeln bilden auch die Grundlage für einen „Modellversuch" des Umweltministeriums: Auf je drei ausgewählten Flüssen und Seen wird seit 1992 das Verhalten von Wassersportlern beobachtet und bewertet, um anschließend über die Notwendigkeit einer Sperrung zu entscheiden. Im Frühjahr 1993 faßte Minister Heydemann die Zwischenergebnisse zusammen. Danach verhalten sich die „Verbandssportler" rücksichtsvoll gegenüber der Natur. Anders jedoch die zahlenmäßig gleichstarken Wassersportler. Aufgrund mangelnder Information gibt es hier Probleme. Ein neues Faltblatt soll Abhilfe schaffen. Ich hoffe, dieses Buch trägt auch seinen Teil dazu bei.

Gegenwärtig ist auf folgenden Seen und Flüssen das Paddeln ganzjährig und vollständig verboten:

Im Bereich der Nordseezuflüsse:

- Bundesgaarder See (Gotteskoogsee) in Nordfriesland: Im eingedeichten ehemaligen Seengebiet gilt ganzjährig ein grundsätzliches Betretungsverbot.
- Beltringharder Koog nördlich der Insel Nordstrand in Nordfriesland: Daher ist die Tour auf der Arlau bei ihrer alten Mündung, also an der ehemaligen Arlauschleuse, zu beenden. Die Weiterfahrt durch den Koog bis zum offenen Meer ist nicht erlaubt.
- Wennebek oberhalb Brahmsee
- In dem Speicherkoog an der Meldorfer Bucht (Miele) sind der Bereich südlich der Straße Meldorf – Neuer Meldorfer Hafen und der See nahe des Zusammenflusses von Wöhrdener und Wawerorter Kanal gesperrt.
- Alte Sorge zwischen B 202 und Fünfmühlen (d.h. praktisch ganz).

Im Bereich der schleswig-holsteinischen Elbezuflüsse:

- Kudensee in Dithmarschen nördlich Brünsbüttel
- Haseldorfer Binnenelbe im Kreis Pinneberg bei Wedel. Es handelt sich hierbei um einen abgedeichten Elbe-Altarm.

Im Bereich der Ostseezuflüsse:

- Hellbach südöstlich von Mölln zwischen Gudow und Drüsensee
- Dassower See (Nebensee der Trave bei Travemünde). Die direkte Fahrt von der Stepenitz in die Trave ist daher nicht möglich.
- Barkauer See im Oberlauf der Schwartau in Ostholstein.
- Hemmelsdorfer See bei Lübeck: Der Nordteil des Sees und die Aalbek (Ausfluß zur Ostsee).

- Neustädter Binnenwasser. Die direkte Durchfahrt von Neustadt nach Altenkrempe ist jedoch erlaubt.
- Oldenburger Graben bei Oldenburg in Ostholstein.
- Kossau (nördlich der Holsteinischen Seenplatte).
- Selenter See: Nordteil. Dadurch können Hohenfelder Mühlenau und Salzau nicht mehr vom See aus erreicht werden.

Bei den meisten Fahrverboten aus Naturschutzgründen wird nach den Grundsätzen „Mensch raus aus der Natur“ statt „Umwelterziehung“ und „Wer hat die schwächste Lobby?“ verfahren. Das wird deutlich bei der Sperrung der Alten Sorge seit 19.9.1991, wonach Paddler ausgeschlossen werden, Angeln und Jagen auf mehreren Abschnitten aber erlaubt bleibt. Ähnliches gilt beim Dassower See (Sperrung seit Dezember 1991 oder Januar 1992). Auch hier ist das Paddeln verboten, während u.a. Fahrgastschiffe weiterhin verkehren dürfen. Geradezu absurd ist die Beschränkung für Kanuten im Dithmarscher Wattenmeer: Hier darf die Bundeswehr weiter Bomben abwerfen und auch die Ölbohrplattform arbeitet ohne Behinderungen.

Manche Sperrung ist sicher nötig. Wichtiger aber wäre eine Umwelterziehung, die dem Naturschutz nicht nur in sensiblen Bereichen dient. Wie soll ich meiner kleinen Tochter die Schönheiten und die Verletzlichkeiten der Natur zeigen, ihr ein Gefühl für die Kostbarkeit der Welt nahebringen, wenn sie in die Bereiche, in denen die Natur noch halbwegs ungestört funktioniert, nicht mehr hineindarf? Geht ein Naturschutz, der auf diese Weise die Entfremdung von der Natur vorantreibt, nicht nach hinten los?

Das Ausgrenzen der Paddler ist deshalb besonders ärgerlich, da die meisten Kanuten gerade aus Freude an der Natur mit ihren Booten auf das Wasser gehen und sich umweltverträglich verhalten. Neben verstärkter Aufklärung (Verhaltensregeln, s.o.) dürften dem Naturschutz lenkende Maßnahmen wesentlich mehr dienen, die bei wirklich sensiblen Gewässern eine maximale Gruppengröße vorschreiben, die Mindestwasserstände oder Ausschlußzeiten (Brut- und Setzzeiten) nennen. Auch das Verbleiben in bestimmten Zonen könnte geregelt werden, denn die wenigen Untersuchungen, die es zu den Auswirkungen des Kanufahrens auf die Tier- und Pflanzenwelt gibt, deuten darauf hin, daß einfaches Durchfahren selbst Tiere mit großer Fluchtdistanz kaum beeinträchigt, während längeres Verbleiben an einem Ort sie sehr stört (vgl. *kanu-sport 6/92*).

Dieses Buch führt alle Bestimmungen mit Stand von Juni 1993 auf. Welche Regelungen in den nächsten Monaten und Jahren verabschiedet werden, ist heute nicht abzusehen. Daher ist es wichtig, sich vor Antritt einer Fahrt zu informieren. Das Kieler Umweltministerium (Tel. 0431/219-0), die örtlichen Behörden oder der Landeskanuverband können dabei behilflich sein.

Die Saison beginnt
Alster

Mitte Februar konnte ich meinen Freund Johannes überzeugen, daß die Kanu-Saison begonnen hatte. Für die erste Tour des Jahres suchten wir uns die Alster aus. Die Sonne schien herrlich aus dem kalten Winterhimmel, als wir bei Naherfurt einsetzten.

Auf den ersten Kilometern schlängelt sich das Flüßchen in vielen engen Mäandern durch dünn besiedeltes Weideland. Ein paar Bäume säumen hier und da die Ufer, zumeist alte Kopfweiden, Birken und Eichen mit kunstvoll verschlungenen Ästen. Die Gegend ist flach. Ein Eisstausee hat nach der letzten Kaltzeit sämtliche Bodenerhebungen eingeebnet.

In Stegen mündet die „Alte Alster“ ein. Vor Jahrhunderten war der kleine, unauffällige Graben ein Fluß mit viel größeren Ausmaßen. Er galt als Oberlauf der Alster. Die Hamburger begannen 1448, das Flüßchen zu einem Kanal auszubauen. Man wollte die Alster mit der Beste, einem Trave-Nebenfluß bei Oldesloe, verbinden, um eine zuverlässige und ökonomische Verbindung nach dem damals dominanten Lübeck zu ermöglichen. Die Kanalbaukunst genügte den Anforderungen noch nicht und so mußte man den „Alster-Beste-Kanal“ nach 20 Jahren wieder aufgeben. Heute ist fast nichts mehr von ihm in der Landschaft auszumachen. Die Alsterschiffahrt behielt jedoch bis ins 19. Jahrhundert eine gewisse Bedeutung. Im Rahmen des Kanalprojektes war die Alster von Hamburg bis Stegen unter anderem durch den Bau von neun Schleusen schiffbar gemacht worden.

Die Alster legt sich allmählich ein ausgeprägtes Tal zu. Sträucher und Bäume, streckenweise kleine Waldstreifen säumen den Fluß. Etwa 30 dieser Bäume lagen seit den orkanartigen Stürmen in den letzten 14 Tagen quer im Wasser. Zuweilen ließ sich ein Umtragen nicht vermeiden. Manchmal konnten wir den Kanadier unter den Bäumen durchschieben, während wir selbst durch das Geäst kletterten.

Wir fahren die Wehre in Kayhude, Sandfelde und Rade hinunter, alle drei kümmerliche Reste einstiger Schleusen. Danach geht es durch einen kleinen Wald. In einer Kurve steuern wir auf einen herrlichen, zehn Meter hohen Prallhang zu. Drei Jungs beobachten uns von oben. Sie folgen mit ihren Fahrrädern auf dem parallelen „Alster-Wanderweg“ in der Hoffnung, daß wir bei der Bewältigung der umgestürzten Bäume ins Wasser fallen. Das würde ihren Samstag entscheidend bereichern. An der ehemaligen Wulksfelder Schleuse lachen sie uns erwartungsfroh entgegen. Sie sind sicher, daß wir unter der niedrigen Brücke (diesmal ohne Wehr) steckenbleiben, wo es schon nichts mit dem Reinfallen gewesen war. Als auch das nicht geschieht, drehen sie ab.

Ab Duvenstedt und Wohltorf nimmt die Bebauung der Ufer merklich zu. Zunächst stehen die Häuser noch recht vereinzelt da. Aber bald ist unübersehbar, daß wir die Hamburger Walddörfer erreicht haben. Ehe der zweifache Bauboom um die Jahrhundertwende und nach dem Zweiten Weltkrieg die ehemals tatsächlich kleinen Dörfer in echte Stadtteile verwandelte, machten sich einflußreiche Bürger für die Erhaltung des Alstertals stark. 1908 beschloß der Senat der Hansestadt, die Alsterufer für die erholungssuchende Bevölkerung zu erschließen. Die Anfänge des Alsterwanderweges entstanden. Seit 1922 gibt es einen „Naturpark Oberalster".

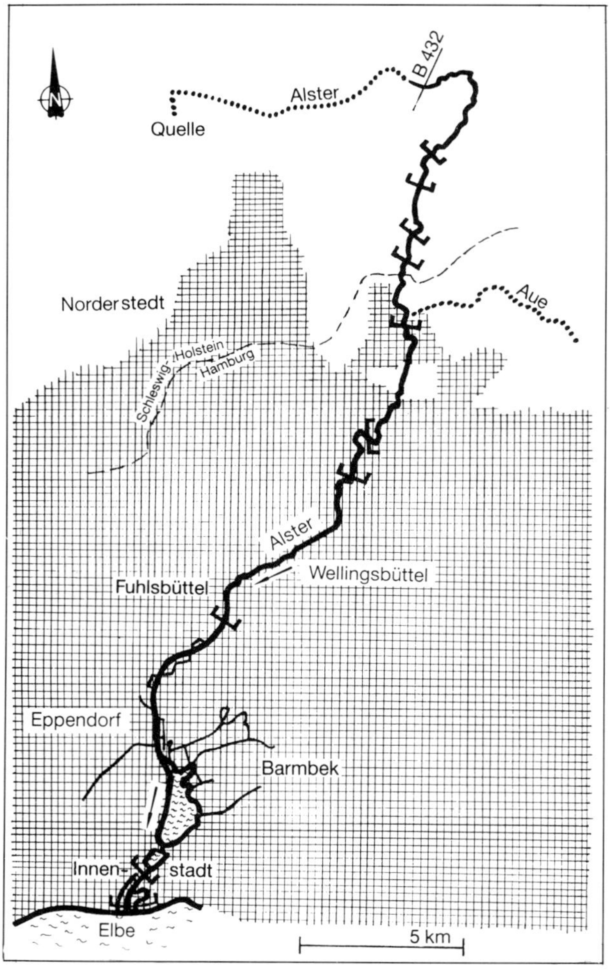

Die Bemühungen waren erfolgreich. Obwohl wir immer weiter in die Großstadt Hamburg hineinpaddeln, bleiben wir in einer überraschend ursprünglichen Naturlandschaft. Die Häuser halten rücksichtsvoll Abstand vom Fluß. Ein Wald mit schönen, alten Laub- und Nadelbäumen säumt über weite Strekken die 10 bis 20 Meter hohen Hänge des Tals, Bruchwald seine Sohle.

In nicht mehr ganz so engen Mäandern fließt die Alster auf die Mellingburger Schleuse zu. Sie ist als einzige fast noch im ursprünglichen Zustand erhalten. Ein wunderbarer, romantischer Platz. Das kann man von der Poppenbütteler „Schleuse" leider nicht sagen. Das Wehr und damit den Endpunkt unseres ersten Tages erreichen wir hinter der weiten „Alsterschlinge". Am alten Schleusenwärterhaus, heute ein Restaurant, setzen wir aus.

Die zweite Etappe beginnt am nächsten Vormittag mit einem Ärgernis: Ich habe den Sack mit meinen Regenklamotten, Handschuhen und Mütze vergessen. Na, das kann ja was geben! Heute ist das Wetter alles andere als freundlich. Dunkle Regenwolken werden von einem kalten Wind über den Himmel getrieben. Schauer sind angesagt und Sturmböen aus Südwest (also ziemlich genau von vorne). Nach kurzer seelischer Erschütterung geht es weiter durch den Alsterpark. Der nächste Baum liegt auch gleich wieder im Weg. Es ist zum Glück der letzte.

Die Alster bei Trillup

Tags zuvor haben wir uns viele Gedanken über die Architektur der mehr oder weniger teuren Häuser und die Anlage der Gärten gemacht. Entscheidend war dabei vor allem die Frage, was wir anders gemacht hätten, wenn ... Heute beziehen wir das Outfit der zahlreichen Jogger und Joggerinnen in die Betrachtungen mit ein. Johannes, dem Mann mit den schönsten Beinen Altonas, würde die eine oder andere Hose sicher gut stehen. Stärker noch als die Zahl der Läufer steigt jene der Spaziergänger. Zeitweilig kommen wir uns vor wie im Zoo. So geht es bis zur Fuhlsbütteler Schleuse. Sie erfüllt heute noch, wenn auch als modernes Bauwerk, ihre uralte Aufgabe. Man kann sich schleusen lassen. Einfacher und schneller jedoch ist das Umtragen.

Unterhalb der Schleuse ändert sich der Charakter der Alster völlig. Bis zur aufgestauten Außenalster ist der Fluß nun kanalisiert. Die Bebauung verdichtet sich.

Die Häuser rücken näher an die Ufer heran. Zahlreiche stark befahrene Straßen und mehrere U-Bahnen überbrücken den „Alsterkanal“. Wer hier entlangpaddelt, erlebt Hamburg von hinten. Man kann einen Blick in die Gärten und Wohnzimmer der hochherrschaftlichen Villen werfen, ebenso wie auf einzelne mehr oder weniger gepflegte Betriebsgelände und Schrebergärten. Die ersten drei Seitenkanäle zweigen ab: Brabands-, Skagerrak- und Inselkanal münden wenige 100 Meter weiter nach parallelem Verlauf wieder ein.

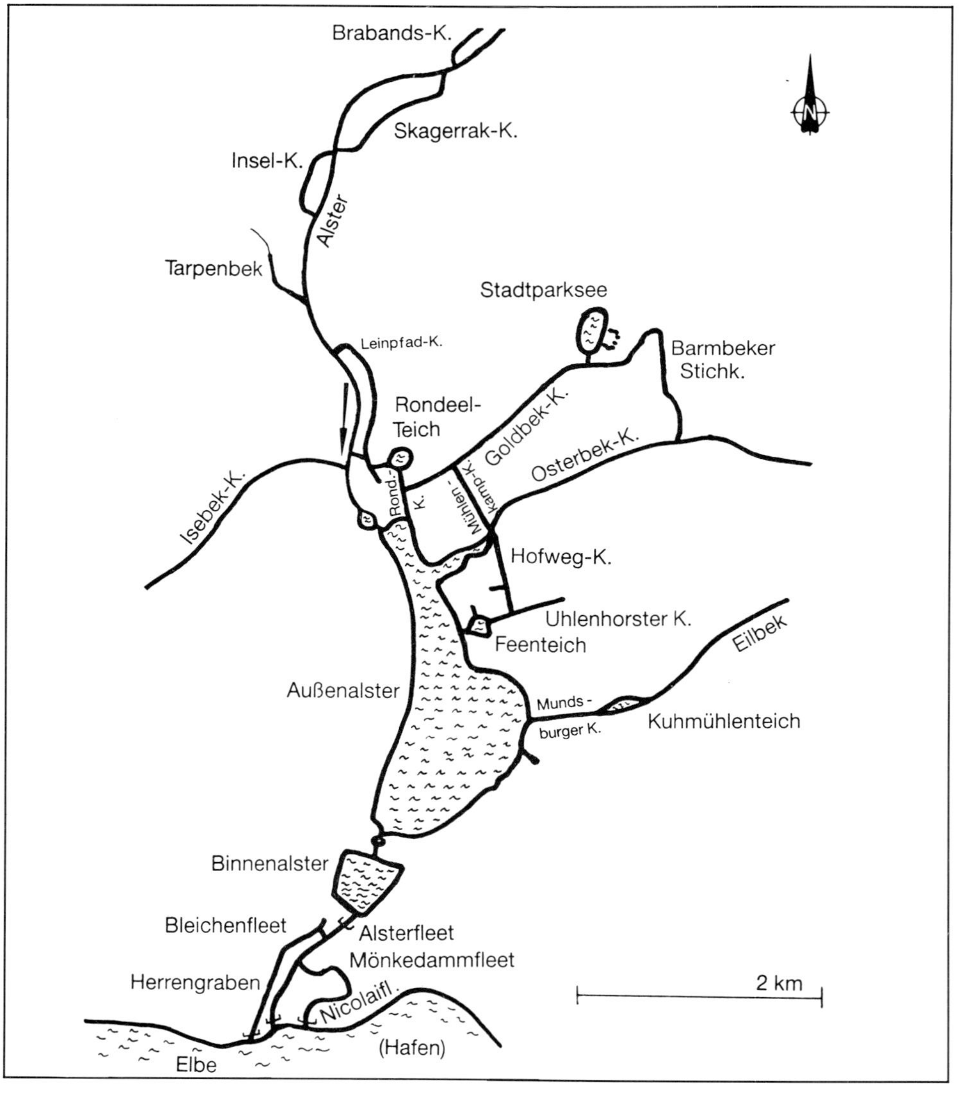

Als ich mein Kanu noch in einem der Bootsschuppen hier liegen hatte, bin ich oft an schönen Sommerabenden in dem Gewirr von Kanälen herumgeschippert. Besonders beliebt war die Strecke Leinpfadkanal – Rondeelteich – Goldbekkanal – Mühlenkampkanal bis zu einer italienischen Eisdiele. Auf dem Anleger der weißen Alsterschiffe saßen wir dann in der Sonne und genossen ein paar Kugeln Malaga und das südliche Ambiente. Andere paddelten den Osterbekkanal bis zum Stadtparksee, um nachts über die Spuntwand zu klettern und im Parkbad zu schwimmen. Das ist natürlich verboten.

Die Kanäle Richtung Barmbek sind nicht schön. Ihr Reiz liegt eher in der – auch für Hamburger – ungewohnten Perspektive. Wir lassen alle Abwege unbenutzt. Wenig später erreichen wir die Außenalster.

An einem schönen Sommertag fahren hunderte von Seglern, Surfern, Ruderern, Tretbooten, Kajaks und Schiffen der Weißen Flotte über den See. Die Alsterkanus nicht zu vergessen, wahre Hausboote unter den Kanadiern. Ein Gewimmel von Wassersportlern, das seine Entsprechung bei den Spaziergängern, Joggern, Sonnenbadenden und Café-Gästen an den Ufern findet. Wenn die Alster – was alle paar Jahre einmal passiert – zugefroren ist, dann sind noch mehr Leute unterwegs. Im Februar 1991 waren an einem Tag 200.000 Menschen auf dem Eis.

Wir haben den Stausee für uns. Kein einziges Boot weit und breit. Ein fast erhebendes Gefühl. Langsam gleiten wir auf die Kennedy-Brücke zu, die zusammen mit der parallelen Lombardsbrücke Außen- und Binnenalster voneinander trennt. Wir sind nun mitten in der Stadt. Man blickt auf bekannte Hotels, Verlagshäuser, Konsulate, Versicherungen, Geschäftshäuser.

Kaum haben wir die Brücken passiert, geht ein schwerer Hagelschauer auf uns nieder. Meine bis dahin nur leicht feuchte Hose ist nun klitschnaß. Meine Haare triefen. Eilig paddeln wir zur Jungfernstiegbrücke, unter der wir fröstelnd auf das Ende des Unwetters warten. Das feucht-kalte Wetter hat nun auch in Johannes Wärmehaushalt Spuren hinterlassen.

Wir sind nun im Zentrum. Rathausmarkt, Alsterarkaden, Jungfernstieg. An Werktagen, vor allem im Sommer, pulsiert hier das Großstadtleben. Jetzt bummeln nur ein paar gut beschirmte Menschen in dicken Wintermänteln an den Schaufenstern vorbei. Einige davon sehen zu, wie wir – auch der ergiebigste Hagelschauer geht einmal vorüber – in die Rathausschleuse einfahren. Von irgendwoher kommt der Schleusenwärter, ein freundlicher Mann. Wenige Minuten später sind wir auf dem Alsterfleet. Durch eine Häuserschlucht paddeln wir auf die Schaartorschleuse zu.

Nach abermaligem kurzem Schleusen sind wir auf der Elbe. Welch ein Unterschied! Eben noch auf der stillen Alster, Hamburgs schönem Sonntagsfluß, und nun in einem der betriebsamsten Häfen der Welt. Ein paar 100 Meter weiter, bei den St. Pauli-Landungsbrücken, beenden wir unsere Tour.

STECKBRIEF: Alster

Kurzbeschreibung: *Die Alster ist in vielerlei Hinsicht ein sehr attraktiver Paddelfluß. Zunächst schlängelt sie sich durch die „Oberalsterniederung", einem ökologisch wertvollen Feuchtgebiet. Ab Kayhude windet sie sich durch ein immer stärker ausgeprägtes Tal mit bald 10 bis 20 Meter hohen Hängen. Das Alstertal ist, obwohl in der Großstadt gelegen, sehr schön und naturnah erhalten. Ab Fuhlsbüttel wird die Alster zum Kanal mit zahlreichen Seitenkanälen und den Stauseen „Außen-" und „Binnenalster". Es geht nun mitten durch die Weltstadt Hamburg mit ihren positiven und negativen Reizen.*

Besondere Bestimmungen: *keine*

Befahrbarkeit: *Ab Naherfurt, der klassischen Einsatzstelle an der B 432-Brücke, bis auf sehr trockene Zeiten ganzjährig für Einer. Bei mittleren Wasserständen auch für Kanadier. Einer können dann weiter oberhalb einsetzen. Einziger bei gutem Wasserstand befahrbarer Nebenfluß ist die Aue (Ammersbek).*

Schwierigkeiten: *keine*

Umtragen: *Dreimal muß umtragen werden, dreimal kann bzw. muß geschleust werden („Talfahrt" wird bei „Bergfahrt" bezahlt), drei weitere Wehre sind bei gutem Wasserstand befahrbar oder leicht zu umtragen. Einen Bootswagen benötigt man nirgends.*

Wichtige Kilometerangaben:

0 Naherfurt, B 432, Parkplatz gegenüber.

10,1 + 14,4 + 16,3 ehemalige Schleusen, heute Wehre. evtl. befahrbar, vorher ansehen. Umtragen unproblematisch.

19,3 + 25,4 + 28,4 ehemalige Schleusen, heute Wehre, unbefahrbar.

37,9 Schleuse Fühlsbüttel. Schleusenlassen oder links umtragen. Dahinter auf 6,2 km Kanalstrecke, dann Außenalster.

47,9 + 49,8 Rathaus- und Schaartorschleuse, Schleusenlassen; dahinter Mündung in Norderelbe bei km 622,3.

Übernachtung:

- *Offizieller Campingplatz „Haselknick" 14 km unterhalb Naherfurt.*
- *Ansonsten bei den Kanuvereinen ab Fuhlsbüttel wegen Zeltmöglichkeiten fragen.*
- *Jugendherberge Stintfang bei den St. Pauli-Landungsbrücken (Platz für Kanus?).*

Auto nachholen: *Nach Naherfurt: Mit der U-Bahn-Linie 1 zum U-Bahnhof Hamburg-Ochsenzoll. Ab dort mit dem Bus Nr. 1742 Richtung Bad Segeberg. Fährt am Wochenende selten. Bis Poppenbüttel begleiten S- und U-Bahn die Alster in relativ geringem Abstand.*

Wasserqualität: *In Schleswig-Holstein bis auf ein kurzes Teilstück (hier II bis III = kritisch belastet) Güteklasse II (= mäßig belastet). In Hamburg: Bei der Mündung der Aue (Ammersbek) III (= stark verschmutzt), zwischen Poppenbütteler und Fuhlsbütteler Schleuse II, sonst II bis III.*

Name: *Vermutlich einfach „Gewässer", „Fluß", „Quelle" (eine Alster gibt es auch in Hessen, im Münsterland und in Schweden). Denkbar ist auch eine Ableitung, die mit „größer werden" zusammengefaßt werden kann und die auf das Anschwellen des Flusses hindeutet. Eine sehr fragwürdige Deutung lautet „Erlenfluß".*

Kanuverleih:

- Dienemann an der Poppenbütteler Schleuse: Marienhof, Tel. 606 66 77
- Bootshaus Silwar, Eppendorfer Landstraße 148 b, 20251 Hamburg, Tel. 47 62 07
- Bootshaus W. Töns, Rathsmühlendamm 2, 22335 Hamburg, Tel. 59 94 98
- Dornheim Bootswerft-Lagerung, Kaemmererufer 25, 22303 Hamburg, Tel. 279 41 84
- G. Wüstenberg, Deelbögenkamp 3, 22297 Hamburg, Tel. 51 77 01
- Bodos Bootsteg, Tel. 44 06 54
- Pieper an der Alster, Tel. 24 75 78
- zwei weitere Verleiher in Hamburg siehe Steckbrief Dove Elbe

Spezielle Literatur: W. Melhop: *Die Alster* (quasi die Bibel für die Alster 1932) ● W.O.P. Kettel (Hg): *Naturpark Oberalster* ● W.O.P. Kettel, u.a.: *Die Hamburgischen Walddörfer und das benachbarte Stormarn* ● Merian-Heft: *Hamburg* ● H. Reincke: *Die Alster als Lebensader Hamburgs* ● H. Hudemann, u.a.: *Alsterspaziergang von der Quelle bis zur Mündung* ● Arbeitsgemeinschaft Rettet Feuchtgebiete, c/o A. Menzdorf, Gut Louisenlund, 2334 Fleckeby: *Rettet Feuchtgebiete* ● Hamburger Öffentliche Bücherhallen (Hg): *Hamburg lesen* (sehr ausführliche Auflistung von Hamburg-Literatur, soweit sie in den Bücherhallen entleihbar ist).

Karten

- Wandern und Erholen im Kreis Segeberg, 1:50.000, Landesvermessungsamt Schleswig-Holstein (erfaßt den Alster-Oberlauf bis einschl. Hamburg-Poppenbüttel).
- Falk-Stadtplan: Hamburg, 1:20.000 – 1:30.000 (ab Stadtgrenze)
- Falk-Stadtatlas Hamburg und Umgebung, verschiedene Maßstäbe, überwiegend 1:20.000 (erfaßt Hamburg ab Kayhude, enthält auch Teile von Pinnau, Krückau, Bille, Trave und die ganze Dove und Gose Elbe).

Von Berlin zur Ostsee

Trave

Die Flußgeister und Quellnymphen der Trave müssen ein genußfreudiges Volk sein. Als sie den Lauf des Gewässers festlegten, wählten sie nicht die mit 10 km kürzeste Strecke zum Meer. Vielmehr entschieden sie sich für einen großen Halbkreis durch das schöne Östliche Hügelland. Mitte März reihte ich mich in die Schar der Genießer ein. Wer so früh im Jahr startet, kann bereits beim kleinen Dörfchen Berlin einsetzen.

Allerdings ist die Trave oberhalb des Warder Sees stark reguliert und von entsprechend begrenzter Attraktivität. Bis zum Gut Travenort fließt sie tief eingeschnitten durch das Hügelland. Dann befindet man sich auf der Ebene des ehemaligen Heidmoors. Am Ende der letzten Eiszeit hatten Schmelzwasser, die nicht abfließen konnten, einen Eisstausee gebildet. Dadurch wurden die Moränen eingeebnet. In der kälteren Jahreszeit stehen die Wiesen hier oft wochenlang unter Wasser. Im Februar hatte ich von der B 432 aus hunderte von Schwänen am Ufer dieses „Sees" beobachtet. Auch jetzt, wo die Fluten sich größtenteils wieder in das Travebett zurückgezogen haben, lagert noch eine stattliche Zahl der großen Vögel im Gras.

Bald paddle ich ganz langsam über den stillen Warder See. Die Sonne blinkt auf den kleinen Wellen. Ein paar Graugänse fliegen auf. Auf den Wiesen knorrige, alte Bäume. Links liegt das Gut Rohltorf, dessen Herrenhaus erhaben wie ein Schloß wirkt. Gegenüber der Gutshof Wensin. Da der Warder See Privatbesitz ist, muß man ihn auf dem kürzesten Weg überqueren, also von der Einmündung der Trave geradeaus fahren, bis man die B 432-Brücke erreicht. Dort unten durch geht es mit Vorsicht weiter, denn ein Netz ist knapp unter der Wasseroberfläche quer zum Fluß aufgespannt. Danach sieht man links die wuchtige Kirche des Dorfes Warder.

Einige 100 Meter hinter dem Dorf verläßt die Trave den See. Dort lädt mich eine Wiese freundlich zur Rast ein. Ich liege im Gras, laß' mich von der fast 20° C warmen Vorfrühlings-Sonne bescheinen. Mein Blick schwieft über das glitzernde Wasser, folgt eine Weile einem gemächlich dahinschwimmenden Schwan, gleitet die gegenüberliegenden Hügel zu den malerisch gelegenen Bauernhäusern hinauf. Ich nehme die Ruhe des Sees in mich auf und freue mich des Lebens. Ein Gruß vom Paradies. Nur der feuchte Rücken stört.

Die meisten Paddler setzen, nicht nur des unsicheren Wasserstandes im Oberlauf wegen, erst unterhalb des Sees in Warderbrück ein. Hier wird die Trave zu einem wunderschönen, nur wenig regulierten Wasserlauf. In vielen Mäandern schlängelt sie sich mit munterer Strömung durch eine liebliche, hügelige Landschaft. Ab und zu Erlen und Weiden am Ufer. Noch tragen sie kein Grün.

Bald wendet sich der Fluß nach Süden. Wälder in Ufernähe und 10 bis 15 Meter hohe Prallhänge mehren sich. Segeberg kündigt sich durch eine zunehmende Zahl von Spaziergängern an. Als Kanute sieht man von dem Ort lediglich ein paar Häuser, die Klötze eines großen Möbelhauses und mehrere Brücken, deren flache, steinige Durchfahrten in trockenen Sommern Probleme bereiten können.

Nun ist es nicht mehr weit bis zur Einmündung der Mözener Au. Ich hatte mich mit Brigitte in Mözen am gleichnamigen See verabredet. Welch idiotische Idee! Zunächst läßt es sich noch gut gegen die leichte Strömung anpaddeln. Ein Rudel Rehe beobachtet mein Treiben. Ein Wiesel huscht davon, nicht ohne noch einmal zu mir zurückzublicken. Als ob es sich vergewissern will, daß es richtig gesehen hat. Der letzte Kilometer hat es in sich. Es folgen vier Brücken, die aufwärts nur mühsam unterquerbar sind. Dazu kommt das Umtragen zweier umgestürzter Bäume und eine akrobatische Einlage beim Mözener Wehr. Das alles war die kurze Runde auf dem Mözener See nicht wert.

Bei niedrigeren Wasserständen wird das Paddeln auf diesem kleinen Flüßchen auch aus ökologischen Gründen fragwürdig. Das gilt in noch stärkerem Maße für die Leezer Au, die dem Mözener See von Süden zufließt.

Eine Woche später setze ich bei der Herrenmühle, 800 Meter unterhalb der Mündung der Mözener Au, meine Trave-Tour fort. An diesem Sonntagmorgen scheine ich mir das schöne Flußtal nur mit ein paar Enten und Krähen zu teilen. Der feine Nieselregen hat etwas Bedächtiges.

Nach ein paar Kilometern rücken die Hügel näher an den Fluß heran. Ich passiere einen kleinen Wald. Ein schöner Lagerplatz folgt dem nächsten. Dann erreiche ich die Wehre der Kupfermühle. Beim zweiten Überlauf kann man bequem umsetzen. Nicht so gemütlich sind die nächsten 50 Meter, da das Wasser vom Wehr her mit kräftiger Strömung auf das Ufer prallt. Der Fluß beschreibt hier eine rechtwinkelige Kurve und aus der ragt ein Baum hervor. Dahinter folgen dornige Sträucher. Die Stelle lädt deutlich zum Kentern ein. Mit etwas Glück gelingt es mir, das Angebot auszuschlagen. Nicht einmal einen ganzen Kilometer weiter trifft man auf ein Wehr, das befahrbar aussieht. Ich trage lieber um, weil Eisenträger quer zur Strömung im Wasser liegen. Mein Boot ist mir zu kostbar.

Oldesloe empfängt mich mit Naturschutzgebiet und Schrebergartengelände. Es folgen die Jugendherberge (direkt am Fluß, paddlerfreundlich!), die B 75-Brücke und eine große Mühle. Hier teilt sich die Trave. Geradeaus folgt man dem historischen Flußlauf in die Stadt. Links zweigt ein Durchstich ab, der Oldesloe bereits seit dem Mittelalter zu einer Inselstadt macht.

Ich beschließe, den Umweg durch die Stadt zu nehmen. Der Kilometer vorbei an Stadtpark (mit Café am Wasser) und alten Häusern ist ganz nett. An einem Wehr vor

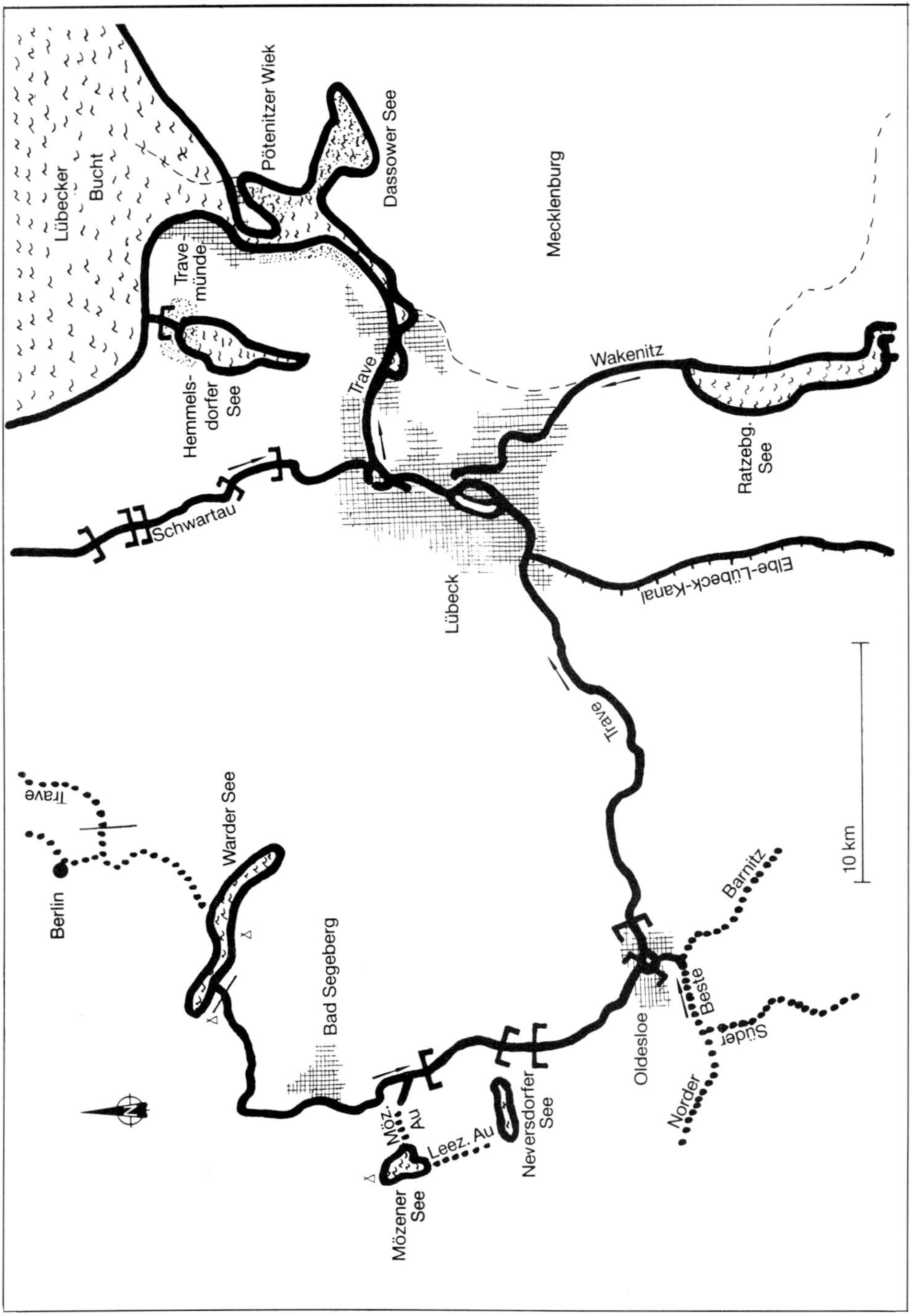
Lübecker Bucht
Pötenitzer Wiek
Dassower See
Mecklenburg
Trave-münde
Hemmels-dorfer See
Trave
Schwartau
Wakenitz
Ratzebg. See
Lübeck
Elbe-Lübeck-Kanal
Trave
Warder See
Berlin
Bad Segeberg
10 km
Barnitz
Beste
Süder
Norder
Oldesloe
Neversdorfer See
Möz. Au
Leez. Au
Mözener See

der Fußgängerzone ist er zu Ende. Ein weiteres Café lädt hier bei schönem Wetter mit Gartenbetrieb ein. Zu zweit könnte man hier leicht umtragen. Der Weg ist etwas weiter als bei der großen Getreidemühle und führt ein paar Meter über die Einkaufstraße. Unmittelbar an der Einmündung der Beste, einem kleinen, zeitweilig befahrbaren (besser nicht!) Nebenfluß der Trave, setzt man wieder ein. Allein ist mir das zuviel Schlepperei. Daher paddle ich zurück und ziehe mein Kajak wie bei früheren Touren durch das Gestrüpp an der Mühle vorbei ins Unterwasser.

In Oldesloe wendet sich die Trave nach Westen. Ihr Gesicht wandelt sich wieder ein wenig. Die Hügel bleiben schön, aber die Ufer sind nun genormt, mit einheitlichen Befestigungen, einheitlichen Zäunen und einheitlichen Randstreifen. Am Ortsausgang ist ein letztes Wehr zu umtragen (leicht). Nun läßt die Strömung deutlich nach. Das Gefälle ist so gering, daß sich hohe Ostsee-Wasserstände bis zum Wehr bemerkbar machen können. Ein Spazierweg begleitet den Fluß bis Sehmsdorf. Er wird bald ersetzt durch die B 75 links und die A 1 rechts. Beide Straßen sind laut. Erst in Barnitz kehrt wieder Ruhe ein.

Bald sind die ersten Häuser von Lübeck zu sehen. Moisling grüßt mit Wohnblökken und angelnden Kindern. Noch ein kleines Naturschutzgebiet mit viel Ried. Dann mündet von rechts der Elbe-Lübeck-Kanal ein. Ab hier wird der Fluß zur „Kanaltrave“ (mit eigener Kilometrierung). Bis Travemünde ist keine Strömung mehr feststellbar. Hier beginnen die Gewässer, die ihren Teil dazu beitragen, Lübeck zu einer schönen Stadt zu machen. Nach zwei Kilometern kommt der Dom eindrucksvoll ins Blickfeld. Er signalisiert, daß man die Altstadtinsel erreicht hat. Paddler müssen sich nun entscheiden, auf welchem der drei Wasserwege sie das „Weltkulturgut der UNESCO“ umrunden wollen. Wer dem Kanal östlich um die Altstadt herum folgen will, paddelt geradeaus weiter. Nach ein bis zwei schönen

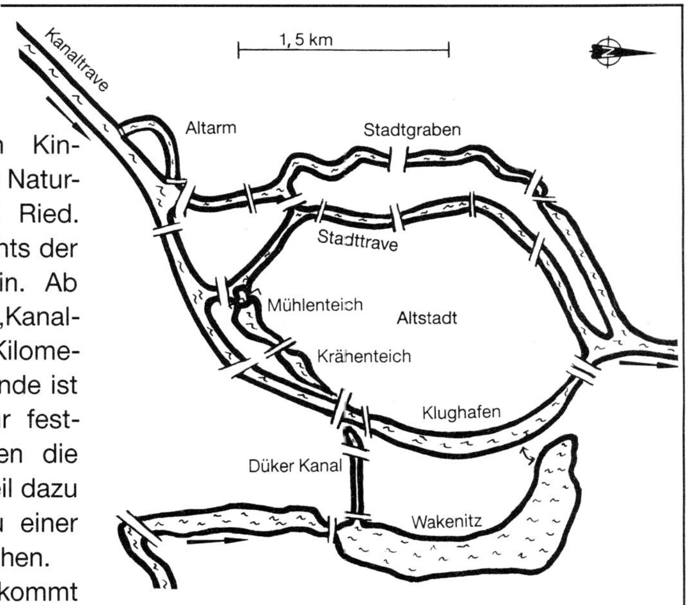

Lübecks Innenstadt

Kilometern mit viel Grün und einigen alten Brücken erweitert sich die Wasserstraße zum „Klughafen“, bevor sie am Burgtor endgültig in die Trave übergeht. Diese Route wähle ich, weil sie mich direkt nach Hause führt. An der Umtragestelle im Klughafen, einem eigens dafür angelegten Steg fast am Ende der Häuserreihe am rechten Ufer, setze ich in die Wakenitz über. Ein kleines Stück noch und ich bin da.

Bereits vor der ersten Kanalbrücke, dort wo sich ein kurzer Altarm wieder mit dem Hauptwasser verbindet, zweigt links der „Stadtgraben“ ab. Er war einst Teil der Stadtbefestigung. Die Erhebungen im Park am rechten Ufer sind ehemalige Schanzen. Bis zur „Puppenbrücke“ auf halber Strecke ist der Wasserlauf ganz nett.

Der dritte Weg um die Altstadt ist der schönste. Es ist der ursprüngliche Travelauf, der sich 200 Meter links hinter der ersten Straßenbrücke über den Kanal von diesem trennt. Man paddelt zunächst auf den Dom zu. Rechts liegen zwei alte Mühlengebäude, über deren Wehre noch heute die Wakenitz in die Trave mündet.

Nun folgt die schönste aller Lübecker Wasserseiten. „An der Obertrave“, einer guterhaltenen, historischen Häuserzeile mit den für die Hansestadt so charakteristischen engen Gängen dazwischen und dahinter, herrscht an warmen Sommertagen regelrecht südländisches Leben. Die Bewohner sitzen vor ihren Häusern oder direkt am Wasser. Sie reden, lachen, essen und trinken miteinander. Wäsche hängt an der Leine zwischen Straße und Trave. Hunde und Kinder rennen durcheinander. Kein Wunder, daß die Ecke oft gemalt wurde. Sie wird daher auch „Malerwinkel“ genannt.

Nur ein kleines Stück weiter, im mehr öffentlichen Teil der Obertrave, laden Straßencafés und Restaurants ein. Man kann einen Blick in die engen Gassen unter der Petrikirche werfen. Dann geht es direkt an den alten Salzspeichern vorbei, in denen das „weiße Gold“ (Salz) aus Lüneburg bis zum Verkauf in die Ostsee-Länder gelagert wurde. Dahinter das Holstentor.

Hinter der Holstenbrücke befindet man sich in der Untertrave. Der „Holstenhafen“, so der Name dieses Abschnittes, ist der Museumshafen der Stadt. Unter anderem liegen hier ein altes Feuerschiff und zahlreiche schöne, historische Holzsegler (wenn sie nicht gerade auf irgendwelchen Meeren unterwegs sind).

Am Burgtor kehren Kanal und Stadtgraben in die Trave zurück. Ab hier ist der Fluß Seeschiffahrtsstraße. Mit regem Bootsverkehr, auch mit größeren Schiffen, muß gerechnet werden. Als ich am nächsten Sonntag an dem mittelalterlichen Stadttor vorbei Richtung Ostsee paddle, ist außer mir niemand unterwegs. Langsam gleite ich an Hafenanlagen, an der Teerhofinsel und an der Schwartau-Mündung mit dem unscheinbaren Ringwall von Lübecks slawischer Vorgängersiedlung Liubice vorbei.

An das ökologisch wertvolle Sumpfgelände gegenüber schließt sich der Stadtteil Gothmund an, der bis heute seinen Charakter als altes Fischerdorf bewahren konnte. Es geht an einem Industriegebiet entlang, das auch schon bessere Zeiten gesehen hat. Die Herrenbrücke, einer der größten Klappbrücken Europas, unterteilt es in zwei Hälften. Hier habe ich einige gefahrvolle Minuten zu überstehen. An den Ufern stehen Unmengen von Anglern, um den einen oder anderen der Heringe zu fangen, die gerade zum Laichen die Flußmündungen hochzuziehen beginnen. Dabei machen sich nicht wenige der Herren einen Spaß daraus, die schweren Gewichte an den Angelschnüren möglichst dicht neben meinem Kanu ins Wasser klatschen zu lassen.

Unterhalb der Brücke wandelt die Trave abermals ihr Gesicht. Die Bucht von Schlutup, zu dieser Zeit noch lübscher Grenzort zur DDR, ist die erste in einer Reihe von seenartigen Verbreiterungen. Würde ich Manfred und Luise (also den Anfängern) schon von der Strecke zwischen Altstadt und Klappbrücke wegen der Großschiffahrt eher abraten, so muß ich sie von den Wellen und Böen auf dem untersten Traveabschnitt wirklich warnen.

Diese 10 Kilometer lange Strecke entspricht der ehemaligen Traveförde. Im Lauf der Jahrtausende haben Sande, die vom Brodtener Steilufer und von der mecklenburgischen Küste weggespült wurden, die Öffnung zur Ostsee fast verschlossen und die Halbinsel Priwall gebildet. Die Ufer der einstigen Förde sind weitgehend unbesiedelt, teilweise Naturschutzgebiet („Dummersdorfer Ufer"). Hier ist das Betreten verboten.

Daher laß ich mich am ehemaligen DDR-Ufer zu einer Pause nieder. Die Sonne ist mittlerweile herausgekommen. Sie taucht die winterlich braunen Heideflächen und Kiefernwälder in warmes Licht. Die Illusion, auf einem norwegischen oder schwedischen See zu sein, drängt sich auf.

Beim Skandinavienkai, dem größten Fährhafen Europas, ist es mit der Beschaulichkeit vorbei. Auf den riesigen Stellflächen warten hunderte von Lastwagen und ganze Eisenbahnzüge darauf, in den Bäuchen der klotzigen Schiffe zu verschwinden und in irgendeinem Ostseeland wieder aufzutauchen.

Dem modernen Fährhafen folgt der alte Teil Travemündes. Die Häuserzeile am Wasser („Vorderreihe") mit dem alten Polizeigebäude und der Lorenzkirche dahinter ist wirklich hübsch. Der historische Leuchtturm hat längst ausgedient. Das Leuchtfeuer befindet sich jetzt oben auf dem riesigen Klotz des Maritim-Hotels, das den Hafen abschließt. Vom Wasser aus läßt sich das schöne Panorama, das immer noch einen Hauch von Buddenbrook und altem Seebad ausstrahlt, ungetrübt genießen.

Ich beende meine Tour noch nicht. Der kleine Hafen von Niendorf, 8 Kilometer nördlich, ist mein Ziel. Es ist nicht jedem zu empfehlen, auf die Ostsee hinauszupaddeln, auch wenn das Wasser wie an diesem Tag spiegelglatt daliegt. Ohne die nötige Erfahrung und Ausrüstung sollte man es besser bleiben lassen.

Normalerweise muß man wegen der Badenden mit einem muskelbetriebenen Boot 200 Meter Abstand vom Ufer halten. Bei ca. 5° C Wassertemperatur ist kaum mit Schwimmern zu rechnen. Es ist herrlich, über das unbewegte Meer zu paddeln. Das Wasser ist so klar, daß ich mehrere Meter tief auf den Meeresboden sehen kann. Fast erscheint es mir, als schwebte ich wie ein Taucher durch die Unterwelt. Besonders beeindruckend sind die großen Findlinge. Manche haben 5 Meter Durchmesser. Andere ragen wie Eisberge nur mit der Spitze aus dem Wasser. Gefährlich sind jene, die gerade eben nicht mehr die Oberfläche erreichen. Vor allem bei Wellengang muß hier größte Vorsicht gelten. Dann sollte man lieber etwas weiter draußen fahren.

Die meisten dieser Brocken liegen vor dem Brodtener Steilufer, dem mit 25 Meter höchsten seiner Art an der westdeutschen Ostseeküste. Jahr für Jahr brechen 46 cm ab. Weil die Kosten-Nutzen-Untersuchung dafür sprach, läßt man der Natur wie seit Jahrtausenden ihren Lauf. Entsprechend schön und wild sieht dieses Kliff aus. In den Winterstürmen sind die Abbrüche besonders groß. Frisch entwurzelte Bäume sind herabgestürzt. Sie versperren den Spaziergängern den Weg.

Das Brodtener Steilufer

Bald kommt Niendorf in Sicht. Zwischen aufgestellten Netzen fahre ich ein gutes Stück parallel zum Strand nordwärts. Die ersten Sonnenanbeter dösen, vorerst noch in Pullovern und Jacken, im hellen Sand. Der Eiskiosk macht ein gutes Geschäft. Ein paar Kinder mühen sich mit einem schweren Ruderboot ab. Auch hier jede Menge Spaziergänger auf der Promenade.

Der kleine Hafen von Niendorf hat Charme. Neben ein paar Yachten liegen hier tatsächlich noch viele, überwiegend sehr kleine Fischerboote. Früh morgens verkaufen die Fischer am Kai den frisch gefangenen Fisch. Es herrscht eine gespannte Atmosphäre. Als ich hier eintreffe, haben die meisten ihr Tageswerk schon hinter sich. Da ist Zeit zum Reden. An diesem schönen Platz beende ich meine Tour.

STECKBRIEF: Trave

Kurzbeschreibung: Die Trave, zweitlängster Fluß Schleswig-Holsteins, fließt in einem großen Halbkreis durch das Östliche Hügelland und mündet nach 124 km, davon 92 km befahrbar, bei Travemünde in die Ostsee. Sie läßt sich in folgende Abschnitte unterteilen:

- Bis zum Warder See: stark begradigt, kaum Gefälle.
- Bis Oldesloe: schönste Strecke der Trave, relativ naturbelassene Ufer mit Steilhängen, kleineren Wäldern, ausgeprägteres Gefälle, gute Strömung.
- Bis Lübeck: stark reguliert, einheitliches Ufer, immer noch schöne hügelige Landschaft, geringe Strömung, Lübeck selbst sehr sehenswert, interessante Wasserwege um die historische Altstadt herum.
- Bis Travemünde: keine Strömung, Seeschiffahrtsstraße mit regem Schiffsverkehr, auch größere Dampfer, obere Hälfte mit Hafen- und Industrieanlagen, untere mit naturbelassener, seenartiger Verbreiterung. Auf diesem vierten Abschnitt ist die Trave nichts für Anfänger wie Manfred und Luise.

Besondere Bestimmungen: Das Befahren des Pötenitzer Wieks ist in der Zeit vom 15.2. und 15.6. nur zwischen 11.00 Uhr des Tages vor Sonn- und gesetzlichen Feiertagen und 9.00 Uhr des folgenden Tages erlaubt. Der Dassower See darf seit Anfang 1992 nicht mehr befahren werden. Das Dummerdorfer Ufer und der Schellbruch (Naturschutzgebiete) gegenüber der Schwartau-Mündung dürfen nicht betreten werden. Unterhalb Lübecks ist die Trave Seeschiffahrtsstraße. Ein Blick auf die Karte zeigt, daß die Aalbek, der Ausfluß des Hemmelsdorfer Sees, über ein Siel in den Niendorfer Hafen mündet. Das Paddeln ist auf diesem Flüßchen und auf dem Nordteil des schönen Sees verboten: Naturschutzgebiet.

Befahrbarkeit: Bei gutem Wasserstand ab Straßenbrücke Berlin – Gnissau, meist aber erst ab Warderbrücke am Ausfluß der Trave aus dem Warder See. Hier auch für Zweier und Kanadier, außer bei großer Trockenheit. Die Berliner Au ist entgegen anderen Angaben auch bei guten Wasserständen völlig unbefahrbar.

Schwierigkeiten: Die seenartige Strecke unterhalb Lübeck-Herrenwiek ist nichts für Ungeübte. Achtung vor allem bei stärkeren Winden. Ab Zusammenführung mit Elbe-Lübeck-Kanal auf Schiffahrt achten!

Umtragen: Zwischen Segeberg und Oldesloe gibt es fünf Wehre, von denen vier unbefahrbar sind. Das dritte ist befahrbar, hat aber Eisenträger quer zum Wasser. Ein Bootswagen ist nirgends nötig.

Wichtige Kilometerangaben:

0 Straßenbrücke Berlin – Gnissau, Parkplatz
12,1 Straßenbrücke Warderbrück, klassische Einsatzstelle
41,3 Oldesloe, Mühlenwehr und Abzweig Altarm
67,5 Lübeck-Altstadt, drei Umfahrtmöglichkeiten
92,5 Travemünde, Ostsee

Übernachtung:

- Offizielle Campingplätze am Warder See (zwei Stück).
- Paddlerfreundliche Jugendherberge in Oldesloe direkt an der Trave (200 bis 300 m vor dem Mühlenwehr). Lübecker Jugendherberge in Burgtor-Nähe (ca. 1 km von Klughafen/Wakenitz).
- Ansonsten bei den Kanuvereinen fragen: „Obertrave" am Ortseingang von Oldesloe, SV Hamberge, Kanu-Abteilung (Anmeldung: O. Johannsen, Tel. 04533/8229), Lachswehr Wasserfahrer Lübeck (am Ortseingang links in den Altarm fahren), VKL Lübeck (an der Wakenitz bei der Umtragestelle zum Klughafen), LKV Lübeck (1 km Wakenitz-aufwärts), VKL (Passathafen in Travemünde).

Auto nachholen: Relativ häufige Bahnverbindungen zwischen Lübeck – Travemünde, Lübeck-Hbf, Oldesloe und Segeberg. Busse: Travemünde – Lübeck/ZOB (häufig), andere selten.

Kanuverleih:

- Kanucenter Krebs in Kastorf (südwestl. von Lübeck): Tel. 04501/412
- trans-hansa in Lübeck (direkt an der Umtragestelle Klughafen/Wakenitz): Tel. 0451/34428 oder 78347
- weitere in Hamburg, siehe Steckbriefe von Alster und Dove Elbe

Wasserqualität: Bis auf ein kleines Teilstück bei Segeberg (hier II bis III) fällt der befahrbare Teil der Trave bis Lübeck in die Gewässergüteklasse II. Unterhalb Lübecks: ?

Name: Vermutlich von dem altpolabischen „trava" = Gras abgeleitet, also „Grasfluß".

Spezielle Literatur: A. Höppner: *Lübeck, eine Hansestadt macht Geschichte* ● Merian: *Lübeck* ● A.B. Enns, u.a.: *Lübeck, Ein Führer durch die Bau- und Kunstdenkmäler der Hansestadt* ● Das ist nur eine minimale Auswahl aus einer Masse von Lübeck-Literatur. Ein Gang in Bibliotheken oder Buchgeschäfte sei hier besonders empfohlen. ● M. u. D. Diehl: *Naturschutzgebiete an der Ostseeküste Schleswig-Holsteins (Dassower See, Dummersdorfer Ufer, Hemmelsdorfer See u.a.)* ● K. Lock: *Der Kreis Segeberg im Bild* ● P. Hamel u.a.: *Die Trave*

Karten: Für die Trave reicht eine Generalkarte (1:200.000) aus. Sonst:

- „Wandern und Erholen im Kreis Segeberg" (1.50.000) vom Landesvermessungsamt Schleswig-Holstein (Trave oberhalb Travenbrück)
- „Ausflugsziele rund um Lübeck" (1:50.000) vom LN-Verlag (Trave bis Warder See sowie zwischen Oldesloe und Mündung)

geest (altfriesisch) = trocken
Arlau

Manch einer, der vom lieblichen Hügelland auf die Schleswiger Geest kommt, wird sich schwertun. Der leicht gewellte Landstrich wirkt nüchtern, zuweilen karg. Er ist dünn besiedelt. Hier und dort ein kleines Waldstück, überwiegend Weideland. Touristen zieht es selten hierher. Reiseführer haben kaum etwas über die Gegend zu sagen. es scheint, als beschriebe das altfriesische Wort geest (= trocken) über die Bodenqualität hinaus den Charakter des Landes.

Vielleicht muß man wie ich auf der Geest aufgewachsen sein, um sich hier nicht nur in Prachtsommern wohlzufühlen. Mir wird jedenfalls warm ums Herz, als ich, an der Schlei im Urlaub, für zwei Paddeltouren nach Nordfriesland fahre. Am Ortseingang von Viöl begrüßt mich ein Storch. Schräg gegenüber der alten Dorfkirche biege ich nach Süden in die Wiesen ab. Die schmale Straße überquert nach einem Kilometer die Arlau, den ersten der beiden auserwählten Wasserläufe. Hier setze ich ein.

Mein erwärmtes Herz kühlt schnell wieder ab, denn man hat das Flüßchen zwischen 1953 und 1956 zu einem unansehlichen Entwässerungsgraben „ausgebaut". Die vielen kleinen Mäander, die auf alten Karten (z.B. im Nissen-Museum für nordfriesische Heimatkunde in Husum) noch zu erkennen sind, mußten einem kanalartig geraden Verlauf weichen. Gleichzeitig hat man das Bett abgesenkt, so daß ich vom Kanu aus erst auf einem unbedeichten Marschabschnitt wieder etwas von der Umgebung sehen kann. Die Paddelei ist wenig erbaulich. Kein Baum oder Busch lehnt sich romantisch über die Ufer. Nur ein paar moderne Betonbrücken sorgen neben den Wehren für Abwechslung.

An einem Sturmflut-Wehr mache ich Pause. Hier beginnt die Marsch. Wie ein Trichter ragt sie zwischen den Geestvorsprüngen von Husum und Bredstedt in das Land hinein. Der Turm der über 800 Jahren alten Hattstedter Kirche zeigt im Süden den Geestrand an. Die Besiedelung ist nun noch dünner. Nur vereinzelt stehen ein paar Gehöfte in der grünen Weite. Ich liege eine Weile im Gras. Ich lasse das Land auf mich wirken. Schließlich scheucht der kalte Wind mich wieder hoch. Eine dunkle Wolkenwand kündigt das Ende des sonnigen Wetters an. Vorsorglich ziehe ich die Regenjacke an.

Ganz allmählich wird der Fluß nun breiter und tiefer. Die Ostenau mündet ein. Sie ist der einzig nennenswerte Nebenfluß der Arlau, auf einigen Kilometern befahrbar, aber auch nicht hübscher. Dann geht es unter der Bahnlinie Hamburg – Westerland („Marschenbahn") und der B 5 unterdurch. Die geringe Strömung versiegt gänzlich.

Auf den letzten Kilometern ist die Arlau ein Marschgewässer, wie es sich gehört. Behäbig, wenig eingeschnitten, zieht sie dahin. Deiche, alte Bauernhäuser auf

Warften, grüne Weiden, Schafe, Wind. Leider frischt der immer mehr auf. Bald verdunkelt sich der Himmel. Nieselregen fegt mir ins Gesicht. Dann erreiche ich mein Ziel, die „Arlauschleuse". Schöpfwerk und Siel liegen nebeneinander im alten Seedeich. Die Bezeichnung „Schleuse" stammt wohl aus früheren Tagen.

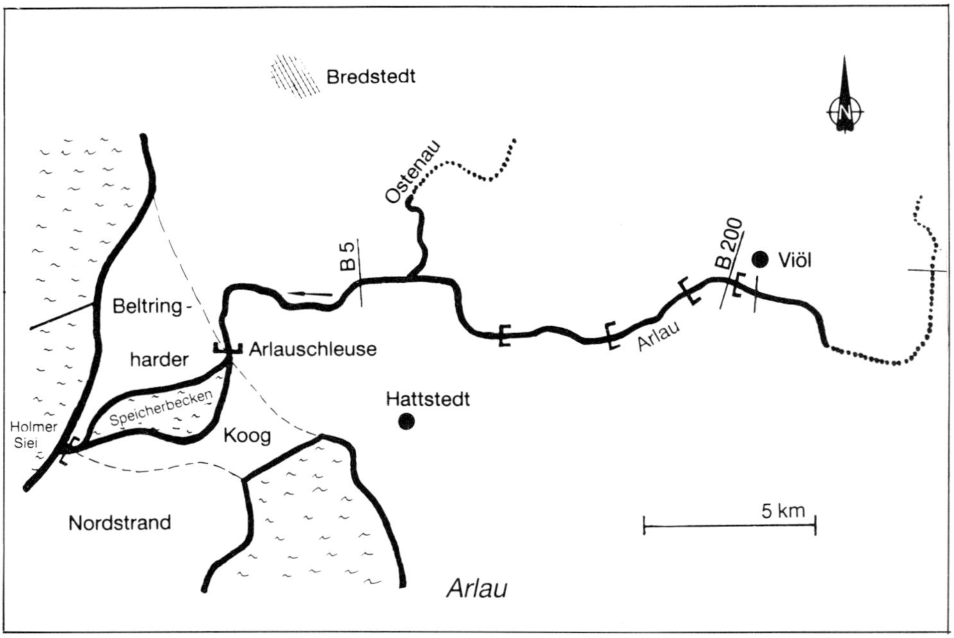

Hinter dem alten Seedeich ist ein neuer Koog entstanden. Man hat die Nordstrander Bucht eingedeicht und dabei mehrere Fliegen mit einer Klappe geschlagen: Die Deichlinie ist verkürzt, der Schutz gegen Sturmfluten erhöht worden. Im Speicherbecken können, wenn hohe Nordsee-Wasserstände die Sieltore geschlossen halten, vorübergehend große Wassermengen gesammelt werden. Dadurch werden die Kosten für das elektrische Pumpen gedrosselt. Mit dem neuen Koog wird kaum landwirtschaftliches Nutzland gewonnen. Vielmehr dient die größte Fläche dem Naturschutz, vor allem den Vögeln. Für die Naturschützer, die die Eindeichung vehement bekämpft haben, ist das alles nur ein Kompromiß. Das Kanufahren ist im Beltringharder Koog verboten! Die Fortsetzung der Arlau-Tour bis zum Holmer Siel (der neuen Mündung) ist also verbaut.

Ein Fischer ist eine ganze Weile damit beschäftigt, seine Reusen vor dem Schöpfwerk in Position zu bringen. Die Aale erwachen jetzt langsam aus dem Winterschlaf, erklärt er mir. Die höheren Wassertemperaturen lassen sie aus dem Schlamm kriechen. Halb benommen treiben sie zunächst mehr im Wasser, als daß sie schwimmen. Daher werden sie zu dieser Zeit auch „Treibaale" genannt. Schon bald werden sie sich sehr lebendig am Laich anderer Fische gütlich tun. Und sich hoffentlich in den Reusen wiederfinden.

STECKBRIEF: Arlau

Kurzbeschreibung: Die Arlau ist ein kurzes, unattraktives Flüßchen, das vor allem im Oberlauf (Geest-Abschnitt) stark reguliert ist: begradigt, abgesenkt, baum- und strauchlose Ufer. Die letzten Kilometer in der Marsch sind etwas netter.

Besondere Bestimmungen: Die Befahrung des Beltringharder Kooges ist verboten.

Befahrbarkeit: An der obersten denkbaren Einsatzstelle (Straßenbrücke Bondelum – Behrendorf) ist die Arlau nur einen Meter breit. Wenn überhaupt, dann ist der Bach hier nur bei sehr hohen Wasserständen zu befahren. Der frühere Parkplatz an der Stelle ist einem eingezäunten Lagerplatz der Straßenmeisterei gewichen. Das Halten in der Kurve ist gefährlich. Gute Einsatzstelle südlich Viöl (Straßenbrücke Viöl – Viölfeld, schräg gegenüber der Dorfkirche in Viöl abbiegen). Für Zweier und Kanadier dürfte hier die Arlau noch bei Mittelwasser zu flach sein. Im Sommer könnte Verkrautung die Befahrung erschweren. Erst unterhalb der Ostenau-Mündung ist die Arlau ganzjährig für alle Boote befahrbar.

Schwierigkeiten: keine

Umtragen: Es gibt im Oberlauf vier befahrbare Wehre, die man zum Schutz seines Bootes besser umtragen sollte: Steine. Problemlos. Auch Treideln ist möglich.

Wichtige Kilometerangaben:

0 Straßenbrücke Bondelum – Behrendorf, ungeeignete Einsatzstelle.
8,1 Straßenbrücke Viöl – Viölfeld, gute Einsatzstelle.
20,7 Ostenau-Mündung, ab hier Marsch. Breiter, tiefer. Deiche.
28,5 Arlauschleuse. Ende der erlaubten Strecke.

Übernachtung: Keine offiziellen Campingplätze und keine Jugendherbergen am Fluß. Nächste Jugendherberge in Husum. Campingplätze auf Nordstrand (Elisabeth-Sophienkoog, Tel. 04842/8534; Süderhafen, Tel. 04842/8553), in Schobüll (Tel. 04841/3321), Husum (Nordsee-Dockkoog, Tel. 04841/61911) und Simonsberg-Husum (Tel. 04841/3999).

Auto nachholen: Keine in Frage kommenden öffentlichen Verkehrsmittel.

Kanuverleih: Siehe Steckbriefe von Bongsieler Kanal und Treene.

Wasserqualität: Gewässergüteklasse II: mäßig belastet.

Name: Zusammengesetzt aus dem alten Namen für den Bach „Arle“ oder „Arrel“ = schmutziges, stinkendes Wasser und dem späteren Anhängsel „au“ = fließendes Wasser.

Spezielle Literatur: Zweckverband Beltringharder Koog (Hg): *Natur im Beltringharder Koog schützen und erleben* (Faltblatt), erhältlich beim Zweckverband, Amt Nordstrand, Schulweg 4, 25845 Nordstrand ● Bücher über Nordfriesland allgemein: Theodor Storm: *Gedichte und Novellen*, z.B. *Gesammelte Werke in sechs Bänden*, G. Honnefelder (Hg.), Insel Verlag ● H. Evert: *Nordfriesland – Impressionen einer Landschaft* (schöne Fotos, Texte von Th. Storm ● Mader/Jensen: *Land hinter dem Deich – Dithmarschen, Nordfriesland* ● G. Eckert: *Rundwanderungen Nordfriesland* ● B.-M. Ketelsen: *Wir wandern zu den Denkmälern Nordfrieslands*

(Teile 1-3) ● N. Nissen: *Parken und Wandern an der Westküste Schleswig-Holsteins* ● J. Töwe: *Über Inseln und Küste. Nordfriesland im Luftbild.* ● Bücher über Watt und Küste: P. Wieland: *Küstenfibel. Ein ABC der Nordseeküste* ● *Kleines Küstenlexikon* ● GEO-special: *Nordsee* ● Landelijke Vereniging tot Behoud van de Waddenzee, Harlingen, Vereniging tot Behoud von Natuurmonumenten in Nederland, 's-Graveland (Hg): *Wattenmeer – Ein Naturraum der Niederlande, Deutschlands und Dänemarks* ● Der Minister für Ernährung, Landwirtschaft und Forsten des Landes Schleswig-Holstein (Hg): *Naturpark Schleswig-Holsteinisches Wattenmeer* ● R. Naudiet, u.a.: *Nordseeküste im Wandel* (Faltblatt)

Karte: Wandern und Erholen im Kreis Nordfriesland, 1:50.000, Blatt Nord, Landesvermessungsamt Schleswig-Holstein

Der fliegende Holländer

Bongsieler Kanal und Zuflüsse

Mein zweiter Ausflug während unseres Schlei-Urlaubs an die Westküste führte mich zunächst nach Wallsbüll, einem kleinen Ort unweit Flensburgs. Die Wallsbüller Au (Strom) windet sich fast naturbelassen in einem schmalen, aber ausgeprägten Schmelzwassertal durch das Dorf und weiter in einen Wald hinein. Ein überaus einladendes Flüßchen, aber leider zu schmal und zu flach für mein Fünf-Meter-Eskimo-Kajak.

Der Mühlenstrom in Schafflund

In Schafflund, 4 Kilometer weiter, setze ich ein. Der Schafflunder Mühlenstrom – so der Name des Baches nach der Einmündung der Meynau – nimmt mich mit durch sein schmales, schönes Tal. Er windet sich an niedrigen Prallhängen vorbei. Bäume und Sträucher säumen die Ufer. Sie schützen mich vor dem heftigen Ostwind, der heute herrscht. Auch die umgebende Geestlandschaft ist wunderschön. Wiesen. Immer wieder kleine Waldstücke. Braune Erde weist auf die Moorvergangenheit mancher Flecken hin. Der Paddel-Genuß ist wegen der vielen Hindernisse jedoch nicht ungetrübt: niedrige Brücken, Weidezaundrähte in Kopfhöhe, dicke Knubbeln von Unterwasserpflanzen, vier Wehre und später die parallele B 199. Und außerdem ist es mit der verwilderten Schönheit der Mühlenau schon nach 3 Kilometern vorbei. Für einige Kilometer hat man es jetzt mit einer 1 bis 3 Meter tief eingeschnittenen, regulierten Rinne vom Kaliber der Arlau und mit sieben weiteren Wehren zu tun.

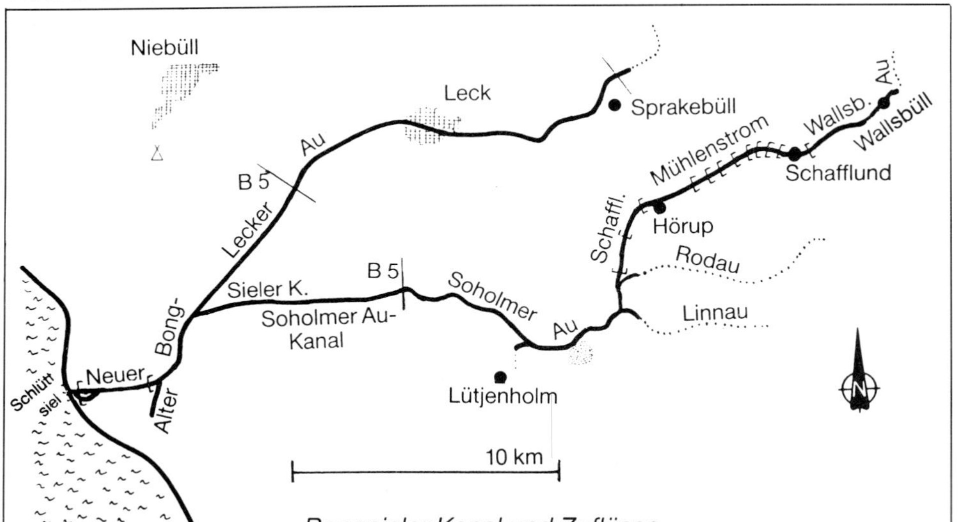

Bongsieler Kanal und Zuflüsse

Wie dünn besiedelt die Gegend hier ist! Außer ein paar einzelnen Gehöften kann ich keine Häuser erkennen. Es gibt auch keine größeren Straßen mehr in Flußnähe. Es ist fast, als sei ich alleine auf der Welt. Vereint mit Rodau und Linnau wird aus meinem Flüßchen die Soholmer Au. Mit dem Namen ändert sich auch sein Gesicht. Es ist breiter. Die mäßige Strömung läßt nach. Die Ufer sind angenehm niedrig, aber zunächst noch sehr flache Deiche begleiten sie in einigem Abstand. Noch bin ich auf der Geest. Aber die Marsch kündigt sich bereits an.

Kein Hindernis stellt sich jetzt dem Wind mehr in den Weg. Er bläßt mit ungehemmter Kraft von Osten, also von hinten. Er schiebt mich. Oft habe ich den Eindruck, als drängele er mich vorwärts. Ich brauche eigentlich nicht mehr zu paddeln. Ich fliege auf das Meer zu. Vorbei an hunderten von Schafen auf den Deichen und den Wiesenstreifen davor. Überrascht sehen sie auf, halten mit dem Kauen ein. Ihr Blick scheint zu sagen: „Wat is dat denn för een?“ (Oder sprechen die Schafe in Nordfriesland friesisch?) Die niedlichen Lämmer flüchten sich zu den Eutern der Mütter, wenn sie mich bemerken. Ein Bussard zieht seine Kreise. Enten fliegen auf. Später segelt ein Storch etwas eckig über dem Wasser.

Die Soholmer Au geht in den Soholmer Au-Kanal über, einem unattraktiven Schlauch mit hohen Deichen direkt am Ufer. Ich habe die Marsch erreicht. Hinter den Brücken von B 5 und Eisenbahn (Hamburg – Westerland, Marschenbahn) ist es Zeit, einen Blick auf das flache Land zu werfen. Wie nüchtern heute die Marsch aussieht! Ich empfinde nichts von der unendlich weiten Stille, die ich sonst so an dieser Landschaft liebe. Vielleicht sind es die Wohnblöcke in der Ferne, die stören. Oder die beachtlichen Höhen der alten Geest (Rantzau-Höhe, 45 m). Oder bläßt der Wind das ruhige Empfinden weg? Jedenfalls pustet er mir den Joghurt vom Löffel, als wolle er sagen: „Weiter, weiter, mach zu, sitz' nicht so lange herum!" Meine Rast auf dem Deich ist kein Genuß. Und so fahre ich wieder los.

Vor Jahrhunderten deichten die Friesen dieses Land ein. Zu früh, wie sich bald herausstellte. Der Moorboden im Untergrund war vom Meer nur dünn mit einer fruchtbaren Kleieschicht überspült worden. Er sackte auch noch zusammen, als man mit der Entwässerung begann. So entstand eine Niederung, aus der das Oberflächenwasser kaum herauszubekommen war. Trotz immer neuer Maßnahmen konnte das Problem nicht befriedigend gelöst werden. Wie es schließlich doch gelang, erlebte ich auf den letzten Kilometern meiner Tour. Vom Bongsieler Kanal (so der neue Name) zweigt bald rechts der Neue Bongsieler Kanal ab. Ich unterquere ein großes Gebäude, ein Schöpfwerk, und bin im Hauke-Haien-Koog.

1959 wurde hier neues Land eingedeicht. Ein Teil des Kooges dient als Weideland, ein anderer als Speicherfläche. Diese Becken beiderseits des neuen Kanals können bei Bedarf jenes Wasser aufnehmen, das früher die Marsch überschwemmte. Außerdem erreicht man einen günstigeren Abfluß, weil man den neuen Kanal an einen besonders tiefen Priel, die Schlütt, anschloß. Vor dem Siel und dem Schöpfwerk am Meerdeich entstand der kleine Hafen Schlüttsiel, von dem aus Fähren zu den Halligen und nach Föhr fahren. Die Speicherbecken entwickelten sich rasch zu einem Paradies, vor allem für schützenswerte Watt- und Marschvögel.

Ich lege rechts vor dem Schöpfwerk, am Ende der seenartigen Verbreiterung an. Ein gutes Fernglas und ein Vogel-Bestimmungsbuch wären jetzt nicht schlecht. Wer sich gezielt informieren will, kann auch zu der Station des DBV am Schöpfwerk gehen (Ausstellung) oder Führungen mitmachen.

Ich klettere auf den Seedeich, will das Meer sehen. Der Wind rüttelt an mir. Es ist Niedrigwasser. Das Watt glänzt silbern im Sonnenlicht. Weit draußen schweben die Halligen zwischen Himmel und Erde.

STECKBRIEF: Bongsieler Kanal und Zuflüsse

Kurzbeschreibung: Der Bongsieler Kanal entsteht durch die Vereinigung von Lecker Au (-Kanal) und Soholmer Au-Kanal. Letzterer ist die Fortsetzung von Soholmer Au und Schafflunder Mühlenstrom, welche ihrerseits wieder durch mehrere Quellflüsse gebildet werden. Von diesen bietet sich vor allem der Wallsbüller Strom (Au) als Startgewässer für eine Paddeltour an. Bis 3 km unterhalb Schafflunds fließt der Bach durch ein verwildertes, kleines Geesttal mit einigen Hindernissen. Danach folgt eine stark regulierte, tief eingeschnittene und unattraktive Strecke. Nach der Einmündung mehrerer kleiner Bäche wandelt sich der Wasserlauf immer mehr zu einem Kanal mit hohen Deichen.

Besondere Bestimmungen: keine

Befahrbarkeit: Ab Wallsbüll für Einer bei gutem Wasserstand. Ab Schafflund bei gutem Wasserstand möglicherweise auch für Zweier und Kanadier. Ansonsten ab Hörup.

Schwierigkeiten: Viele Hindernisse im Oberlauf: Untiefen, niedrige Brücken, Verkrautung, tiefhängende Weidezaundrähte, Wehre. Ab Einmündung Rodau problemlos. Ab hier ist man allerdings dem Wind schutzlos ausgesetzt. Bei starkem Gegenwind besser nicht paddeln.

Umtragen: Es gibt 13 Wehre im oberen Abschnitt, von denen wenigstens zwei unbefahrbar sind: das Schafflunder Mühlenwehr und das erste, ein Betonstufenwehr, unterhalb Schafflunds. Bei den folgenden drei Wehren auf der unregulierten Strecke sind Steine im Unterwasser zu bewältigen. Die sechs Sohlabstürze auf der anschließenden regulierten Strecke sind mit einigem Geschick alle befahrbar, während bei dem allerletzten Wehr die Schützen vermutlich nie weit genug hochgezogen sind. Das erste Wehr unterhalb Wallsbülls habe ich nicht gesehen. Für die Strecke bis Schafflund kann ich auch nichts über andere Hindernisse sagen. Dafür gibt es unterhalb dieses Dorfes mehrere niedrige Brücken, von denen ich eine umtragen mußte. Die Tore des Schöpfwerkes am Eingang zum Hauke-Haien-Koog sind vermutlich bei gewissen Wasserständen geschlossen. Bei keinem dieser Hindernisse unterhalb Schafflunds ist ein Umtragen mit größerem Aufwand verbunden. Einen Bootswagen benötigt man nicht.

Wichtige Kilometerangaben:

0 Wallsbüll, Ortsmitte. Bis Schafflund ein Wehr.

4,3 Schafflund, Straßenbrücke in der Ortsmitte neben Spar-Supermarkt. 300 m oberhalb Mühle mit Wehr.

10,5 Hörup, Straßenbrücke, ab hier immer befahrbar.

14,5 Letztes der Wehre: Schützenwehr. 200 m unterhalb Einmündung der Rodau. Beginn der kanalartigen, bedeichten Strecke.

39,2 Schlüttsiel

Übernachtung: Keine offiziellen Camping-Plätze und keine Jugendherbergen an den Wasserläufen. Nächste Camping-Plätze in Dagebüll, Niebüll, Risum (bei Niebüll) (Telefon siehe Steckbrief Gotteskoog), Leck und Flensburg. Nächste Jugendherbergen in Niebüll und Flensburg.

Auto nachholen: Keine Bahn. Buslinie 1531 Husum – Bredstedt – Schlüttsiel – Risum – Niebüll fährt sehr selten. Linie 1570 Niebüll – Leck – Sprakebüll – Hörup – Schafflund – Wallsbüll – Flensburg vergleichsweise häufig, auch an Wochenenden.

Kanuverleih:

- Renate Ingwersen, Norderwaygaard (am Bottschlotter See, dort wo die Lecker Au mit der Soholmer Au bzw. dem Bongsieler Kanal zusammenfließt), Tel. 04674/865 oder 238
- siehe auch Steckbrief Treene

Wasserqualität: Bis auf einen Abschnitt zwischen Schafflund und oberhalb Hörup (hier II bis III) überall

Gewässergüteklasse II (= mäßig belastet). Lecker Au ebenfalls II.

Namen: Au ist wie A, Aa, Ah, Ahr, E, Ee, Eh, Ehe, Ej, O, Ohe eine der vielen Ableitungen von dem allgemeinen germanischen Wort ahwo für fließendes Wasser. Strom bezeichnet seit altersher nicht nur, wie gewohnt, große Flüsse, sondern auch ganz kleine. Leck könnte ein ursprünglicher Flußname sein und wie die zahlreichen Leken im oldenburgischen Friesland schlicht Bach bedeuten. Lund heißt Gehölz, Hain. Büll heißt Wohnstätte, Siedlung. Holm bedeutet kleine Erhebung in der Niederung, Hügel, Insel.

Spezielle Literatur: siehe Steckbrief Arlau.

Karten:

- Kreis Schleswig-Flensburg (1:100.000)
- Wandern und Erholen im Kreis Nordfriesland (1:50.000) Blatt Nord

beide vom Landesvermessungsamt Schleswig-Holstein

Auf den Spuren der Wikinger

Schlei mit Loiter Au

Neben Trave und Schwentine ist die Schlei das dritte größere Gewässer, das in Schleswig-Holstein „in die Ostsee mündet". Sie ist wunderschön in das hügelige Land eingebettet, das meist sanft zum Wasser abfällt, und sehr abwechslungsreich: An den Engen gleicht die Förde einem Fluß, strömt hier bei stärkeren Winden auch wie ein solcher mit 3 bis 4 sm/h. Dann weitet sie sich wieder seengleich, besitzt Seitenbuchten („Noore") und Inseln. Mehrere interessante Ortschaften säumen die Ufer. Dies alles und manches mehr macht die Schlei zu einem Paddelgewässer erster Güte. Anfänger wie Manfred und Luise sollten allerdings ab Windstärke 4 nicht mehr auf das Wasser gehen. Wellen und Böen haben gerade auf den seenartigen Abschnitten schon so manchen in arge Gefahr gebracht.

Als ich um Ostern herum hier paddle, beginne ich meine Tour allerdings nicht auf der Ostseebucht selbst, sondern auf ihrem interessantesten Zufluß: Die Loiter Au ist der Hauptwasserlauf im südlichen Angeln, jener Landschaft zwischen Flensburger Förde und Schlei, die der gleichnamige Germanenstamm im 6. Jahrhundert n.Chr. verließ.

Ursprünglich hatte ich auf dem westlichen Quellfluß des Baches, der Wellspanger Au, inklusive Langsee, starten wollen. Leider fehlte unterhalb der Wellspanger Mühle wie bei einem ausgetrockneten Bach im sommerlichen Griechenland jegliches Wasser – und das im regenreichen April! Wahrscheinlich wird das Wasser bei der Mühle nur zu gewissen Zeiten abgegeben. Daher setze ich mein Kajak bei der klassischen Einsatzstelle am nördlichen Ortseingang von Loit in die gleichnamige Au.

Ich bin etwas enttäuscht, daß ich auf Langsee und Oberlauf verzichten mußte, und werde auch jetzt nicht richtig warm mit meiner Au. Zwar schlängelt sie sich nur wenig begradigt durch ein schönes, 10 bis 20 Meter tief eingeschnittenes Tal. Zuweilen frißt sich der Bach in beeindruckende, baumbestandene Prallhänge. Das Östliche Hügelland zeigt sich von seiner schönsten Seite. Aber die häßliche Uferkante selbst verdirbt mir die Freude: 1 bis 5 Meter hoch, mit Steinschüttungen und Bauschutt gegen Unterspülung geschützt, von Brennesseln, Girsch und ähnlichem Zeug bewachsen. Das trübe, kalte Wetter tut seinen Teil dazu. Möglicherweise ist die Au im Sommer viel lieblicher.

Bis Scholderup geht das so. Hier ändert sich alles. Das Tal weitet sich, ist nicht mehr so tief eingeschnitten, die Strömung läßt nach, die Ufer sind flach und laden zum Rasten ein. Selbst der Name wechselt: Als Füsinger Au fließt das Gewässer an feuchten, von Sumpfdotterblumen bewachsenen Wiesen, später an Schilf und Bruchwald vorbei. Auf einer nahen Wiese fliegt eine Reiher-Großfamilie mit mindestens 20 Vögeln auf. Enten und Teichhühner bevölkern die Au. Selbst die Sonne kommt heraus. Ich bin versöhnt.

Ein paar Kilometer genieße ich noch den Fluß. Dann habe ich die Kleine Breite, eine der seenartigen Verbreiterungen der Schlei, erreicht. Ein paar hundert Meter entfernt, am gegenüberliegenden Fahrdorfer Ufer, zieht ein historischer Zweimaster ostwärts. Es ist das einzige Boot außer meinem weit und breit. Im Sommer würde man an gleicher Stelle wahrscheinlich auf fünfzig oder hundert Schiffe treffen.

Ich halte Kurs auf die Stadt Schleswig. Bald fahre ich am Ortsteil Holm, einer malerischen Fischersiedlung, und der hübschen, aber museal-leblosen Altstadt mit dem alles überragenden Dom vorbei. Am innersten Ende der Schlei liegt das Schloß Gottorf. Der bedeutendste Profanbau des Landes diente als Residenz der Herzöge von Schleswig-Holstein-Gottorf. Heute beherbergt er das Landesmuseum.

Ich drehe um und fahre am nördlichen Ufer wieder nach Osten, am 88 Meter hohen Wiking-Turm (mit Café im 26. Stockwerk!) vorbei nach Haithabu am Haddebyer Noor. Eine der beiden Durchfahrten zu der Schlei-Seitenbucht ist gleich neben dem Haddebyer Campingplatz zu finden. Friesen oder Sachsen hatten hier kurz vor 800 n.Chr. einen „Wik", also einen nicht ganzjährig besiedelten Fernhandelsplatz, gegründet. Seine Blüte erlebte der Ort, zunächst Sliaswich oder Sliasthorp, nach schwedischer Besetzung Hedeby (= Heidedorf) bzw. Haithabu genannt, im 10. Jahrhundert. Damals trieben hier Germanen und Slawen ebenso Handel wie Russen und Araber. Sklaven und Waren, die aus fernsten Ländern wie China stammen konnten, wechselten ihren Besitzer. Von der ehemals bedeutendsten Stadt Nordeuropas ist noch heute der große, halbkreisförmige Schutzwall zu erkennen. Das nahe Haithabu-Museum gibt Erläuterungen dazu, und es zeigt einen Teil der reichhaltigen Grabungsfunde.

Ich drehe noch eine Runde über das anschließende Selker Noor und beende dann am Museums-Anleger für's erste die Fahrt. Ein paar Tage später setze ich am Haddebyer Campingplatz wieder ein, um die Tour bis Schleimünde fortzusetzen. Eine schöne Morgensonne scheint, und es weht ein mäßiger, laut Wetterbericht umlaufender Wind.

Ich fahre am südlichen Ufer entlang, an den beiden Durchlässen zum Haddebyer Noor und an Fahrdorf vorbei zur Stexwiger Enge. Hier öffnet sich die Schlei zur „Großen Breite". Ich bin etwas unsicher, wo es nach Missunde geht. Sicherheitshalber folge ich der gekennzeichneten Fahrrinne. Der Wind erweist sich auf der seenartigen Wasserfläche als recht kräftig. Wellen klatschen genau von der Seite auf das Kajak. Ich bin froh, als ich die Missunder Enge erreiche.

Aus der stürmischen See wird hier ein friedlicher Fluß. Die Autofähre überquert gerade die schmale Stelle. Sie wird an einem Drahtseil von Ufer zu Ufer geführt (!). Dahinter liegt der Campingplatz der Schleswiger Kanuten. Nun folgen die für mich

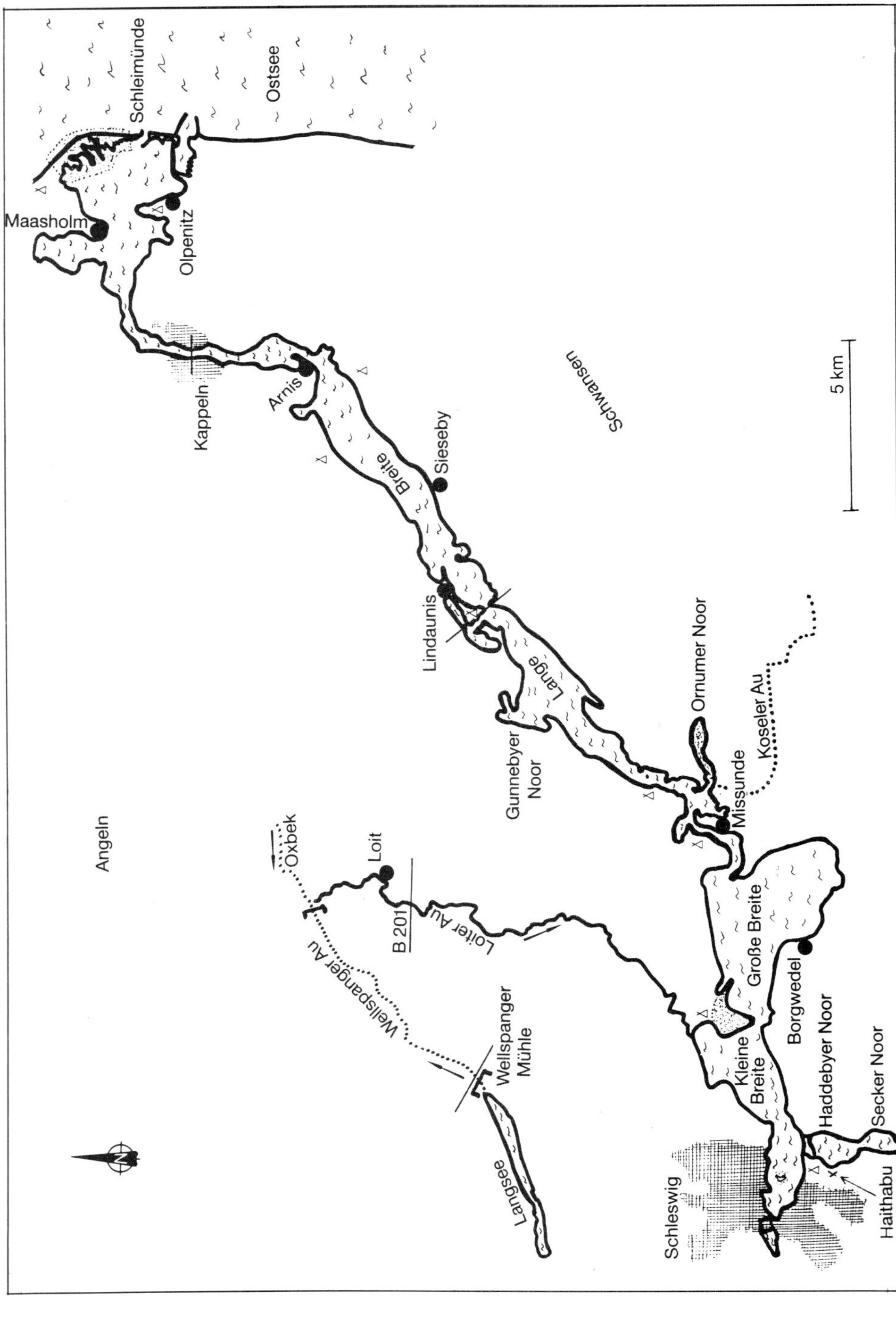
Ostsee
Schleimünde
Maasholm
Olpenitz
Kappeln
Arnis
Schwansen
Sieseby
Breite
Lindaunis
Lange
Gunnebyer Noor
Ornumer Noor
Koseler Au
Missunde
Angeln
Oxbek
Loit
B 201
Loiter Au
Wellspanger Au
Wellspanger Mühle
Langsee
Große Breite
Kleine Breite
Borgwedel
Haddebyer Noor
Secker Noor
Haithabu
Schleswig
5 km

schönsten Kilometer. Der Wind läßt mich zufrieden und die Sonne verwöhnt mich mit milder Wärme. Ich genieße die Schlei und die sanft gewellte Landschaft an beiden Seiten. Nur vereinzelt sind ein paar, meist wunderbar gelegene Häuser zu sehen. Die Rapsfelder werden von Tag zu Tag gelber. Auf der Vogelinsel Kielholm herrscht rege Frühlingsaktivität. Früher müssen sich die Menschen daran beteiligt haben, oder wie sonst ist der Beiname „Liebesinsel" zu verstehen? Beim Gunnebyer Noor begegne ich einem wunderschönen alten Segelboot.

Dann nähere ich mich der Klappbrücke von Lindaunis. Die 3 Meter breite Fahrbahn teilen sich Eisenbahn und Autoverkehr in beiden Richtungen. Ampeln regeln, welches Verkehrsmittel von Norden oder Süden die Schlei überqueren darf. Boote mit höheren Aufbauten müssen eine ganze Weile warten, bis sie Durchfahrt erhalten.

Rechts leuchten bald die weißen, reetgedeckten Häuser des idyllischen Sieseby in der Sonne. Von hier aus sind bereits die Hafenanlagen von Arnis, vor allem die hohen Gebäude einer Werft, auszumachen. Die mit 600 Einwohnern kleinste Stadt Deutschlands ist eine freundliche Ortschaft. Beim Näherkommen entdecke ich hinter den Bäumen des Friedhofs die alte Kirche mit ihrem Holzturm. Schön sieht sie aus, übrigens auch innen.

Auch Kappeln, nur 3 Kilometer weiter, ist ein nettes Städtchen. Bekannt für Milchpulver, Räucherfisch, Museumsbahn und die einzig erhaltenen Heringszäune an der deutschen Ostseeküste. Damit man nicht in diese Zweiggeflechte gerät, sollte man die Klappbrücke in der Fahrrinne unterqueren.

Bei Lindaunis und Arnis hatte ich bereits den Wind gegen mich gehabt. Immer wieder war mir die Gischt ins Gesicht gespritzt, wenn das Kajak in die Wellen knallte. Gegen das, was mich hinter Rabelsund erwartet, war dieser Abschnitt jedoch noch vergleichsweise gemütlich gewesen. Hier, am Ende der schmalen Strecke zwischen Arnis und Kappeln, wendet sich die Schlei wieder nach Osten und damit voll in den Wind. Ich muß mit ganzer Kraft paddeln, um überhaupt vorwärts zu kommen. Die Wellen laufen ein um's andere Mal über das Boot und mir gegen den Bauch.

Links lockt der sichere Hafen von Maasholm. Aber nein, ich will bis zur Mündung. Ganz, ganz langsam schaffe ich es. Noch ein paar Meter an der Lotseninsel mit dem kleinen Hafen Schleimünde vorbei, und ich bin auf der Ostsee. Hier herrscht richtiger Sturm. Die Wellen sind entsprechend. Schnell drehe ich um. Wieder rein in die geschützte Schlei. Nun schieben Wind und Wellen mich wie beim Surfen mit großem Tempo westwärts. Genießen kann ich das nicht. Ich bin kaputt und möchte meine Ruhe haben.

An schönen Tagen wäre es nett, sich hier treiben zu lassen. Dann ließe sich die Vogelwelt in aller Ruhe mit einem Fernglas beobachten, die auf dem Naturschutzgebiet an der Schleimündung zuhause ist. Die recht breite Mündung ist im Laufe der Zeit von Sandmassen, die die Ostseeströmung von den nahen Steilufern hiergespült hat, fast völlig verschlossen worden. In den 60er Jahren hatte die Ausfahrt noch am Nordufer gelegen. Die Lotseninsel war damals tatsächlich eine Insel. Heute gibt es nur noch den südlichen Ausgang. Und der ist auch nur deswegen befahrbar, weil Buhnen und Bagger die Fahrrinne auf schiffbarer Tiefe halten. Außerhalb der Schiffahrtsroute kann es sogar für Kanus zu flach werden.

Mehr von Wind und Wellen geschoben als selbst paddelnd, komme ich wieder an Maasholm vorbei. Wie gerne würde ich in dem Arnis-ähnlichen Ort anlegen! Aber Brigitte holt mich in Kappeln ab.

STECKBRIEF: Schlei (mit Loiter Au)

Kurzbeschreibung: Die 40 km lange Ostseeförde gleicht mehr einem Fluß oder einer Seenkette als einer Meeresbucht. Sie ist abwechslungsreich und wunderschön in das Östliche Hügelland eingebettet. Zahlreiche interessante und idyllische Orte säumen die Ufer. Unweit Schleswig nimmt sie ihren bedeutendsten Zufluß, die Loiter bzw. Füsinger Au, auf. Die Au schlängelt sich durch ein ausgeprägtes, schönes Tal mit Wald und Wiesen. Leider ist ihre 1 bis 2 m hohe Uferkante häßlich. Ihr westlicher Quellfluß, die Wellspanger Au, wäre ein zusätzliches Bonbon, zumal sie den attraktiven Langsee entwässert. Allerdings dürfte ihr Wasser selten befahrbare Tiefe erreichen.

Befahrbarkeit: Die Wellspanger Au ist nur bei hohen Wasserständen bzw. Zuschußwasser der Mühle befahrbar. Um auch den privaten Langsee paddeln zu dürfen, muß bereits auf einem Graben oberhalb eingesetzt werden. Dieser (Abfluß vom Idstedter See zum Langsee) ist kaum oder nur mit Mühe zu befahren; evtl. treideln. Auf der Loiter Au dürfte es nur nach sehr trockenen Perioden Schwierigkeiten geben. Da die Schlei in beide Richtungen befahrbar ist, sollte man die Route mit Rückenwind wählen.

Schwierigkeiten: Außer auf der Wellspanger Au keine Hindernisse. Die Schlei ist bei stärkeren Winden, in den Breiten schon ab Windstärke 4, nichts für Manfred und Luise (Anfänger). Böen und Wellengang können gefährlich werden. Im Sommer erfordert die große Zahl von Wassersportlern aller Art erhöhte Aufmerksamkeit.

Umtragen: Auf der Wellspanger Au mindestens 3 Wehre. Ab Loit und auf der Schlei freie Fahrt. Bootswagen nicht nötig.

Wichtige Kilometerangaben (Loiter Au/Wellspanger Au)

0 Straßenbrücke bei Idstedt, 0,9 km bis zum Langsee.

7,5 Wellspanger Mühle (unterhalb des Langsees) mit Mühlenwehr und Straßenbrücke. Hier vor dem Paddeln Wasserstand ansehen.

15,2 Zusammenfluß mit Oxbek mit Wehr, ab hier Loiter Au.

17,6 Loit, Parkplatz am nördlichen Ortsrand.

32 Straßenbrücke Füsing – Schleswig. Aussetzstelle oder Weiterfahrt bis zur Schlei.

33,2 Mündung in die Schlei (Kleine Breite, gegenüber Fahrdorf).

(Schlei)

0 bis 2 Schleswig. Einsatzstellen u.a. beim Kanu-Club „Haithabu“ und gegenüber am Campingplatz

Haddeby. Hier auch Durchfahrt zum Haddebyer Noor (Haithabu-Museum).

5,5 Am nördlichen Ufer Einmündung der Loiter/Füsinger Au.

10,4 Missunde (Fähre)

19,3 Lindaunis (Brücke)

30,7 Kappeln (Brücke)

38,5 Schleimünde mit Hafen an der Lotseninsel, dahinter Ostsee. Aussetzen 2,5 km vorher in Maasholm (Nordufer) oder 1 km vorher am Campingplatz Olpenitz (Südufer).

Übernachtung:

- Alle paar Kilometer öffentliche Campingplätze direkt an den Ufern.
- Jugendherbergen in Schleswig (nicht am Wasser), Borgwedel (direkt am Südufer der Großen Breite, Paddler-geeignet) und in Kappeln (direkt an der Schlei).
- Auf Anfrage evtl. beim Schleswiger Kanu-Club Haithabu.
- Am Südufer der Schlei ist freies Zelten verboten.

Auto nachholen: Es gibt mehrere Buslinien, mit denen man von Schleswig nach Kappeln, Maasholm, Olpenitz oder andere Orte an der Schlei gelangt. Allerdings fahren die Busse nicht sehr häufig. Gerade abends und an Wochenenden sind sie kaum nützlich.

Kanuverleih: siehe Steckbrief Treene

Wasserqualität: Wellspanger Au: Gewässergüteklasse II (= mäßig belastet). Loiter/Füsinger Au: im mittleren Drittel II, sonst II bis III (= kritisch belastet). Schlei: ?

Namen: „Au“ siehe Steckbrief Bongsieler Kanal. Schlei = schleimiges Wasser oder Wasser mit schleimigen Pflanzen. War anfangs nur auf das innerste Schleibecken bezogen.

Spezielle Literatur: P.L. Hahne: *Mit dem Ausflugsschiff von Schleswig nach Schleimünde,* in: P.L. Hahne (Hg): *Eider, Treene und Schlei* und andere Artikel aus dem Buch) ● J. Werner, u.a.: *Ostseehäfen aus der Luft* ● N. Detlefsen: *Das Angelnbuch* ● Verlagshaus C. Wolff (Hg): *Kappeln, Stadt an der Schlei* ● F.W. Dehncke: *Kappeln an der Schlei* ● N. Bahnsen, u.a.: *Deutsche Ostseeküste: Ostsee, Eider, Schlei, Nord-Ostsee-Kanal* ● K. Müller: *Tochter der Ostsee* ● H.-W. Langholz: *Die Schlei – eine norddeutsche Fördenlandschaft* ● H. Jankuhn: *Haithabu, ein Handelsplatz der Wikingerzeit* ● Y. Cohat: *Die Wikinger*

Karten:

- Kreis Schleswig-Flensburg (1:100.000), deckt alles ab zwischen Flensburger Förde und Eckernförder Bucht, also auch die gesamte Schlei.
- Wandern und Erholen im Kreis Rendsburg-Eckernförde, Blatt Nord (1:50.000), deckt die Schlei und Umgebung südlich Kappelns ab, d.h. der Abschnitt zwischen Kappeln und Schleimünde fehlt.

Beide Karten sind vom Landesvermessungsamt Schleswig-Holstein.

Die Schöne im Norden
Treene

Die Treene macht es Uli und Johannes nicht leicht, den schwerfälligen, vollbeladenen Kanadier durch die oft engsten Kurven zu steuern. Wie kaum ein zweiter Fluß Schleswig-Holsteins mäandriert sie durch die Wald- und Wiesenlandschaft. Ich fahre mit meinem Kajak hinterher und habe meinen Spaß. Meine gezielten, „hilfreichen“ Anmerkungen haben zur Folge, daß die beiden sich bald weniger mit ihrer Kurventechnik beschäftigen. Dafür erörtern sie mit zunehmender Kreativität verschiedene Möglichkeiten, mich zu versenken. Ich erhöhe den Sicherheitsabstand. So paddeln wir bester Dinge bis zum Abend den schönen Wasserlauf hinunter.

An diesem Tag sind wir die einzigen Paddler weit und breit. Zu anderen Zeiten ist das Getümmel groß. Schon die Zahl von vier Kanu-Verleihern spricht für sich. Manche(r) ist mit den engen Kehren überfordert. Einige verhalten sich am Ufer der empfindlichen Natur gegenüber nicht sensibel genug. Als Folge droht der Landkreis damit, das Paddeln auf dem oberen Abschnitt der Treene mit scharfen Einschränkungen zu belegen. Wer die Natur schützen und die Sperrung vermeiden will, sollte sich angemessen verhalten (siehe Kapitel *Kanuwandern und Naturschutz*). Manfred und Luise (Anfänger) sollten besser woanders fahren.

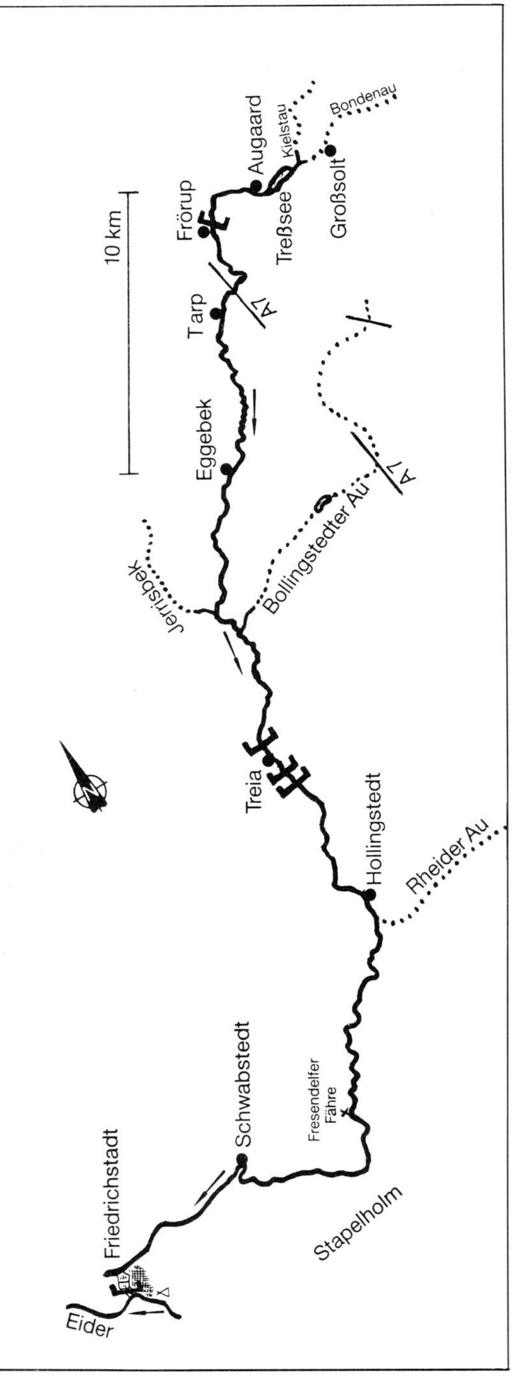

An einem wunderschönen, sonnendurchfluteten Freitagmorgen waren wir in Augaard gestartet. Hier verläßt die Treene den Treßsee, in dem sie durch die Vereinigung von Bondenau und Kielstau geboren wird. Die 3 Kilometer bis zur B 76 fließt sie abgesenkt und begradigt an häßlichen, normierten Ufern vorbei. Bei Frörup und Oeversee erreicht die Treene die Schleswiger Geest. Erst hier beginnt das Tal, fängt der Fluß das „Tanzen" an (Quedenbaum), das ihn zu dem vielleicht schönsten Paddelgewässer des Landes macht.

Am Waldrand

Das nächste Mal würde ich mir die weniger ansprechenden Kilometer oberhalb der Fröruper Mühle (einschließlich Umtragen) ersparen und sofort das Filetstück wählen. In einer endlosen Folge von Schlingen windet die Treene sich durch die Wiesen, so wenig reguliert wie kaum ein anderer Fluß im Norden. Manchmal berührt sie den baumbestandenen, bis zu 10 Meter hohen Talrand, frißt steile Prallhänge hinein. Dann wieder schlängelt sie sich nur durch Gras und Sumpfdotterblumen. Ganz allmählich weitete sich das Tal. Aus 200 Meter bei Frörup werden 600 Meter Breite bei Sollerup. Entsprechend nimmt die Höhe des Talrandes von 10 auf fast 0 Meter ab.

Leider ist es dort nicht nur mit dem schönen Tal vorbei. Während wir am zweiten Tag den schönen Mäandern nach Süden folgen, ziehen dunkle Wolken auf. Und als wir in Sollerup unser zweites Frühstück einnehmen, beginnt es zu regnen. Uli nennt das Landregen. Seine Haupteigenschaft scheint seine endlose Dauer zu sein. Meine Freunde erzählen, was sie gewöhnlich an Samstagen wie diesen machen. Von warmen, gemütlichen und trockenen Wohnungen ist da die Rede. Von Bett und Badewanne. Johannes murmelt etwa von Trampen und Auto nachholen. Dick in die Regenklamotten eingemummelt geht es dann doch weiter.

Die drei Wehre bei Treia, prinzipiell befahrbar, hätten wir mit unseren vollbeladenen Kanus besser nicht hinunterrauschen sollen, denn beide Boote waren hinterher ramponiert. Das Umtragen wäre nicht sehr aufwendig gewesen.

Unterhalb Treia beginnt die Treenemarsch. Deiche begleiten den Fluß, halten mal mehr, mal weniger Abstand vom Ufer, kürzen häufig die weiten Schwingen ab. Auf diese Weise bleibt Raum für ein wenig Vorland, so daß man sich nicht eingeschlossen vorkommt und auf die Höhen der Geestinseln blicken kann. Kühe und Schafe grasen auf den Wiesen. Typische Marschvögel gibt es in Hülle und Fülle.

Die Wiesen zwischen den Deichen sind nur der kleine Rest einer einstmals weiten Flußmarschlandschaft, die bis zum Mittelalter von vielen Sümpfen und Mooren durchzogen war. Noch bis 1963/64 wurde das Umland periodisch überflutet. Dann wurden die Deiche gebaut, und zwar so, daß zwischen ihnen eine Fläche von 800 ha mit einer Speicherkapazität von 11 Mill. Kubikmeter Wasser entstand. In Spitzenzeiten werden auch noch spezielle Speicherköge wie der von Wimmer geflutet. Seitdem können die ehemals feuchten Wiesen intensiv landwirtschaftlich genutzt werden. Für die Pflanzen- und Tierwelt ist das ein Drama. Das soll sich jetzt ändern. Angesichts der Überproduktion in der Landwirtschaft und des gestiegenen Naturbewußtseins plant die Landesregierung, die Deiche zurückzunehmen. 9 Mill. DM sind beantragt worden, damit auf diese Weise wieder mehr Feuchtwiesen entstehen. Die Naturschützer wünschen sich weitergehende Maßnahmen.

Zunächst ist die Treenemarsch noch schmal. Aber bereits in Hollingstedt, vor 800 bis 1000 Jahren der „Nordseehafen" Haithabus, weitet sie sich deutlich. Der Fluß wird ebenfalls breiter, seine Schwingen ausladender. So schön die Treene hier auch ist, der Dauerregen und der heftige, kalte Wind drücken mit der Zeit auf unsere Stimmung. Die Kapuzen tief ins Gesicht gezogen paddeln wir langsam voran. Das Wasser rinnt tropfenweise in die Ärmel. Da kommt das Gasthaus „Fresendelfer Fähre" gerade recht. Wir pellen uns aus unseren feuchten Klamotten, sitzen geschafft in der liebevoll eingerichteten Wirtsstube. Der heiße Kakao mit Sahne ist das leckerste Getränk der Welt. Es bleibt nicht bei dem einen Kakao. Bald ist klar, wir bleiben hier. Am Ufer darf man nicht zelten, da der Raum zwischen den Deichen Schutzgebiet ist. Der Wirt bietet uns eine Wiese hinter dem Haus an.

Am nächsten Morgen wache ich auf. Ah, Sonnenschein, Hitze! Jedenfalls hat das vorgestern der Wetterbericht versprochen. Die Realität sieht leider anders aus.

Der Wind ist eingeschlafen, aber es regnet und regnet und ist kalt. Im Regenzeug sitzen wir beim Frühstück. Tropfen auf dem Käse. Erst als wir wieder auf dem Fluß sind, hat der Regengott ein Einsehen. Wie ein Spiegel liegt die Treene jetzt in der grünen, trüben Welt.

Als die Sonne herauskommt, ziehe ich meine Regensachen aus. Einige dunkle Wolken sind zwar noch am Himmel, aber der Optimist in mir behält die Oberhand. Das hätte er nicht tun sollen. Auf halbem Weg nach Friedrichstadt geht nämlich ein gewaltiger Platzregen auf uns nieder. Ich werde so naß, als hätte ich in der Treene gebadet. Aber so schlimm ist das nicht, denn wir sind ja bald am Ziel.

Friedrichstadt wurde 1621 von Herzog Friedrich III. von Gottorf gegründet. Es sollte eine Konkurrenz für Hamburg und für das damals dänische Glückstadt werden. Zu diesem Zweck hatte man vor allem in den Niederlanden Menschen anwerben lassen, indem man ihnen Religionsfreiheit versprach. 1618 waren Remonstranten (abtrünnige Katholiken) eingetroffen. Später kamen Mennoniten, Quäker, Juden, Lutheraner und andere dazu. Sie alle lebten friedlich zusammen.

Noch heute sieht man Friedrichstadt seine „holländische" Vergangenheit an, obwohl der Ort im schleswig-holsteinischen Krieg 1850 stark zerstört wurde. Die typischen kleinen Bürgerhäuser und die Grachten scheinen so gar nicht nach Nordfriesland zu passen. Es ist ein Genuß, mit dem Kanu eine Rundfahrt durch die kleinen Kanäle zu machen, durch die Straßen zu bummeln oder in einem der Straßencafés zu sitzen. Leider sind wir nicht die einzigen Besucher. Ganze Busladungen von Ausflüglern fallen an freien Tagen in das Kleinod ein. Als wir vor zwei Tagen hier ein Auto abstellten, gehörte der Ort noch den Einheimischen. Es war Markt auf dem zentralen Platz. Eine wunderbare Szenerie.

STECKBRIEF: Treene

Kurzbeschreibung: Die Treene ist ab Frörup einer der schönsten Paddelflüsse Schleswig-Holsteins. Sie fließt auf ihrem 80 km langen Lauf zunächst durch die Schleswiger Geest. Hier schlängelt sie sich in einer dichten Folge enger Kehren und naturbelassen wie kaum ein anderer Fluß des Landes durch ein 200 bis 600 m breites, wunderschönes Wiesental mit bewaldeten Rändern. Im Unterlauf wird die Treene zu einem bedeichten Fluß quasi ohne Strömung. In weiten Schwingen mäandriert sie durch eine Marsch- und Moorgegend, die aufgrund ihrer reichen Flora und Fauna zu den besonders wertvollen Naturlandschaften im Norden gehört. Ein besonderes Bonbon ist die alte „Holländersiedlung" Friedrichstadt an der Mündung der Treene in die Eider.

Besondere Bestimmungen: Noch keine. Da die schöne Treene von sehr vielen Paddlern befahren wird, von denen sich einige vermutlich aus Unkenntnis nicht angemessen verhalten, drohen „scharfe Restriktionen" (LKV), im schlimmsten Fall eine totale Sperrung der oberen Treene. Größere Gruppen sollten auf eine Befahrung verzichten. Manfred und Luise (Anfänger) sollten erst auf anderen Gewässern üben. Die Vereine im Landesteil Schleswig streben eine Regelung an, bei der nur an bestimmten Stellen eingesetzt werden darf und das auch nur bei bestimmten Wasserständen. Zu diesem Zweck werden in Augaard, Oeversee (B-76-Brücke), Frörup Mühle, Frörup Bäckerberg-Brücke, Tarp (Straße „Im Treenetal"), Tarp (Brücke Tornschauer Weg) „Rot-Grün-Pegel" angebracht. Bei „Rot" sollte nicht mehr eingesetzt werden, d.h., wenn Frörup „Rot" zeigt, sollte man in Tarp einsetzen oder in Langstedt. Zum Einsetzen, Aussetzen, Rasten und Zelten werden nur die Plätze benutzt, die auf Hinweistafeln an den Einsatzstellen und tafeln an den Plätzen selbst ausgewiesen sind.

Befahrbarkeit: Bei gutem Wasserstand bereits ab Großsolt am Quellfluß Bondenau. Bei Mittelwasser auch für Kanadier ab Augaard (unterhalb des Treßsees) oder Frörup (auf den ersten 100 m unterhalb der Mühle flache, steinige Strecke). Immer ab Tarp oder Langstedt. Bis Treia ist die Treene auch aufwärts befahrbar, da hier die Strömung gering ist. Der einzig nennenswerte Nebenfluß, die mäßig attraktive Bollingstedter Au, ist bestenfalls ab Straßenbrücke Stenderupau (= 19 km) befahrbar.

Schwierigkeiten: Anfänger dürften mit den vielen engen Kehren und den Untiefen in den Innenkurven ihre Probleme bekommen. Im Unterlauf muß der Wind beachtet werden.

Umtragen: Unbefahrbares Mühlenwehr in Frörup. Drei prinzipiell befahrbare Wehre bei Treia (die unteren mit Bootsrutschen), von denen vor allem das erste für seine destruktive Wirkung auf Kanus bekannt ist. Größere und beladene Boote sowie Faltboote sollten besser umtragen werden. Bei allen vier Wehren geht das problemlos. Bootswagen nicht nötig. An den Mündungen in Friedrichstadt Siel bzw. Schleuse. Schleusenzeiten: Mo bis Sa vom 1.5. bis 31.8. 6.00 bis 19.00 Uhr, im restlichen Jahr 7.00 bis 17.00 Uhr, So und Feiertag pünktlich um 9.00 und 18.00 Uhr.

Wichtige Kilometerangaben:

0 Großsolt an der Bondenau, oberhalb des Treßsees.
3,5 Augaard, Straßenbrücke
6,7 Frörup, Mühlenwehr, guter Einsatzort.
11,8 Tarp, mittlere Straßenbrücke.
38,2 Treia, Straßenbrücke, 0,4 km oberhalb Wehr aus großen Steinen. 0,4 km und 1,9 km unterhalb Stufenwehre mit Bootsrutschen.
76 Friedrichstadt

Übernachtung: Der einzige offizielle Campingplatz am Fluß befindet sich am Ostersielzug (direkt neben der Mündung) in Friedrichstadt (Tel. 04881/7984). Gekennzeichnete Plätze (s.o.). Im Unterlauf freies Zelten verboten (Schutzgebiet). Beim Gasthaus „Fresendelfer Fähre" fragen. Jugendherberge in Friedrichstadt am Ostersielzug.

Auto nachholen: Keine direkten Bus- und Bahnlinien. Busse selten, häufiges Umsteigen nötig, also untauglich. Bahn häufiger: Von Friedrichstadt nach Husum (Linie 120), von Husum nach Jübeck (120) und von da nach Flensburg (131).

Kanuverleih:

- Gasthaus „Fresendelfer Fähre", Tel. 04884/1039
- Spejedergarden Tydal, Curd Brodersen, 24852 Eggebek, Tel. 04609/263
- Ernst Hansen, 24852 Eggebek, Tel. 04609/489
- Olaf Baller, Krummackerweg 2a, 24997 Wanderup, Tel. 04606/763

Die letzten drei haben sich auch zur „Kanugemeinschaft Obere Treene" zusammengeschlossen.

Wasserqualität: Überwiegend Gewässergüteklasse II bis III (= kritisch belastet). Nur zwischen Eggebek und Sollerup sowie zwischen Schwabstedt und Mündung II (= mäßig belastet). Bollingstedter Au: Oberlauf II, Unterlauf II bis III.

Name: Wald-, Holz-, Baumfluß.

Spezielle Literatur: Arbeitsgemeinschaft Rettet Feuchtgebiete (c/o A. Menzdorf, Gut Luisenlund, 24357 Flekkeby): *Rettet Feuchtgebiete* (Faltblatt) ● G. Quedenbaum: *Sorge und Treene* ● F. Heym: *Die Treene, der Strom der Schleswiger Geest* ● S. Bitterberg: *Mit dem Faltboot durch Treene, Eider und Alte Sorge* ● P.L. Hahne: *Ein Rundgang durch Friedrichstadt*; die letzten drei in: P.L. Hahne (Hg): *Eider, Treene und Schlei* ● Fremdenverkehrsamt Schleswig-Holstein: *Wasserwandern auf Eider und Treene* ● R. Höppe: *Große Liebe zu kleinen Flüssen, Flußwanderungen auf der Treene und der Sorge* (vielleicht nur noch in der Stadtbibliothek Itzehoe ausleihbar).

Karten: Kreis Schleswig-Flensburg (1:100.000), Landesvermessungsamt Schleswig-Holstein

Auf der Obereider

Gegen alle Winde

Eider, Nord-Ostsee-Kanal

Der kleine Ort Brügge zwischen Kiel und Neumünster ist ein Bilderbuchdorf. In der Mitte ein kleiner Platz mit einem alten Gasthof, einer ehrwürdigen Kirche und darum Bauernhäuser mit Hühnern auf dem Misthaufen. Schattige Bäume in einladenden Gärten. Ein kleiner Bach schlängelt sich freundlich am Dorfrand entlang. Das Bächlein ist die Eider.

An einem wirklich holden Maitag lassen Brigitte, Johannes und ich in der Nähe des Dorfzentrums unsere Kanadier ins Wasser. Die Eider fließt ungezwungen durch prächtige Frühlingsblumen-Wiesen, vorbei an den lieblichen Hügeln des östlichen Jungmoränengebietes. Stellenweise ist es auf den ersten Kilometern recht flach. Trotzdem muß man das schöne Flüßchen einfach gernehaben. Das zweite Frühstück auf einer abgemähten Wiese vervollständigt den Genuß. Tee trinken, klönen, Zeitung lesen, den Bauch in die warme Maisonne halten.

Nördlich von Bordesholm fließt die Eider durch ein weites Tal. Erst bei Flintbek rücken Hügel und Wälder wieder dichter an den Fluß heran. Hier lädt eine Wiese zum Nachtlager. Ein nettes Plätzchen, nur, wie sich bei Einbruch der Dunkelheit herausstellt, in Hörweite eines Jägerfestes. Jedenfalls begleitet uns entsprechende Blasmusik durch den Abend. Zu vorgeschrittener Stunde wird sie durch Discosound abgelöst.

Am nächsten Morgen haben die Eider und wir unseren Frieden wieder. Das Flüßchen wendet sich auf Kiel zu. Eine Mühle zeigt schon von weiten das Freilichtmuseum von Molfsee an. Hier sind historische Gebäude aus verschiedenen Orten Schleswig-Holsteins (wieder-)aufgebaut. Das anschließende wild-romantische Sumpfgelände war um 1900 noch eine offene Wasserfläche des langsam verlandenden Schulensees, von dem nur noch ein kleiner Teil übriggeblieben ist. Der Ausfluß der Eider (mit engem Aalgatter) liegt genau gegenüber ihrer Einmündung in den See.

Von hier ist es bis zur Ostsee (Luftlinie) nur eine kurze Strecke. Daß die Eider nicht diesen kurzen Weg zum Meer genommen hat, liegt an den hohen Endmoränen am inneren Rand der Kieler Förde. Statt der 5 Kilometer nach Osten fließt der Fluß nun 150 Kilometer nach Westen, um hinter Tönning in die Nordsee zu münden.

Unterhalb Kiels ist die Eider stärker reguliert. Offenbar hat man mit dem natürlichen Lauf auch die schönsten Rastplätze beseitigt, an denen vorher kein Mangel herrschte. Wir haben Mühe, einen würdigen Platz für das zweite Frühstück zu finden, das angesichts der drückenden Mittagshitze immer dringlicher wird.

Bei der ehemaligen Steinfurter Wassermühle endet der begradigte und abgesenkte Abschnitt. Bevor wir uns wieder in vielen schönen Kehren durch ein feuchtes Wiesengebiet schlängeln können, das ähnlich dem Sumpfgebiet beim Schulensee ein verlandeter Teil des Westensees ist, müssen wir 100 Meter umtragen. Das Aussetzen ist schwieriger, als es aussieht. Jedenfalls nimmt ein Paar in einem Zweier-Kajak vor uns ein unfreiwilliges Bad.

Der Westensee befindet sich in Privatbesitz. Man darf nicht anlegen und keine Rundfahrt machen. Das ist ein Jammer, da das Gewässer zu den schönsten im Lande zählt. Immerhin gestattet das schleswig-holsteinische Wassergesetz wie bei allen von einem natürlichen Wasserlauf durchflossenen privaten Seen das Überqueren auf dem kürzesten Weg. Wir paddeln zu diesem Zweck am rechten Ufer entlang. In der nördlichen Ausbuchtung des Westensees findet man „oben links" den Ausfluß der Eider. Uns haben die Stangen der Stellnetze den Weg gewiesen. Den üblichen Hinweis auf die Hochspannungsmasten im Hintergrund finde ich mäßig hilfreich.

Auf ihren letzten Kilometern wird die Obereider noch einmal romantisch verwunschen. Alte Bäume beschatten das Wasser. Pferde grasen auf den Weiden. Sumpfdotterblumen ... Fast ist es so, als wolle sie zum Abschied einen besonders guten Eindruck hinterlassen. Bei Achterwehr beenden wir unsere Frühlings-Sonnen-Tour. Rechts vor der B 202-Brücke, zwischen zwei Feuerwehr-Gebäuden, läßt sich gut aussetzen.

An den Ufern der Obereider gibt es einige kulturhistorisch interessante Stätten. Ansonsten ist die Obereider nichts

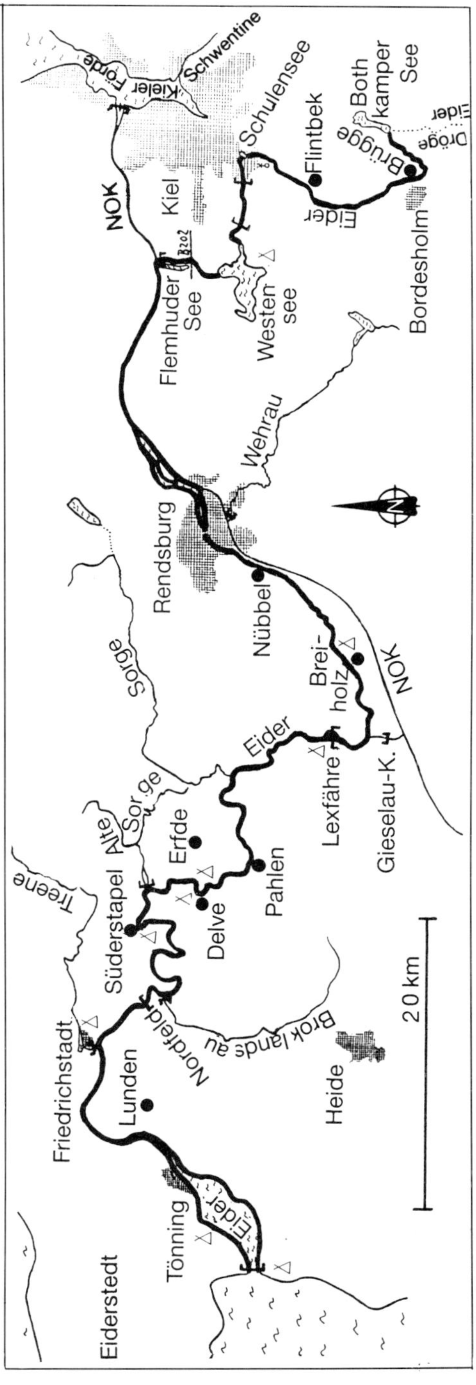

als ein hübsches Flüßchen, für Kanuten ein Gewässer für die Liebe auf den ersten Blick, darüber hinaus jedoch nur von lokalem Interesse. Anders der Rest der Eider. Unterhalb Achterwehr hat der Fluß internationale Bedeutung erlangt. Ab hier ist er mit der Geschichte Schleswig-Holsteins verbunden wie kein zweiter. Von jeher stellte die Eider eine natürliche Grenze dar, etwa zwischen den Gebieten der Dithmarscher und der (Nord-)Friesen. Karl der Große machte es zur Nordgrenze seines Reiches – eine Teilung der Kimbrischen Halbinsel, die Jahrhunderte hindurch umstritten und entsprechend häufig wie blutig umkämpft war. Noch in diesem Jahrhundert mußte sich der Völkerbund mit der Frage auseinandersetzen, ob die Eider Grenze zwischen Dänemark und Deutschland sein sollte. Heute scheidet der Fluß die Landesteile Schleswig und Holstein voneinander.

Aber die Eider trennt nicht nur, sie schuf auch Verbindungen. So war sie im Mittelalter Teil des wichtigsten Handelsweges in Nordeuropa, der von Dorestadt an der Rheinmündung über Haithabu an der Schlei nach Birka in Ostschweden führte. 1784 wurde der „Schleswig-Holsteinische-Kanal" eingeweiht, der auf seinem Verlauf von Tönning nach Kiel bis zum Flemhuder See bei Achterwehr die Eider nutzte. Er war für Schiffe bis 300 t nutzbar und somit der größte Kanal Europas in seiner Zeit. Schon einige Jahrzehnte später genügte der einst so berühmte Kanal den modernen Anforderungen nicht mehr. Er war vor allem für die großen Schiffe der Kriegsmarine nicht groß genug.

So wurde Ende des letzten Jahrhunderts der Bau des Nord-Ostsee-Kanals beschlossen und bis 1895 durchgeführt. Östlich von Rendsburg nutze man nach Möglichkeit die Trasse des alten Eiderkanals. Mit seinen für die damalige Zeit gewaltigen Ausmaßen schluckte er nicht nur den bisherigen Wasserweg. Da er wesentlich tiefer (auf dem Niveau von Nord- und Ostsee) liegt, veränderte er auch die Hydrographie in diesem Gebiet völlig: Die Obereider endet seitdem in Achterwehr. Sie wurde zu einem Nebenfluß des neuen Kanals, über den ihr Wasser überwiegend in die Ostsee fließt. Die Seen, durch die die untere Obereider geflossen waren, sind heute nur noch als Ausbuchtung des Nord-Ostsee-Kanals zu erkennen. Der Flemhuder See beispielsweise wurde um 7 Meter auf Kanalniveau abgesenkt. Er verlor dadurch deutlich an Größe. Die Eider wird heute in einem neuen Bett, dem Achterwehrer Schiffahrtskanal, um den See herumgeleitet. In Strohbrück wird der Höhenunterschied zwischen dem Fluß und dem Nord-Ostsee-Kanal mit Hilfe einer Schleuse überwunden. Da der Nord-Ostsee-Kanal nicht überall die Trasse des Schleswig-Holsteinischen Kanals nutzt, sind einige interessante Teilstrecken des Vorgängers erhalten.

Als ich ein Jahr später alleine die Eider-Tour in Achterwehr fortsetze, herrscht reges Himmelfahrtstreiben auf und neben dem verwunschenen Gewässer. Viele Paddler sind unterwegs. Auf den Uferwiesen lagern große Gruppen nicht nur trinkender Väter. An der Strohbrücker Schleuse treffe ich auf regelrechte Volksfeststimmung. Es wird gegrillt, gelacht und geflirtet. Unzählige Fahrradfahrer radeln an dem schönen Gelände vorbei.

Tausend Leute, nur der Schleusenmeister ist nicht dabei. Also transportiere ich mein Kajak auf dem Bootswagen zum Ufer des Flemhuder Sees (200 Meter). Bevor es hinaus auf die meistbefahrenste künstliche Wasserstraße der Welt geht, laß' ich eine Reihe größerer Frachter passieren. Offenbar sind sie vor kurzer Zeit gemeinsam in Holtenau geschleust worden.

Und dann kommt der Wind! Er scheint sich in der tief eingeschnittenen, von Bäumen gesäumten Rinne des Kanals zu sammeln. Juchzend wirft er sich mir entgegen. Wahrscheinlich hat er sich vorher schon die Hände gerieben. Wenn ich mich mit stetigen, gleichmäßigen Paddelschlägen einer fast meditativen Ruhe nähere, schreckt er mich mit gefährlichen Böen auf. Es kommt mir vor, als kämpfe ich mich zentimeterweise westwärts. Nur die Kilometer-Schilder am Ufer zeigen mir, daß es so schlimm doch nicht ist. Eine Pause wäre jetzt schön. Aber wie soll ich bei den spitzen, rutschigen Steinen und den kabbeligen Wellen das Kajak und mich heil an Land bringen? Das ist erst einige Kilometer hinter Sehestedt mit seiner schönen Dorfkirche und häufig querenden Kanalfähre problemlos möglich. Hier weitet sich der Kanal zum Schirnauer See. Ich genieße eine Pause in einer windgeschützten Ecke.

Am Schirnauer See, im Anblick der imposanten Kanalbrücke (A 7), kann man sich aussuchen, ob man links oder rechts um die Rader Insel fahren will. Der Nord-Ostsee-Kanal nimmt seit 1914 einen separaten Weg. Ich folge dem historischen Eiderlauf durch die Borgstedter Enge. Hinter der Rader Insel trifft man wieder auf den Kanal, hier zum Audorfer See erweitert, von dem der Obereider See in Richtung Rendsburger Innenstadt abzweigt. Dieser letzte erhaltene Rest der Obereider ist mein heutiges Etappenziel. Vorher will ich die zwei Kilometer zur Rendsburger Eisenbahn-Hochbrücke paddeln.

Das gewaltige Bauwerk mit seiner fast einzigartigen „Schwebefähre" ist im Laufe der Jahrzehnte zu einem Wahrzeichen Schleswig-Holsteins geworden. Die Kanalbrücke wurde 1913 fertiggestellt. Man verbaute 17.220 t Stahl. 3,2 Millionen Nieten halten die einzelnen Teile zusammen. Alle paar Jahre muß die Konstruktion neu gestrichen werden – mit 100.000 kg Farbe pro Anstrich. Die eigentliche Brücke ist 317 Meter lang. Dazu kommen 2,2 Kilometer Stahlrampenstrecke und 2,2 Kilometer Dämme, über die die Brücke zu einer Durchfahrtshöhe von 42 Meter (wie bei allen Kanalbrücken) aufsteigt. Die Höhe über alles beträgt 68 Meter.

Erschöpft paddelte ich die Obereider nach Rendsburg hinein. Bei einem Ruderclub darf ich mein Zelt aufschlagen. Eine Stunde später gerate ich bei der Suche nach einem gemütlichen Restaurant mitten in das Rendsburger Altstadtfest.Der größte Trubel herrscht auf dem Platz vor dem schönen historischen Rathaus (von 1566), heute Heimatmuseum. Eine Band heizte der bierseligen Menge mit alten T-Rex-Hits ein.

Unter der Rendsburger Kanalbrücke (mit Schwebefähre)

Am nächsten Morgen bläst der schneidende, kalte Wind meine Hoffnung auf ruhiges Maiwetter in ein paar Sekunden hinweg. Nach einem ungemütlichen Frühstück schiebe ich mein Kajak per Bootswagen an der Eider entlang Richtung Innenstadt. An einer Häuserwand bekundet ein Sprüher „Petra, ich liebe Dich!" 50 Meter weiter unterstreicht derselbe „Ich liebe Dich wirklich!" Und nach abermals 50 Metern schließt er „Ganz bestimmt!" Welch eine (unerwiderte?) Leidenschaft findet hier ihren Ausdruck!

Auf diese Weise unterhalten gelange ich zu einer Eisenbahnunterführung. Nun geht es noch 300 Meter um die Altstadt herum. Dann stehe ich am Untereiderbecken. Neben dem Anleger eines Angelsportvereins, gegenüber dem Packhaus aus den Zeiten des Schleswig-Holsteinischen Kanals, läßt sich gut einsetzen.

Die ersten Kilometer führen sehr schön an Wald und Wiesen vorbei. Schilfgürtel säumen die Ufer. Rallen und Haubentaucher sind mit der Brut beschäftigt. Nübbel ist schnell erreicht. Hier laufen Eider und Nord-Ostsee-Kanal, nur durch einen Straßendamm getrennt, einige Kilometer nebeneinander her. Wer nicht wie ich den Weg durch die Stadt nehmen will, kann an der Lotsenstation in Nübbel von dem einen in das andere Gewässer umsetzen (am besten mit Bootswagen).

Schließlich wendet die Eider sich vom Kanal ab und voll in den Wind hinein. Ich reagiere mit einem ausführlichen zweiten Frühstück auf diese Schandtat. Die Sonne läßt sich freundlicherweise eine Zeitlang blicken. Ich schaue mir das bekannte und doch immer wieder beeindruckende Schauspiel durch das Land fahrender Ozeanriesen an.

Nun bin ich mitten in der weiten Wiesenwelt der Untereider. Satte, grüne, leicht gewellte Geest. Kleine Baumgruppen hier und da. Kaum Ortschaften. Ich mag diese Gegend. Auch wenn der Wind mich quält, ist es schön, der Eider auf ihren immer großzügigeren Schwingen durch die herrliche Geest zu folgen. Nur Kühe, Bauern, die Gras mähen, und ich.

Ein Stück hinter Breiholz mündet der Gieselau-Kanal ein. In rund drei Kilometern führt er zum Nord-Ostsee-Kanal, schafft somit für Paddler eine dritte Verbindung zwischen dem Kanal und Eider. Der Fluß ist unterhalb des Gieselau-Kanals für Schiffe bis 500 t befahrbar. Bei seinem Bau 1936 dachte man bei diesen Maßen noch an die Berufsschiffahrt. Heute wird diese Route von Tönning zum Nord-Ostsee-Kanal nur noch von Sportbooten genutzt. Jedes Dorf hat seinen eigenen Anleger. Überall gibt es kleine Yachtclubs.

So auch in Lexfähre. Hier teilt sich der Fluß. Der rechte Arm führt zu einem Schöpfwerk. Paddler sollten den links vorbei an Restaurant und Campingplatz zur Schleuse wählen. Selbst, wenn man wie ich nicht geschleust wird, ist das Umtragen hier immer noch leichter als beim Schöpfwerk. Neben dem Schleusenwärterhaus gibt es ein Schiebetor im Zaun. Und hinter dem Geräteschuppen läßt sich gut wieder einsetzen.

In Lexfähre erreicht die Eider eine weitere Niederung. Früher war sie ein größtenteils vermoortes Gelände, aus dem wie Inseln erhöhte Geestbuckel herausragten. Viele Monate im Jahr standen die Ländereien unter Wasser, da sie nicht zu entwässern waren. Das Land liegt so tief, weitgehend unter Normal Null, daß bereits das gewöhnliche Grund- und Niederschlagswasser zu Überschwemmungen führte. Darüber hinaus lief die Tide bis oberhalb Rendsburg auf. Sturmfluten führten bis dorthin immer wieder zu Katastrophen. Heute ist der Fluß von Deichen eingefaßt und zahlreiche kleine Schöpfwerke heben das Oberflächenwasser aus den tieferliegenden Wiesen auf das höhere Niveau der Eider.

Mein Ausblick ist durch die Deiche und durch die begleitenden Bäume und Sträucher fortan behindert. Aber ich werde großzügig entschädigt: Der Wind kann mir jetzt nur noch zusetzen, wenn ich im Zuge einer Schlinge genau in seine Richtung paddle. Stets auf der Suche nach Windschatten kreuze ich über die zunehmend breite Eider.

In Hohnerfähre erinnert eine Gaststätte an die namensgleiche Flußquerung. Hier wie anderswo an der Eider ist sie längst eingestellt worden. Kurz dahinter folgt die Mündung der Sorge. Ein Stück weiter finde ich einen schönen Platz für die Nacht, eine Wiese im Windschatten des Deiches, direkt am Wasser.

Auch am dritten Tag meiner Tour hat der Wind wettervoraussagewidrig kein Erbarmen mit mir. Der Kampf geht weiter. Alle paar Kilometer lege ich Pausen ein, etwa bei der alten Steinschleuse, über die die Neue und die Große Schlote das Wasser der Alten Sorge in die Eider leiten. Oder hinter Süderstapel auf der großen Geestinsel Stapelholm, einem alten Ort mit Yachthafen und Campingplatz. Streckenweise ist die Eider für Wasserskifahrer zugelassen, so auch hier. Drei Motorboote rasen mit großer Geschwindigkeit an mir vorbei. Welche Hektik!

Abends komme ich in Nordfeld an. Das Umtragen der Schleuse wäre dort nicht einfach. Zum Glück läßt sich der Schleusenmeister breitschlagen, für mich die Tore zu öffnen. Zuerst freue ich mich noch, das Hindernis so leicht bewältigt zu haben. Aber dann sehe ich, wie sehr das Wasser bereits abgelaufen ist. Wie soll ich hier ans Ufer kommen? Nur Schilf und Matsch. Ich werde im Schlick versinken. Ich hätte den Mann besser nach einer Zeltgelegenheit auf dem Schleusengelände fragen sollen. Nun ist es zu spät. Von dem Campingplatz in Friedrichstadt (gleich hinter dem Deich an der Treene-Mündung) erfahre ich erst nach Monaten. Schade!

Marsch und nochmals Marsch! Ein paar Kilometer entfernt leuchten die ersten Lichter von Friedrichstadt in den Abendhimmel. Sonst gibt es nichts als weites grünes Land. Ich bin fast zu geschafft, um noch etwas zu kochen. Selten bin ich so fertig ins „Bett“ gefallen.

Der neue Tag beginnt, wie der letzte aufgehört hat: Mit unflätig viel Wind. Ich wache schon mit Kopfschmerzen auf. Wahrscheinlich rühren sie von meinem total verspannten Rücken her. Ich habe mich vom Wecker um sechs Uhr rausklingeln lassen. Um diese Zeit herrscht Hochwasser. Und ich möchte mich gemütlich mit dem ablaufenden Wasser zum Eidersperrwerk ziehen lassen.

Leider muß ich bald feststellen, daß der Westwind das Spiel der Kräfte eindeutig für sich entscheidet. Mit dem Ebbstrom ist (noch?) nicht viel los. Wie die drei Tage vorher quäle ich mich voran. Auf der Höhe von Friedrichstadt, das von der Eider aus wegen des hohen Deiches fast nicht zu sehen ist, nehmen die Kopfschmerzen zu. Mir wird schlecht. Mehrmals übergebe ich mich, mitten auf dem Wasser, mitten im Wind. Ich paddle ans Ufer, halte mich für einige Minuten an der Grasnarbe fest. An Windschutz ist hier nicht zu denken. Die Deiche sind zu weit weg. Bäume gibt es nur noch an den einsamen Bauernhäusern.

Es ist schon erstaunlich, wie unendlich weit ein 10 km entfernter Ort sein kann. Aber irgendwann habe ich es geschafft. Totaler Szenenwechsel. Daß die Sonne scheint, bemerke ich erst jetzt, wo ich in den idyllischen Hafen von Tönning einfahre. Am Ende des Hafenbeckens lege ich an. Überall herrscht die Gelassenheit eines trägen Sonntagvormittags. Einige Sportschipper werkeln an ihren Booten. Andere sitzen und klönen. Auf der Straße schlendern ein paar Ausflügler und Touristen, besehen sich das beschauliche Leben von oben. In den Straßencafés sitzen einige Spät-Frühstücker.

Im Hafen von Tönning

Eigentlich hatte ich, wie es sich gehört, meine Tour an der Mündung, also am Eidersperrwerk, beenden wollen. Aber die Gewalten in mir und außerhalb waren stärker gewesen. Ich werde wiederkommen. Und dann werde ich auch noch die 9 Kilometer von Tönning mit dem Kanu zurücklegen. Diesmal fahre ich die restliche Strecke mit dem Auto. Als ich mir das eindrucksvolle Küsten-Bollwerk ansehe, werde ich fast vom Deich geweht. Ein letzter freundlicher Gruß vom Wind.

STECKBRIEF: Eider

Kurzbeschreibung: Die Eider ist der geschichtsträchtigste und weitaus längste (160 km befahrbar) Fluß Schleswig-Holsteins. Der Nord-Ostsee-Kanal (NOK) schluckt 20 km des Flusses und teilt so Ober- und Unterlauf in zwei hydrologisch völlig unabhängige Teilflüsse. Der relativ naturbelassene (und somit für Kanuten auch von Sperrung bedrohte) Oberlauf schlängelt sich durch einschmeichelnde Hügellandschaft in Holsteins Osten, durchfließt mehrere Seen, ist ein idealer Fluß für ein paar nette Tage im Kanu. Dagegen wirkt der Unterlauf eher herb. In ausladenden Schwingen durchzieht er ein fast menschenleeres Geest- und Niederungsgebiet, das gleichzeitig großartig und nüchtern ist. Ein paar Kilometer vor dem imposanten Mündungssperrwerk passiert man die idyllischen Städte Friedrichstadt und Tönning. Der NOK und die Eider unterhalb Tönnings sind nichts für Manfred und Luise (Anfänger).

Besondere Bestimmungen:

- Bothkamper See: Befahren nur mit Genehmigung des Fischereipächters.
- Westensee: Nur Durchfahrt auf dem kürzesten Weg (gemäß § 17 LWG) erlaubt. Dazu nach der Einmündung der Eider am rechten Ufer entlangfahren. Eine Erlaubnis zum Befahren des Westensees kann bei der Gemeinde Westensee für 5,-- DM/Kanu von jenen erworben werden, die im Naturpark Westensee ein Quartier bezogen haben. Immer mind. 50 m vom Ufer entfernt bleiben.
- Nord-Ostsee-Kanal: siehe Steckbrief NOK
- Mühlenbach (Ausfluß aus dem Armensee in die Untereider bei Rendsburg) ganzjährig gesperrt.

Befahrbarkeit: Bei gutem Wasserstand Obereider ab dem Bothkamper See, sonst ab Brügge oder ab Eiderkate oder noch weiter flußabwärts. Unterhalb des Westensees ist die Eider strömungslos, so daß man sie einschließlich des NOK-Zwischenstücks auf etwa 140 km (!) auch ostwärts fahren kann. Unterhalb Nordfelds Gezeiteneinfluß.

Schwierigkeiten: Obereider keine. Untereider sehr windabhängig! Auf dem tidebeeinflußten Abschnitt ist das Anlanden bei Niedrigwasser (Ebbe) schwierig. Unterhalb Tönnings (breiter Mündungstrichter) ist die Eider nur noch etwas für geübte Paddler.

Umtragen: *Obereider:* Niedriger Steg vor Brügge. Betonstufenwehr in Kiel unterhalb Schulensee (treideln möglich). Steinfurther Mühle (100 m). Schleuse Strohbrücke zum NOK: schleusen lassen oder ca. 200 m umtragen zum Flemhuder See. *Untereider:* Vom Obereider See um die Rendsburger Altstadt herum in das Untereider-Becken (ca. 1 km, Alternativen vom NOK s.u.). Schleuse Lexfähre (links über das Schleusengelände, ca. 100 m). Schleuse Nordfeld (links über den Damm, Einsetzen bei Ebbe schwierig). Bei beiden kann man sich auch schleusen lassen. Bootswagen an mehreren Stellen hilfreich, in Rendsburg unerläßlich.

Wichtige Kilometerangaben (einschl. NOK-Zwischenstück)

0 Ausfluß aus dem Bothkamper See.

11 Straßenbrücke in Brügge. Gute Einsatzstelle hier oder 2 km oberhalb beim Parkplatz an der Straßenbrücke Brügge – Groß Buchwald

46,3 Achterwehr, B 202-Brücke, gute Stelle zum Aussetzen (zw. zwei Feuerwehrschuppen vor der Brücke). Obereider geht hier in den Achterwehrer Kanal über.

49,3 Schleuse Strohbrück (zum NOK, km 85,7)

69 Westliches Ende des Audorfer Sees (NOK km 66). Hier rechts abbiegen in die „Obereider“ in Richtung

Rendsburger Innenstadt (oder geradeaus zur Lotsenstation Nübbel bei NOK km 58,3 bzw. Gieselau-Kanal bei NOK km 41,2).

72,8 Ende der „Obereider". Hier oder 600 m vorher links beim RKC aussetzen.

100 Schleuse Lexfähre. Schleusen lassen oder links über Schleusengelände umtragen. Ab hier Deiche.

152,2 Schleuse Nordfeld. Schleusen lassen oder umtragen. Ab hier Gezeiten. In 5,6 km Friedrichstadt mit Treenemündung.

172,8 Tönning. Ab hier breiter Mündungstrichter. Bei Niedrigwasser Aussetzen am inneren Ende des Hafens.

183 Eidersperrwerk. Mündung in die Nordsee. Nicht durch die Sielöffnungen fahren!

Übernachtung:

- Campingplätze in Wrohe am Westensee (Tel. 043057264, darf man nicht hinpaddeln), bei Breiholz (Tel. 04332/373), Lexfähre, Hohner Fähre (bei der gleichnamigen Gaststätte, Tel. 04339/279). Bargener Fähre (Tel. 043337206), Delve (Tel. 04803/1058), Horst (04836/611), Süderstapel (Tel. 048837285) und Tönning (Tel. 04861/1569); alle direkt an der Untereider, und Friedrichstadt (Tel. 04881/400, an der Treenemündung.
- Jugendherbergen in Kiel (weit weg, östlich der Förde), im Dorf Westensee (darf man nicht hinpaddeln), Rendsburg (Tel. 04331/71205, weit weg vom Wasser), Friedrichstadt (Tel. 04881/7984, am Ostersielzug) und Tönning (Tel. 04861/1280).
- Für DKV-Mitglieder auf Anfrage evtl. Zeltmöglichkeiten bei den Vereinen an der Rendsburger Obereider (z.B. WSV Tel. 04331/32030); hier evtl. auch bei den Rudervereinen, und in Tönning.

Ansonsten bis Schleuse Nordfeld an der gesamten Eider viele schöne Plätze, unterhalb schwierig.

Auto nachholen: Züge: Ein paarmal am Tag zwischen Tönning und Husum (Linie 124) und nicht öfter zwischen Husum, Rendsburg und Kiel (Linie 120). Busse fahren (in geringer Frequenz) fast in jeden Ort an der Eider, erfordern aber mehrmaliges Umsteigen. Es geht zu weit, alle hier aufzuführen.

Kanuverleih:

- Beate Naefe-Storm, Steinberg 8, 24802 Groß Vollstedt, Tel. 043057351 (Nähe Westensee)
- Herr Harder, Möllingstr. 9, 24103 Kiel 1, Tel. 0431/91690
- „Wassersportvereinigung an der Eider", 24782 Büdelsdorf bei Rendsburg, Tel. 04331/32030
- Dulz, 25832 Tönning, Tel. 04683/1006
- siehe auch Steckbrief Treene

Wasserqualität: Obereider von der Quelle bis zum NOK Gewässergüteklasse II (= mäßig belastet), bis auf den Abschnitt zwischen Eiderkaten und Flintbek (hier II bis III = kritisch belastet). Untereider von Rendsburg bis Nübbel III (= stark verschmutzt), von da bis 4 km unterhalb Lexfähre II bis III, von da bis Friedrichstadt II, Rest ?

Name: „Schreckenstor" oder „Fluttor". „Flut" entspricht hier dem altnordischen Meerriesen Aegier. Man kann also auch „Tor des Aegir" übersetzen.

Spezielle Literatur: R. Gramm u.a.: *Quer durch Schleswig-Holstein – Die Eider* (mit vielen schönen Fotos) • G. Quedenbaum: *Die Eider* (mit vielen Zeichnungen des Autors) • P.L. Hahne: *Eider, Treene, Schlei* • F. Cordes: *Eiderdamm* (eines von vielen Büchern über das Sperrwerk) • K. Müller: *Die Eider* • Fremdenverkehrsamt Schleswig-Holstein: *Wasserwandern auf Eider und Treene* • Mader/Jensen: *Land hinter dem Deich – Dithmarschen, Nordfriesland* • Weitere Bücher über Nordfriesland s. Steckbrief Arlau; Dithmarschen s. StB Miele; Eider-Treene-Sorge-Niederung s. StB Treene; NOK und den Eiderkanal s. StB NOK

Karten:

- Generalkarte, Blatt 1 (1:200.000)
- Wandern und Erholen im Kreis Rendsburg-Eckernförde, Blatt Süd, 1:50.000 (Eider vom Bothkamper See bis zur Sorgemündung, inkl. NOK-Zwischenstück)
- Wandern und Erholen im Kreis Nordfriesland, Blatt Süd, 1:50.000 (schließt an die vorgenannte Karte an, aber mit einer Lücke in der Eider von rund 10 km)
- Kreis Dithmarschen (1:75.000)

Die letzten drei Karten vom Landesvermessungsamt Schleswig-Holstein.

Steckbrief: Nord-Ostsee-Kanal (NOK)

Kurzdarstellung: Der 98,729 km lange Nord-Ostsee-Kanal, die meistbefahrene künstliche Wasserstraße der Welt, entwässert wie ein Fluß mit seinen „Nebenflüssen" 10 % der Fläche Schleswig-Holsteins. Beeindruckend sind die Begegnungen mit den Ozeanriesen und die technischen Einrichtungen (vor allem die Schleusen in Kiel-Holtenau und in Brunsbüttel sowie die Rendsburger Eisenbahnbrücke mit der (fast) einzigartigen Schwebefähre). Eine reine Kanaltour ist nicht zu empfehlen, da der NOK aufgrund des zweimaligen Ausbaus nüchtern und modern wirkt und weil man vom Kanu aus kaum auf die umgebende Landschaft blicken kann. Da der Kanal zwei Meere und zahlreiche Flüsse miteinander verbindet, ermöglicht er als Teilstück einer längeren Fahrt interessante Paddelkurse.

Besondere Bestimmungen: Die Fahrt mit Kanus auf dem Kanal ist generell erlaubt. Sie ist jedoch kostenpflichtig. 1991 betrug die Gebühr 5,-- DM für Teilstrecken und 20,-- DM für die gesamte Passage. Bezahlt werden kann die Summe an den Zahlstellen bei den Endschleusen (während des Wartens bis zum Schleusen, Schleusungszeiten dauern 30 bis 40 Minuten) oder an der Gieselau-Schleuse oder per Post frühzeitig vor Antritt der Fahrt bei der Kanalverwaltung. – Auf dem Kanal gelten die auf Seeschiffahrtsstraßen üblichen Bestimmungen. Folgende sind für Kanuten besonders wichtig:

- Nur am hellen Tage und bei sichtigem Wetter fahren.
- Rechtsfahrgebot
- Segeln ist verboten
- Weichensignale sind für die Sportschiffahrt nicht bedeutsam, Ausnahme: Wenn drei rote Lichter übereinander gezeigt werden, ist die Weiterfahrt gesperrt.
- Schleusen und deren Vorhäfen dürfen nur befahren werden, wenn auf der Mittelmauer der jeweiligen Schleuse unterbrochenes weißes Feuer (Licht) gezeigt wird.
- Der Schleusenmeister weist den Platz in der Schleuse zu. Man kann an den Schwimmkörpern festmachen.
- Höchstgeschwindigkeit 15 km/h
- Kanus dürfen ohne Lotsen gefahren werden.

Befahrbarkeit: Bei 11 m Tiefe dürfte es kaum Probleme geben. Keine Hindernisse.

Schwierigkeiten:

- Die Fahrt auf dem Kanal ist nur etwas für geübte Paddler. Neben der möglicherweise als bedrohlich erleb-

baren Annäherung der großen Frachter auf rund 20 m kann die Sogwirkung und die Wellenbildung auch kleinerer Schiffe für unsichere Kanuten gefährlich werden.
- Das Anlanden ist wegen der steinigen und rutschigen Uferbefestigung nicht einfach. Bei gleichzeitigem Wellengang kann es zu Beschädigungen der Boote kommen.
- Starke Westwinde machen sich auch ganz im Osten unangenehm bemerkbar.
- Die häufig und schnell querenden Fähren erfordern höchste Aufmerksamkeit.

Umtragen: Das direkte Umtragen der Endschleusen ist wegen der Kaimauern und Sperrzonen unmöglich. Ein Umsetzen ist mit längeren Landtransporten verbunden. In Brunsbüttel sollten diejenigen Paddler, die die Schleusen meiden wollen, bis zum Alten Hafen, d.h. zur Mündung der Braake, fahren. Vor dem Schöpfwerk aussetzen und per Bootswagen ca. 1,5 km mitten durch Brunsbüttel rollen. Beim Yachthafen neben der Kanalschleuse oder bei der Fährstelle wieder einsetzen. – Von einer Fahrt auf dem Burg-Kudenseer-Kanal (als Abkürzung von/zu der Elbe) ist abzuraten, da der Kanal durch den Damm der neuen B 5-Hochbrücke durchtrennt ist. Das direkte Umtragen ist wegen der hohen Zäune sehr schwer, ein evtl. weiterer Landtransport mangels Wegen kaum möglich. – Zwischen den beiden Endschleusen gibt es keine Hindernisse. Dagegen sind alle einmündenden Wasserläufe über Schleusen, Wehre oder Schöpfwerke mit dem NOK verbunden.

Wichtige Kilometerangaben: Die Kilometrierung ist am Ufer ausgeschildert.

0 Neue und alte Schleuse Brunsbüttel. Die alte Schleuse wird nur bei besonders großem Andrang von Sportschiffen benutzt.

15,5 Rechts Schöpfwerk Vaalermoor. Umtragen zur Wilster Au.

40,5 Links Abzweig des Gieselau-Kanals. Über Schleuse Verbindung zur Untereider.

48,3 Lotsenstation Nübbel. Möglichkeit zum Umtragen in die Untereider. Kürzer an ein paar Stellen auf der parallelen Strecke von Kanal und Eider vorher.

62,3 Mündung der Wehrau. Dahinter Rendsburger Eisenbahnbrücke.

66 Verbreiterung zum Audorfer See. Abzweig des Obereidersees zur Rendsburger Innenstadt. Abzweig der Borgstedter Enge.

85,7 Mündung des Achterwehrer Schiffahrtskanals (Obereider) über Schleuse. Wenn Umtragen, dann vom Flemhuder See aus.

98,2 Schleusen Holtenau. Einfahrtssignale wie in Brunsbüttel.

Übernachtung:
- Steile Böschungen oder Fahrwege machen das freie Zelten direkt am Wasser weitgehend unmöglich. Im gewissen Abstand vom Ufer sind dagegen meist leicht Plätze zu finden.
- Offizielle Campingplätze gibt es bei Hochdonn (Autobahnbrücke A 23). Weitere in Brunsbüttel an der Elbe (Tel. 04852/6870) und in der Kieler Förde, z.B. Kiel-Falkenstein (Tel. 0431/392078), Schwedeneck (Tel. 04308/331) oder Heikendorf (0431/241316). Evtl. gibt es am Flemhuder See und auf der Rader Insel (Autobahnbrücke Rendsburg) auch noch offizielle Campingplätze.
- Jugendherbergen in Kiel und in Rendsburg, nicht am Wasser. Weitere in Albersdorf und St. Michaelisdonn.
- DKV-Mitglieder können evtl. auf Nachfrage bei den Kanuvereinen in Kiel (s. StB Schwentine), Rendsburg und Büdelsdorf (s. StB Eider) zelten. In Rendsburg lohnt es sich auch, bei den Rudervereinen zu fragen.

Auto nachholen: Bahnlinie 120 von Kiel nach Rendsburg, von Kiel (130) oder Rendsburg (131) nach Neumünster, von dort über Hademarschen, Beldorf und Albersdorf nach Heide (123) oder nach Elmshorn (130, 131), von dort über Burg (Dith.) nach Heide (120). Zahlreiche Buslinien mehr oder weniger parallel zum Kanal.

Kanuverleih: Siehe Steckbriefe Eider, Treene, Stör.

Wasserqualität: Gewässergüteklasse II = mäßig belastet.

Name: Die Wasserstraße heißt Nord-Ostsee-Kanal, obwohl sie streng genommen Ostsee und Elbe verbindet! Ursprünglich hieß sie Kaiser-Wilhelm-Kanal. In der internationalen Schiffahrt wird sie „Kiel-Canal" genannt. Das Wort „Kanal" ist wahrscheinlich sumerischen Ursprungs. Den Sumerern wird der erste Kanalbau nachgesagt.

Spezielle Literatur: Die Literatur über den NOK ist gewaltig. Hier eine kleine Auswahl: R. Horstmann: *Von der Ostsee bis zur Elbe. Eine landeskundliche Wanderung entlang des Nord-Ostsee-Kanals.* ● P.A. Toaspern: *Die Einwirkungen des Nord-Ostsee-Kanals auf die Siedlungen und Gemarkungen seines Zerschneidungsgebietes;* Schriften des Geographischen Instituts der Universität Kiel, hg. von O. Schmieder, u.a. ● Wasser- und Schiffahrtsamt (WSA) Brunsbüttel, u.a.: *Merkblatt für die Sportschiffahrt auf dem Nord-Ostsee-Kanal* ● Quedenbaum: *Eider im Lexikon* (mit einem Kapitel über den NOK) ● W. Jensen: *Nord-Ostsee-Kanal. Eine Dokumentation zur 75jährigen Wiederkehr der Eröffnung;* Wasser- und Schiffahrtsdirektion Kiel (Hg) ● F.N. Nagel: *Kanäle in Europa: Transportwege, technische Monumente und Touristenattraktionen – Frankreich, England, Deutschland*; in: Mitteilungen des Canalvereins ● K.-H. Freiwald: *Rendsburg und der Kanal*

Weitere Informationen:

- Kanalverwaltung NOK Kiel, Tel. 0431/385-1
- Kanalmuseum in Brunsbüttel, neben der neuen Schleuse.

Karten:

- Generalkarte Blatt 1/2, 1:200.000; reicht für den Kanal selbst völlig aus, nicht jedoch für die zahlreichen Sehenswürdigkeiten in seinem Umfeld und nicht für alle Zuflüsse.
- Wandern und Erholen im Kreis Rendsburg-Eckernförde, Blatt Süd, 1:50.000; erfaßt den Kanal zwischen Kiel-Holtenau (ohne die Schleusen und die Kieler Förde) und Schafstedt.
- Kreis Dithmarschen bzw. Kreis Steinburg, 1:75.000; erfassen den Kanal zwischen Brunsbüttel und Breiholz bzw. Bornholt nördlich Schafstedt.

Beide Detail-Karten vom Landesvermessungsamt Schleswig-Holstein.

Die Beliebteste von allen
Schwentine

Mit 168 Metern bringt es der Bungsberg, Schleswig-Holsteins höchste Erhebung, nicht ganz auf alpine Maße. Um so mehr überrascht der fantastische Ausblick, der von den sieben Türmen Lübecks über die südwestliche Ostsee einschließlich Fehmarn bis zu den Kieler Hafenanlagen reicht. Ein paar Meter tiefer am Berg entspringt die Schwentine, die auf ihrem Lauf durch die herrliche Landschaft der Holsteinischen Schweiz hübsche Orte berührt und viele Seen miteinander verbindet. Zwischen Eutin, wo sie befahrbar wird, und Preetz tritt sie überhaupt nur hin und wieder für einige 100 Meter als Fluß in Erscheinung. Dabei ist sie, aufgestaut durch mehrere Wehre, nahezu strömungslos. Man kann den Wasserlauf daher ebenso gut auf- wie abwärts paddeln. Kein Wunder, daß die Schwentine das beliebteste Kanugewässer Schleswig-Holsteins ist.

Da die Holsteinische Schweiz neben den beiden Küsten das beliebteste Feriengebiet des Landes ist und die Urlauberzahlen im Osten Holsteins zu den höchsten in Deutschland gehören, mangelt es nicht an Menschen am und auf dem Wasser. Die Gegend ist touristisch voll erschlossen.

Aber neben den belebten Bereichen findet man auch viele stille und naturbelassene Abschnitte, wegen derer auch hier eine Sperrung für Kanuten droht.

Meine erste Schwentine-Tour beginne ich zusammen mit Johannes am kühlen Morgen eines 30. April am Ostufer des Großen Eutiner Sees. Wir haben den See für uns, als wir langsam auf Eutin zugleiten. Der Wasserturm, der als Aussichtsturm dient, und die über 700 Jahre alte Michaeliskirche über der Stadtbucht sind schon von weitem zu sehen, bald auch das Schloß hinter den alten Bäumen.

Wir lassen die Stadt mit ihrem hübschen Ortskern links liegen und fahren unter einer kleinen Holzbrücke hindurch auf den westlichen Ausläufer des Sees. An dessen südlichem Ufer befindet sich der Ruderclub Germania, die klassische Einsatzstelle für die Schwentine. Hier habe ich zwei Jahre später eine Fahrt allein mit dem Kajak begonnen.

In der äußersten Nordwestecke verläßt die Schwentine den Großen Eutiner See. Das erste befahrbare Stück Fluß ist kurz, die Fissauer Mühle (leichtes Umtragen) und damit der Kellersee schnell erreicht. Hier geht es betriebsam zu. Das „Fissauer Fährhaus" ist gut besucht. Ein Ausflugsdampfer der „Kellersee-Fahrt" legt gerade ab. Auf dem Campingplatz gegenüber herrscht reges Leben. Draußen auf dem See scheint eine Regatta in Gang zu sein. Wir lassen uns treiben und betrachten beim zweiten Frühstück vom Boot aus die Welt.

Auf diese Weise gestärkt, paddeln wir in einem großen Halbkreis am linken Ufer entlang. Bei den weißen Gebäuden eines Gutshofes liegt der Ausfluß der Schwen-

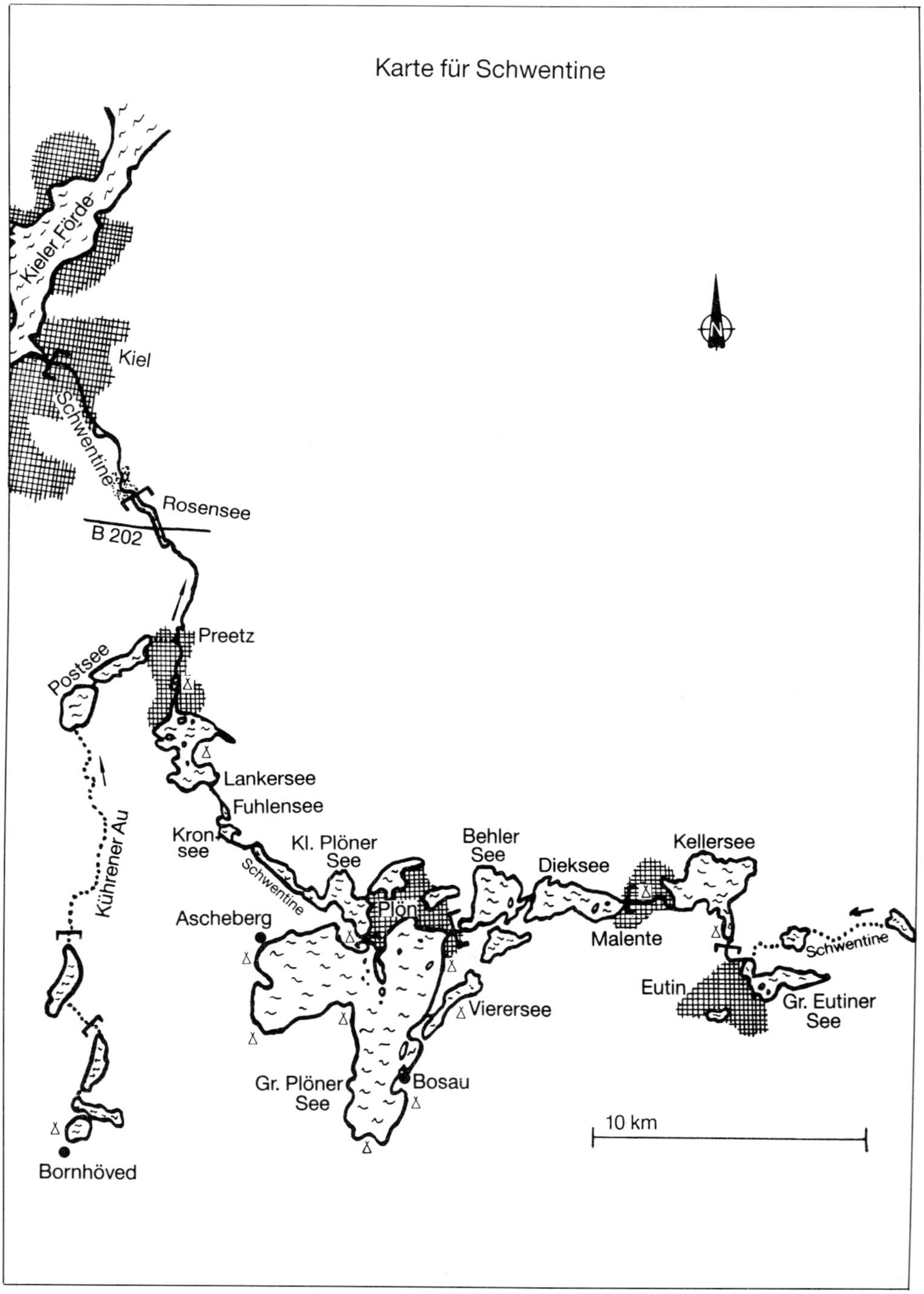
Karte für Schwentine
Kieler Förde
Kiel
Schwentine
Rosensee
B 202
Preetz
Postsee
Lankersee
Fuhlensee
Kron-
see
Kührener Au
Kl. Plöner
See
Schwentine
Ascheberg
Plön
Behler
See
Dieksee
Malente
Kellersee
Eutin
Gr. Eutiner
See
Schwentine
Vierersee
Gr. Plöner
See
Bosau
Bornhöved
10 km
N

tine im Schilf versteckt. Die folgende Ortsdurchfahrt durch Malente bietet reichlich Gelegenheit, von der Anlage der Gartengrundstücke auf den Charakter der Bewohner zu schließen. Unsere geistige Schaffensfreude wird von dem Wehr der ehemaligen Gremsmühle jäh gestoppt. Schnöde Muskelarbeit ist gefragt. Bis zum Steg neben dem völlig überproportionierten Hotelklotz Intermar müssen wir 150 Meter umtragen.

Hier, am Diekseeufer, treffen wir auf pulsierendes Leben. Busweise entern Ausflügler die Boote der „Fünf-Seen-Fahrt“. In den Cafés und Läden herrscht großer Andrang. Überall Spaziergänger und Angler. So quierlig das Treiben in Gremsmühlen auch ist, der See selbst gehört wie die folgenden zu den stilleren Gewässern. Es gibt fast keinen Bootsverkehr und wenig Besiedlung. Wälder und die typischen sanften Hügel säumen die Ufer.

Eine Halbinsel mit dem hübschen Namen Trollholm, Insel der Trolle, trennt Dieksee von Langensee. Leider ist mir auf beiden Touren keiner dieser Burschen begegnet. Die Durchfahrt ist schon von weitem an einem leuchtend weißen Geländer zu erkennen, das zum dortigen Haltepunkt der Fünf-Seen-Fahrt gehört. Das ist ein netter Platz auch zum Rasten.

Eine Vogelinsel scheidet den Langensee vom stillen Behler See, der sich nach ein paar Kilometern wieder zum Höftsee verengt. Die Ausflugsboote wenden sich hier nach Süden, dem Edebergsee zu. Wir fahren zum Vereinshaus des WSV Plön-Fegetasche. Links neben der ehemaligen Mühle steht ein Schienenwagen für die bequeme Portage in ein weiteres kleines Stück Schwentine bereit.

Nach 300 Metern sind wir auf den Großen Plöner See, dem größten Schleswig-Holsteins. Der See ist das Herzstück der holsteinischen Seenplatte mit entsprechend viel Betrieb in, an und auf dem Wasser, jedenfalls bei gutem Wetter. Grundsätzlich gibt es zwei verschiedene Möglichkeiten, über den See zu paddeln: die direkte Route zur Umtragestelle in den Kleinen Plöner See und eine mehr oder weniger ausgedehnte Rundfahrt über die 30 km^2 große Wasserfläche.

Johannes und ich wählen den direkten Weg. Wir fahren links an der ersten und rechts an der zweiten Insel vorbei. Bald ist am Ufer eine Badeanstalt zu erkennen. Links daneben ist die Durchfahrt zwischen Festland und Prinzeninsel zu finden. Als wir die passiert haben, sehen wir den schönen Campingplatz „Spitzenort“, an dem man östlich entlang zur Umtragestelle fährt. Hier beenden wir unseren gemeinsamen Paddelausflug.

Auf meiner zweiten Tour habe ich mich zu einer Rundfahrt entschlossen. Weit vor der Insel Olsborg wende ich mich nach Süden. Am Campingplatz Ruhleben bricht gerade eine Gruppe Jugendlicher mit Kanadiern auf. Dann erkenne ich eine kleine, aber auffällig helle Kiesschüttung am Ufer. Das ist das Vierer Loch, die kurze Durchfahrt zum Vierer See. Ich drehe eine Runde auf dem abgeschiedenen Gewässer.

Mein nächstes Ziel ist Bosau. Auf einer Halbinsel zwischen Bischofssee und Großem Plöner See liegt ein wunderbares Ensemble aus Friedhof, Pfarrhaus und Kirche. Das auch innen sehr schöne Gebäude ist eine der ältesten Kirchen Schleswig-Holsteins. Wer genug besichtigt hat, der kann sich auf der Terrasse des nahen Restaurants mit Tee und Kuchen stärken und dabei den Blick auf den See und das Plöner Schloß in der Ferne genießen.

Nach einem Abstecher zu der völlig verschilften Mündung der Trensfelder Au ganz im Süden paddle ich zurück nach Plön. Es geht vorbei an den bewaldeten Ufern von Nehmten und Godau, durch eine Inselwelt hindurch, in der dieses Jahr sogar ein Seeadlerpaar brütet, bis ich schließlich den Campingplatz Spitzenort erreiche. Hier bleibe ich über Nacht, weil ich mir erst die Sadt und dann ein Spiel der Fußball-Weltmeisterschaft ansehen will. Jeder zweite Camper hat mindestens ein Kanu dabei. Da ist es kein Problem, die eine oder andere Fachsimpelei anzuzetteln.

Die 11.000-Einwohner-Stadt Plön ist an diesem kühlen Nieselregen-Abend etwas tot. Ich wandere an den alten Häusern vorbei zum Schloß hoch. Das Gebäude wurde von 1633 bis 1636 im Spätrenaissance-Stil auf einer alles überragenden Endmoränenkuppe zwischen mehreren Seen erbaut. Groß und weiß leuchtet es von dieser beherrschenden Höhe herab. Auf ganz andere Art beeindruckt später das synchrone Aufstöhnen von 50 Menschen, wenn Rudi Völler die dritte todsichere Chance hintereinander vergibt.

Der zweite Tag empfing mich mit schönstem Sonnenschein. Als ich auf dem Steg des Campingplatzes frühstücke, nähert sich langsam eine Entenfamilie mit zahlreichen Küken. Zunächst tun alle noch sehr unbeteiligt, dann aber zupfen sie mit eindeutiger Absicht an meiner Brottüte. Ich verscheuche sie, aber sie kommen sofort zurück. Erst die Einsicht, daß nichts zu holen ist, läßt sie von dannen ziehen – respektlos über meine ausgestreckten Beine hinweg.

Nicht nur des schönen Wetters wegen ändert sich die Tour nun etwas, denn mit dem Umsetzen in den Kleinen Plöner See (gleich neben dem Campingplatz) erreiche ich einen wieder stilleren, weniger touristisch erschlossenen Abschnitt der Schwentine. Sanft gleite ich über den See. Ein paar Kühe grasen träge auf den Wiesen. Vögel rasten am Ufer. Ein Abstecher auf den Trammer See wäre kein Problem. Dazu muß man die B 76 am nordöstlichen Ufer unterqueren und über Stadt- und Trentsee paddeln. Ich fahre weiter, am Gut Wittmoldt vorbei in die Große Breite. Hier kann die Schwentine sich nicht entscheiden, ob sie Fluß oder See sein will. Immer mehr verengt sich das Gewässer zu einem richtigen Fluß. Aber dann kommen auch schon der kleine Kronsee, der langgezogene Fuhlensee und der große Lanker See. Noch beeindruckt von dem schloßartigen Herrenhaus des Gutes Wahlstorf, das herrlich am Eingang des Sees liegt, irre ich etwas auf der Wasserfläche herum. Wo geht es weiter nach Preetz? Schließlich finde ich die Durchfahrt zum Nordteil des Sees und danach auch jene zum Kirchsee mitten in der Stadt. Ruderer sausen an mir vorbei.

Preetz hat sich den Beinamen „Schusterstadt“ zugelegt. 400 Schuster sollen hier vor Jahrhunderten gelebt haben. Soviele wird es heute nicht mehr geben. Aber die mittelalterliche Kirche des ehemaligen Klosters steht noch. Hinter der Einmündung der Postau (Kührener Au/Alte Schwentine) kann man sie vom Fluß aus durch die alten Bäume schimmern sehen.

In Preetz

Unterhalb von Preetz präsentiert sich die Schwentine als Fluß mit feststellbarer Strömung. Hier fließt sie durch ein Tal mit Wiesen und Wäldern. Ein Eichhörnchen läuft in aller Ruhe über einen tiefhängenden Ast, gerade als ich drunter durchfahre. Wahrscheinlich hat es in seinem Leben schon sehr viele Kanus gesehen.

In einer ausgeprägten Linkskurve am Ende der Waldstrecke beginnt der Rückstau des Raisdorfer Wasserkraftwerkes. Der so verbreiterte Wasserlauf wird Rosensee genannt. Mit dem Wasser werden zwei Kraftwerke nacheinander betrieben, um die Landeshauptstadt Kiel mit Strom zu versorgen. Es ist kein Zufall, daß man gerade diesen Flußabschnitt für diese Anlagen aussuchte. Hier hat die Schwentine die Moränen überwunden und ein tiefes, mittelgebirgsartiges Tal in die Hügel gefressen.

Dieses schöne Tal, Naturschutzgebiet „Alter Schwentinearm" genannt, muß umtragen werden. 100 Meter links vor der ersten Staumauer, neben dem Bootsschuppen des Raisdorfer Kanu-Clubs setze ich mein Kajak auf den Bootswagen. Der Fußweg führt mitten durch den Schwentine-Park mit Zoo. Er soll ausgeschildert sein. Ich sehe keine Schilder. Auch die versprochene Einsatzstelle nach 1,4 Kilometern finde ich nicht. Plötzlich bin ich bei der Oppendorfer Mühle. Neben diesem einladenden Gartenrestaurant lasse ich das Boot wieder zu Wasser. Um die Mühle zu finden, folge man der Beschilderung „Zu den Motorbooten nach Kiel". Es handelt sich um Ausflugsboote, wie man sie schon von der „Fünf-Seen-Fahrt" und vom Kellersee her kennt.

Die Schwentine fließt nun an sumpfigen, schilfbestandenen Ufern vorbei. Wald säumt die Hänge. Bei Klausdorf kann man sich aussuchen, ob man den etwas längeren Arm am Dorf entlang (links) oder auf dem Durchstich paddeln will. Daß ich mich Kiel nähere, ist kaum zu merken. Erst spät nimmt die Besiedelung auch am Fluß zu. Tret- und Ruderboote tummeln sich auf dem Wasser. Zwei Kanuvereine haben ihre Bootshäuser am rechten Ufer. Schließlich erreiche ich die Straßenbrükke (Schönberger Straße) in Kiel-Dietrichsdorf. Hier haben die besagten Ausflugsboote ihre Endstation. Man könnte hier auch sehr gut die Kanu-Tour beenden.

Ich will noch weiter. Ein Steg zum Umtragen und ein Bohlenweg befinden sich unter der Brücke links. Das Wasser ist bereits Ostseewasser. Ich bin im alten Fischereihafen von Kiel. Auf der gegenüberliegenden Seite der Förde wird gerade die „Kieler Woche", Europas größte Segelsportveranstaltung und Stadtfest zugleich, eröffnet. Dort, an der „Spiellinie", herrscht der größte Trubel. Ich wäre gerne hingepaddelt, aber Brigitte und Edda erwarten mich beim Anleger Dietrichsdorf. So muß es bei einer kleinen Runde auf der Förde bleiben.

STECKBRIEF: Schwentine (mit Kührener Au)

Kurzdarstellung: Die Schwentine fließt bei ihrem Lauf vom Bungsberg zur Kieler Förde durch die herrliche Wald- und Hügellandschaft der Holsteinischen Schweiz. Dabei verbindet sie viele Seen miteinander, die zwischen Eutin und Preetz so dicht aufeinanderfolgen, daß der Fluß kaum als solcher auszumachen ist. Die Seen, allen voran der Große Plöner See, erlauben Rundkurse und Abstecher, die zu manch' interessanter Sehenswürdigkeit führen. Die Fahrtmöglichkeiten werden durch die Strömungslosigkeit der Schwentine noch vergrößert. Dies alles macht den Fluß zum beliebtesten Paddelgewässer des Landes.
Befahrbarkeit: Ganzjährig, auch für Kanadier ab Großem Eutiner See in beide Richtungen.
Schwierigkeiten: Keine. Allerdings sollten Anfänger ab Windstärke 4 wegen der Wellen und Böen nicht mehr auf den Seen paddeln.
Umtragen: 6 unbefahrbare Wehre. Überall Hilfseinrichtungen. Für die 1,5 bis 1,8 km lange Umtragestrecke vom E-Werk Raisdorf zur Oppendorfer Mühle ist ein Bootswagen unabdingbar.

Oberalster

Fotos: S. Grimpe

Trave

Fotos: U. Rabsch

Füssinger Au

Untereider — Foto: U. Rabsch

Schaalsee-Kanal — Foto: U. Beier

Dove Elbe Foto: S. Grimpe

Unterelbe *Foto: S. Grimpe*

Elbe *Foto: M. Eckert*

Kanuimpressionen in Schleswig-Holstein *Fotos: S. Grimpe*

Brahmsee *Fotos: H. Teigeler*

Mühlenau

Wichtige Kilometerangaben:

0 Ostseite des Großen Eutiner Sees. Parkplatz Schäferei.

4 Eutin, Einsatzstelle am Ruderclub Germania.

12,3 Malente – Gremsmühlen. Wehr vor der Einmündung in den Dieksee. 150 m umtragen. Rechts neben Hotel einsetzen.

19,3 Plön-Fegetasche. Umsetzen per Lore in den Großen Plöner See.

37,3 Preetz, Mündung der Postau. Ab hier Strömung bis Rosensee.

45,9 Stauwehr des E-Werks

52,4 Kiel-Dietrichsdorf. Stauwerk unter einer Straßenbrücke. Links unter der Brücke Anlage zum Umtragen in den Hafen (= Förde).

Übernachtung:

- Mehrere günstig gelegene Campingplätze zwischen Eutin und Preetz: Eutin-Fissau (Kellersee), Malente (Tel. 04523/4327), Plön (Ruhleben, Tel. 04522/8347), Augstfelde (Vierer See, Tel. 04522/8128), Bosau, Pehmer Hörn (ganz im Süden des Großen Plöner Sees), Godau (Tel. 04526/1555), Dersau (Tel. 04526/563 und 1211), Ascheberg (Tel. 04526/445 und 315), Plön (Spitzenort, Tel. 04522/2769), Preetz (Gläserkoppel, Tel. 04342/81513), Preetz (Kirchsee, Tel. 04342/82265).
- Jugendherbergen in Eutin, Malente (sehr günstig gelegen), Plön (sehr günstig gelegen, Tel. 04522/2576) und Kiel (ca. 1 km von der Anlegestelle Gaarden entfent).

Auto nachholen:

- Bahnlinie 145 über Eutin, Malente, Plön, Ascheberg, Preetz, Raisdorf nach Kiel (recht häufig).
- Fast alle Orte am Wasser sind auch per Bus erreichbar, z.B. Linie 1692 Kiel – Preetz – Plön oder 1691 Eutin – Plön – Preetz – Raisdorf – Kiel (beide recht häufig).
- Das Trampen geht auf der B 202 Eutin – Plön – Preetz – Raisdorf hervorragend.

Kanuverleih:

- Segelschule Plön (Tel. 04522/4111)
- Gemeinschaft der Wasserwanderer Preetz (Tel. 04342/4075)
- Herr Hader, Möllingstr. 9, 24103 Kiel 1, Tel. 0431/91690
- siehe auch Steckbrief Eider

Wasserqualität: Bis Rosensee Gewässergüteklasse II (= mäßig belastet), unterhalb II bis III (= kritisch belastet).

Name: Der Name Schwentine bezog sich ursprünglich auf die Kührener Au, die deswegen auch Alte Schwentine genannt wird. Beide Flüsse werden manchmal auch Bungsberg-Schwentine und Bornhöved-Schwentine genannt. Der Name leitet sich von dem slawischen Wort sventina = heilig ab: Schwentine bedeutet also „Heiliger Fluß“.

Spezielle Literatur: Kartographischer Verlag Busche (Hg): *Das große Seenpanorama* ● G. Eckert: *Schöne Holsteinische Schweiz* ● A. Klimm: *Holsteinische Schweiz* (Kompass Reiseführer) ● H. Evert: *Holsteinische Schweiz – Impressionen einer Landschaft*

Karten:

- Kompass-Wanderkarte Nr. 720: Holsteinische Schweiz (1:50.000), schöne Karte für die Gegend zwischen Eutin und Preetz.

- Kreis Plön (1:75.000), Landesvermessungsamt Schleswig-Holstein (deckt den gesamten Schwentine-Lauf ab).

Anhang: Kührener Au – Die Kührener Au/Postau könnte wegen der schönen, stillen Seen („Bornhöveder Seenplatte“) und der herrlichen Landschaft, durch die sie zwischen Bornhöved und Preetz fließt, eines der attraktivsten Gewässer Schleswig-Holsteins sein. Leider ist der Wasserlauf selbst stark begradigt und zumeist tief in Wiesen und Ackerland eingeschnitten. Zudem ist er so flach, daß ich das Paddeln nur bei sehr hohen Wasserständen (nach längeren Regenperioden) empfehlen kann (für Faltboote nicht). Die Seen sind in privater Hand. Eine Erlaubnis zum Befahren ist nicht zu erhalten. Man darf aber nach § 17 SHWG **durch**fahren. Zu diesem Zweck muß man bereits am Ortsrand von Bornhöved („Alte Plöner Chaussee“) einsetzen, wo der Bach noch sehr klein und besonders flach ist, oder an einer der Straßenbrücken im weiteren Verlauf. Der Postsee ist Vogelschutzgebiet, daher auch hier nur **Durch**fahrt erlaubt. Wesentliche Hindernisse auf der Gesamtstrecke von 26 km: Perdöhler Mühle(nwehr), Depenauer Mühle(nwehr), Stellreuse kurz vor der Mündung in Preetz. Daneben gilt es auf Steine, Reusen, Pfähle im und unter Wasser zu achten.

Wa – Ra – Scha

Wakenitz – Ratzeburger Seen – Schaalseekanal – Schaalsee

Die kleine Wakenitz ist Ortsfremden in der Regel unbekannt. Dabei war sie bereits im Mittelalter nach der Trave Lübecks zweite Lebensader. Sie sorgte für Trinkwasser, war Teil der Stadtbefestigung gegen Osten und trieb die gewaltigsten Mühlenanlagen Norddeutschlands an. Während die Trave nach wie vor der Handelsschiffahrt dient, hat die Wakenitz das Arbeiten längst aufgegeben. Sie ist heute ein Fluß der Freizeit und der Lebenslust. Wer bei sommerlichen Temperaturen am Falkendamm seine Paddeltour beginnt oder sie per Umtragen aus dem Klughafen fortsetzt, wird das feststellen. Man hat es zunächst mit einem See zu tun, der nicht von ungefähr oft mit Hamburgs Außenalster verglichen wird. Es geht an vornehmen Häusern mit großartigen Gärten, schönen Wohnvierteln, Spazierwegen, Cafés, Wassersportvereinen, kleinen Parks und einem botanischen Garten vorüber. An schönen Tagen herrscht reger Betrieb an und auf dem Wasser. Nachmittags und abends wird das Leben aus den Häusern heraus an die Ufer der Wakenitz verlagert.

Wie so viele Lübecker schipper' ich oft auf dem schönen Flüßchen umher. Manchmal geht es bis nach Rothenhusen. An einem kühlen Freitag im Juli mache ich mich auf den Weg, um endlich einmal die ganze Strecke bis zum Schaalsee zu paddeln, von Kennern Wa–Ra-Scha abgekürzt. Mich lockt besonders der Südteil des Sees. Er gehörte zur ehemaligen DDR. Erst seit ein paar Tagen darf man ihn befahren.

Nach ein paar Kilometern läßt man die Stadt hinter sich und erreicht allmählich den schmalen Abschnitt der Wakenitz, der zu den schönsten Flußlandschaften Schleswig-Holsteins gehört. Die Hansestadt hatte vor den Dammbauten im Mittelalter den gesamten Fluß aufgekauft, um Schadenersatzforderungen zuvorzukommen. Man überließ die sumpfige, siedlungs- und verkehrsfeindliche Gegend jahrhundertelang weitgehend sich selbst. Später tat die deutsche Teilung – die Wakenitz ist hier Grenzfluß gewesen – ein übriges. So entstand ein Flußtal, das von einer Vielzahl seltener, teilweise einmaliger Landschaftssegmente geprägt ist: Sandtrockenrasen, Erlenbruchwälder, Stillgewässer, Schilfröhrichte, Laub- und Nadelwaldtypen, feuchte Wiesen und Weiden, Reste von Binnenlanddünen. Man paddelt durch einen herrlichen Dschungel voller seltener Pflanzen und Tiere.

Das einmalige Flußtal ist bedroht, etwa durch Schmutzwassereinleitungen, durch Angler, durch den Ausflugsverkehr oder neuerdings die geplante Ostsee-Autobahn A 20, die möglicherweise südlich um Lübeck herumgeführt wird. Gleichzeitig wird um die Erhaltung der Wakenitz-Landschaft gestritten. Ein „Teillandschaftsplan“ schränkt den Zugang zum Fluß ein. Das Kanufahren nach

Rothenhusen ist weiterhin möglich. Aber die Ufer dürfen dann nur noch an wenigen Stellen betreten werden.

Früher gab es hier nur einige „Horste“ und „Buden“. Das waren Hütten für die Fischer, die vor Öffnung der Stadttore bei ihren Fanggründen sein mußten. Heute finden sich an diesen Stellen mehrere Ausflugslokale, die auch mit dem Kanu direkt angelaufen werden können. Besonders hübsch sitzt man in Absalonshorst und in Rothenhusen, das man nach 13,4 auch am Ufer ausgeschilderten Kilometern erreicht. Hier verläßt die Wakenitz den Ratzeburger See. Die Schifffahrtslinien aus Lübeck treffen hier auf jene aus Ratzeburg. Wer will, kann also umsteigen und weiterfahren.

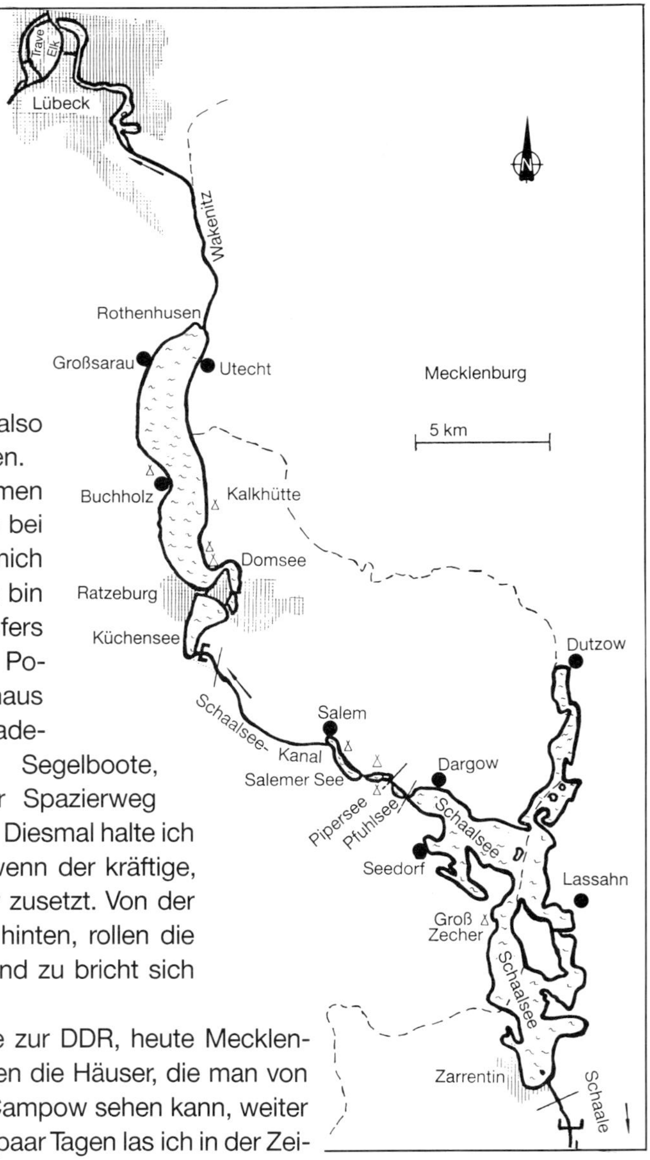

Den sonst so betriebsamen Ratzeburger See habe ich bei dem mäßigen Wetter für mich allein. Bei früheren Touren bin ich in der Nähe des Westufers gepaddelt. Groß Sarau, Pogeez, Buchholz und Einhaus liegen dort. Alle haben Badestellen, Liegeplätze für Segelboote, Gaststätten. Ein schöner Spazierweg führt dort am See entlang. Diesmal halte ich mich ans Ostufer, auch wenn der kräftige, böige Wind mir hier mehr zusetzt. Von der Seite, später schräg von hinten, rollen die Wellen auf mich zu. Ab und zu bricht sich eine auf dem Kajak.

Das östliche Ufer gehörte zur DDR, heute Mecklenburg. Bis vor kurzem waren die Häuser, die man von den Dörfern Utecht und Campow sehen kann, weiter weg als New York. Vor ein paar Tagen las ich in der Zeitung, daß hier jetzt zwei Badestellen eingerichtet worden sind. Mir wird warm um's Herz, als ich sie tatsächlich sehe. 40 Jahre durften die Menschen das Treiben auf dem See nur beobachten. Jetzt sind sie dabei.

An einem der beiden Campingplätze von Römnitz, gegenüber von Ratzeburg, beende ich meine erste Etappe. Die Sonne, die gegen Abend doch noch herauskam, geht filmreif unter. Der Backstein des imposanten Doms auf der Ratzeburger Altstadt-Insel leuchtet feuerrot.

Bei herrlichstem Sommerwetter paddle ich am nächsten Morgen auf dem Domsee weiter, also östlich um die Altstadt herum. Sie wird beherrscht vom Dom. Er gilt neben dem in Lübeck als der bedeutendste sakrale Backsteinbau Norddeutschlands. Das eindrucksvolle Gebäude daneben ist das frühere Herrenhaus der Herzöge von Mecklenburg, heute Kreismuseum. Das dritte Gebäude in der bedeutsamen Reihe, der schöne Fachwerkbau, ist das A.-Paul-Weber-Haus. Hier sind große Teile der kritischen Graphik des Künstlers ausgestellt. Am gegenüberliegenden Ufer ragt ein Wasserturm aus dem Wald. Er dient heute als Aussichtsturm und bietet einen guten Überblick über die Stadt und ihre Seen. Gut erkennen kann man von dort die drei Dämme, die Ratzeburgs Altstadt-Insel mit dem „Festland" verbinden. Sie unterteilen den Ratzeburger See in mehrere Teilseen. Ich paddle direkt am Altstadtrand entlang zunächst in den Kleinen Küchensee und nur ein paar hundert Meter weiter in den eigentlichen Küchensee. Man kann auch westlich um die Altstadt herum in den Küchensee gelangen. Dabei kommt man an dem berühmten Ruderzentrum (Karl Adam) und – neben der Straßenbrücke – an einer noch berühmteren Eisdiele vorbei.

Ich strebe dem Südufer des stillen Sees zu. Hier mündet der Schaalseekanal ein. Sein unterer Kilometer darf wegen eines Wasserkraftwerks nicht befahren werden. Für den Landtransport bis zur Straßenbrücke Schmilau – Ratzeburg stehen zwei Wege zur Verfügung. Der eine führt von der Mündung aus durch den Wald zum E-Werk und von da direkt an der Kanalböschung entlang zu der Brücke. Auf dem anderen, der 100 Meter weiter an einem Steg beginnt, gelangt man zunächst zur Farchauer Mühle. Diese ist heute ein beliebtes Ausflugslokal mit überaus einladendem Kaffeegarten. Dann geht es immer der kleinen, asphaltierten Straße nach zur erwähnten Straßenbrücke.

Ich bin dem zweiten Weg gefolgt. Auf der 1 Kilometer langen Strecke muß der weitaus größte Teil des Höhenunterschieds zwischen Schaal- und Küchensee (30,5 m) überwunden werden, die zur Stromerzeugung genutzt werden. Grund genug, nach getaner Arbeit ein zweites Frühstück einzulegen. Ich liege eine Weile vor mich hin, unter schattigen Bäumen an dem schönen, alten Kanal. Zum ersten Mal in diesem Jahr habe ich beim Paddeln wirklich warmes, sommerliches Wetter. Das Leben meint es gut mit mir.

Auf dem alten Kanal ist außer mir niemand zu sehen. An vergleichbar schönen Tagen kann man hier auf einen gewaltigen (Kanu-)Betrieb treffen. Kein Wunder, denn der Wasserlauf ist seit seinem Bau 1925 wunderschön mit Wald und Äckern verwachsen. Im Mai fährt man durch ein Meer von gelben Rapsblüten. Jetzt genieße ich die ausladenden Äste der alten Bäume. Das Sonnenlicht glitzert durch das Blätterdach. Zwei Eisvögel fliegen mir voraus.

Nach wenigen Kilometern erreiche ich den Salemer See, den ersten von drei kleineren vor dem Schaalsee. Hier herrscht pralles, sommerliches Wochenendleben. Der See ist gesäumt von Campingplätzen und Badenden. Eine Gaststätte ist gut besucht und auch die Bootsvermietung macht ein gutes Geschäft. Die ersten Kajakfahrer kommen mir entgegen. Im Ufergestrüpp hockt ein Mann mit einem Fernglas. Er beobachtet eine nackte Frau gegenüber beim Abtrocknen.

Der Piepersee ist ein wenig ruhiger. Dann folgen der teichartige Pfuhlsee und – durch eine Brücke mit Absperrbalken darunter von diesem getrennt – der Schaalsee. Für beide benötigt man seit Juni 1990 eine schriftliche, kostenpflichtige Befahrenserlaubnis, die von einem Mitarbeiter vom Motorboot aus auf dem Wasser überprüft wird.

Mit gutem Wind über den Piepersee

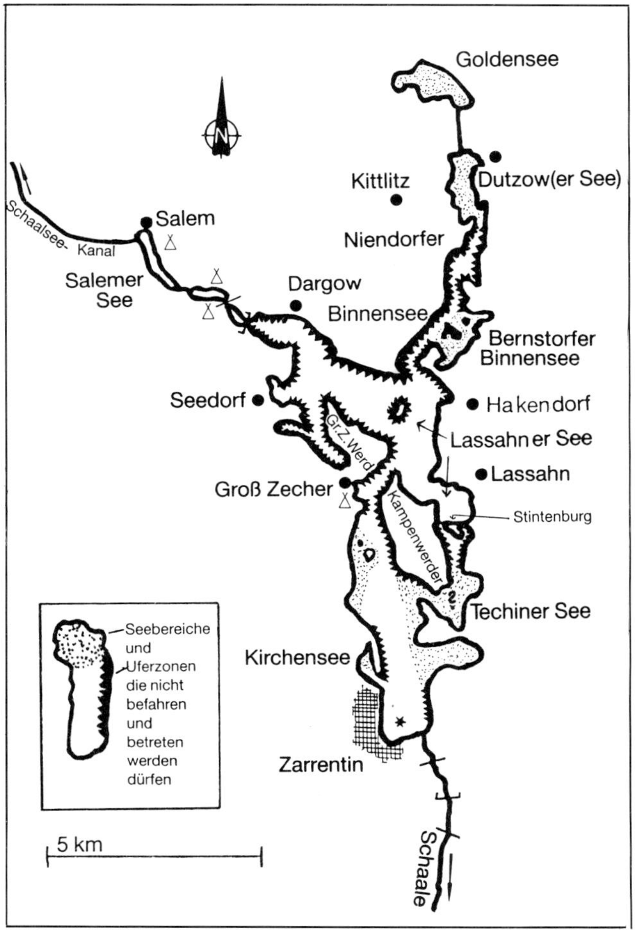

Der Schaalsee ist eines der größten Gewässer in unserem Gebiet. Etwa die Hälfte gehört zu Schleswig-Holstein, die andere zu Mecklenburg-Vorpommern. Aufgrund seiner natürlichen Gegebenheiten, wie der reichen Gliederung durch Inseln und Halbinseln (den Werdern), und der früheren, politisch bedingten Randlage, die den abgeschiedenen See in einem Dornröschenschlaf beließ, konnten hier Tiere und Pflanzen überleben, die anderswo oft längst ausgestorben sind, z.B. Kraniche.

Ich paddle auf den schönen See hinaus. Ein paar Segelboote kreuzen über die Wasserfläche. In einem Schlauchboot treiben träge ein paar junge Leute. „Mach' mal 'ne Eskimorolle“, lassen sie sich lässig verlauten. Bald ist rechts in der Bucht Seedorf zu sehen. Vor mir liegt die Halbinsel Groß-Zecher Werder. Wer wie ich den Campingplatz von Groß-Zecher (dem einzigen am See) ansteuern will, muß südlich um die Halbinsel herumfahren. Ohne Karte kann man sich dabei leicht verirren. Auf meinem Weg dorthin komme ich an der größten Insel im Schaalsee, an Kampen-Werder vorüber. Sie gehörte zur DDR (jetzt Mecklenburg). Die Grenze verläuft mitten durch den See auf die Nordspitze der Insel zu. Ein ganz merkwürdiges Gefühl umschleicht mich, als ich die mit Tonnen gekennzeichnete Grenzlinie überfahre. Es ist, als täte ich immer noch etwas Verbotenes, als kämen im nächsten Moment die Patrouillenboote auf mich zu.

Dann bin ich in Groß-Zecher. Auf dem Campingplatz sind fast nur Dauercamper. Durchgangsreisende wie mich hat es früher wahrscheinlich gar nicht gegeben. Der Platz ist laut. Überall wird das schöne Sommerwetter für Grillfeste genutzt. Der Alkohol setzt nach einiger Zeit die Hemmschwelle für Gesangeskünstler herab. Da fahre ich noch einmal los. Nach einer Stunde stiller Paddelei komme ich in Zarrentin am Südende des Schaalsees an. Die Kirche leuchtet mir schon von weitem im Abendlicht entgegen. Ich gehe nicht an Land, da überall die Kassettenrecorder dröhnen. Wenigstens fünf Feten weden am Ufer gefeiert. Von einem früheren Besuch weiß ich, daß der Ort sehenswert ist. Bevor ich umkehre, sehe ich mir den Ausfluß der Schaale an. Der kleine Fluß, von dem der See seinen Namen hat, mündet in die Elbe. Ein wunderbarer Rundkurs über den Elbe-Lübeck-Kanal zurück in die Hansestadt ist durchaus möglich. Allerdings steht die Schaale auf drei Abschnitten unter Naturschutz.

Als ich nach Groß-Zecher zurückkehre, steht der See in Flammen. Das Licht der untergehenden Sonne spiegelt sich feuerrot, orange und gelb auf der glatten Wasseroberfläche. Später wird ein leuchtendes Violett daraus.

STECKBRIEF: Wa – Ra – Scha

Kurzdarstellung: Die Wa–Ra–Scha-Tour bietet neben einer außergewöhnlichen landschaftlichen Schönheit eine Folge ganz unterschiedlicher und interessanter Gewässer. Von der Großstadt Lübeck aus paddelt man durch das einzigartige Wakenitz-Tal, über die belebten Seen beim sehenswerten Ratzeburg und den verwunschenen Schaalsee-Kanal zum reich gegliederten, stillen Naturparadies Schaalsee.

Besondere Bestimmungen: Der Düker-Kanal zwischen Wakenitz und Elbe-Lübeck-Kanal in Lübeck darf nur von Anliegern befahren werden.

Auf dem oberen Abschnitt der Wakenitz darf das östliche (mecklenburgische) Ufer nicht das westliche (schleswig-holsteinische) nur an einigen Stellen und Anlegern betreten werden. Auf dem mittleren Abschnitt des Schaalsee-Kanals dürfen beide Ufer nicht betreten werden.

Pfuhl- und Schaalsee dürfen nur mit schriftlicher, kostenpflichtiger Genehmigung befahren werden. Wer von Norden kommt, muß sich an die Seeverwaltung in 23883 Dargow, Eichhorstweg 2, Tel. 04545/414, wenden. Das läßt sich im Vorwege per Post oder Telefon bewerkstelligen oder direkt vor Ort. Dazu muß man zur Badestelle von Dargow paddeln und einen Kilometer zur Seeverwaltung laufen (Dienstag geschlossen). Wer von Süden kommt, kann den Erlaubnisschein bei der Stadt Zarrentin sowie bei den Bootsvermietungen in Zarrentin und Lassahn erhalten.

Auch wer die gebührenpflichtige Erlaubnis erhalten hat, darf nicht überall paddeln. Mehrere Teile des Schaalsees sind ganzjährig gesperrt (siehe Karte). Der Borgsee südlich der Stintenburg darf nicht in der Zeit zwischen 1.10. und 15.4. befahren werden. Auch der nördliche Teil des Lassahner Sees (zwischen der Insel Rethwiese und Hakendorf) ist zeitweilig gesperrt. Der Techiner See darf nach Auskunft des „Nationalparkamtes Mecklenburg-Vorpommern, Außenstelle Naturpark Schaalsee" (in der Stintenburg bei Lassahn, Tel. 038858/215) definitiv gar nicht befahren werden. Diese Information steht im Widerspruch zu der Angabe in der neuesten (8.) Ausgabe des Kanuwanderbuches für Nordwestdeutschland, nach der dieser Teilsee überquert werden darf, sofern man 50 m Abstand vom Ufer hält. Dieser Abstand ist von allen Ufern zu halten, die nicht betreten werden dürfen (siehe Karte). Ausnahmen: Bei Dargow 30 m, im Borgsee 20 m. Einsetzen darf man nur bei den Bootsverleihern in Zarrentin und Lassahn, bei der Stintenburg, an der Brücke zwischen Pfuhl- und Schaalsee, in Groß-Zecher und in Dargow.

Befahrbarkeit: Die gesamte Wa–Ra–Scha-Verbindung ist ganzjährig auch für Kanadier ohne Probleme befahrbar. Da sie praktisch strömungslos ist, kann in beide Richtungen gepaddelt werden.

Schwierigkeiten: Neben der 1-km-Portage zum Schaalsee-Kanal und den Formalitäten am Schaalsee ist nur der Wind auf den größeren Seen zu nennen. Ab Windstärke 4 sollten Anfänger nicht mehr paddeln.

Umtragen: 1 km vom Küchensee zur Straßenbrücke Schmilau – Ratzeburg (Bootswagen!) und beim Sperrbalken zwischen Pfuhl- und Schaalsee.

Wichtige Kilometerangaben:

0 Übliche Einsatzstelle an der Falkenstraße (Falkendamm) in Lübeck. Hier ist auch die Umtragestelle zum bzw. vom Elbe-Lübeck-Kanal.

14,5 Rothenhusen. Ausfluß der Wakenitz aus dem Ratzeburger See.

24 Ratzeburg

28,5 Farchauer Mühle am Südende des Küchensees. Von hier 1 km Landtransport zur Straßenbrücke Schmilau – Ratzeburg.

35 Sperrbalken zwischen Pfuhl- und Schaalsee.

57 Zarrentin am Südende des Schaalsees.

Übernachtung:

- Freies Zelten kommt wegen der sensiblen Natur und wegen der stark genutzten Ufer nicht in Frage.
- Lübeck (Wakenitz): DKV-Mitglieder können evtl. auf Anfrage auf dem Vereinsgelände des „Vereins für Kanufreunde" (direkt neben km 0) und beim „Lübecker Kanu- und Segelsportverein" (km 1) zelten. Die Jugendherberge liegt ca. 1 km von der Wakenitz (km 0) entfernt.
- Rothenhusen: Zeltmöglichkeit auf dem Gelände des Jugendheims des Turn- und Sportbundes der Hansestadt Lübeck e.V. (04509/8315).
- Ratzeburger See: Campingplätze: Kalkhütte (04541/5575), Buchholz (04541/4255), Römnitz „Schwalkenberg" (04541/566), Römnitz „Schöne Aussicht" (04541/3348). Jugendherberge auf der Ratzeburger Altstadt-Insel direkt am Küchensee. DVK-Mitglieder evtl. auf Anfrage auf dem Vereinsgelände des Ratzeburger KC an der Nordwestecke des Küchensees.

- Salemer See: Campingplatz (04541/82554)
- Piepersee: Campingplatz
- Schaalsee: Campingplatz Groß-Zecher

Auto nachholen: Gute Zugverbindung von Büchen über Ratzeburg nach Lübeck. Mehrmals am Tag Züge von Zarrentin nach Hagenow und von dort nach Büchen. Bus von Seedorf nach Ratzeburg unklar.

Kanuverleih: Mehrere Verleiher in Lübeck (s. Trave). Zusätzlich für die Wakenitz (und nur für die) ein Verleiher an der Moltkebrücke (1. Brücke über die Wakenitz). Ratzeburg: Ratzeburger Kanuclub (04541/4567) und bei den Segelschulen fragen. Salemer See neben der Gaststätte (sehr teuer).

Name: Wakenitz hängt mit dem altpolabischen Wort für Fenster zusammen. Gedacht ist dabei vermutlich an die Öffnung des Ratzeburger Sees nach Norden. Ratzeburg von „Burg des Ratze“ (polabischer Fürst). Schaalsee vom Flüßchen Schaale. Schaale leitet sich vom altpolabischen Wort für „Schlucht, Rinne, Nebenarm eines Flusses“ ab.

Wasserqualität: Mir ist keine Untersuchung bekannt. Sie dürfte jedoch gut sein.

Spezielle Literatur: Lübeck, s. Trave ● Arbeitsgemeinschaft Lübecker Lehrer für Heimatkunde und Heimatforschung: *Die Wakenitz* (1926!) ● H. Harms: *Das Kreis-Herzogtum Lauenburg-Buch* (eines von vielen Büchern über den Kreis und die Stadt Ratzeburg) ● Naturpark Schaalsee, Faltblatt der Naturparkverwaltung Schaalsee (Hg.), Stintenburg Insel, 19246 Lassahn (hier gibt es auch eine Ausstellung über den See zu besichtigen) ● Schutzgebiet Wakenitz, Faltblatt vom Senat der Hansestadt Lübeck, Umweltamt, Klingenberg 7, 23552 Lübeck.

Karten:

- Kreis Herzogtum Lauenburg (offizielle Rad- u. Wanderkarte), 1:50.000, LN-Verlag Lübeck. Auf dieser sehr schönen Karte fehlen allerdings die unteren 4,5 km (Stadtgebiet Lübeck) und der Südteil des Schaalsees.
- Topographische Karte L 2530 Gudow, 1:50.000, Landesvermessungsamt Schleswig-Holstein. Setzt praktisch da an, wo die erstgenannte Karte aufhört. Verzeichnet auch die Schaale bis Wiebendorf, also jenen oberen Abschnitt, in dem sich die drei erwähnten Naturschutzgebiete mit Befahrensverbot befinden (Sperrgebiete sind nicht gekennzeichnet).

In Hamburgs Gemüsegarten
Dove und Gose Elbe

Ein kleines Binnenschiff tuckert die Elbe aufwärts. Geduldig schiebt es sich an den stillen Ufern, an Buhnen, Schilfgürteln und Andeutungen von Strand vorbei. Es läßt Drage hinter sich, dessen Kirchturm auf der niedersächsischen Seite über den Deich ragt. Niemand scheint an diesem Spätsommermorgen in Eile zu sein. Die Luft ist schwül. Fahles Sonnenlicht scheint durch die diesige Luft. Bald biegt der Frachter in die Kurve, die ihn in den Geesthachter Schleusenkanal leiten wird. Ich sehe ihm nach, bis er ganz verschwunden ist. Ein schönes, ruhiges Bild. Ein Fluß, der offenbar so gar nichts mit der geschäftigen, lauten Elbe des nahen Hamburger Hafens zu tun hat.

Hinter mir liegen die Vier- und Marschlande. Dieses Gebiet zwischen Geesthacht und Hamburger Hafen, zwischen Geestrand im Norden und Elbe im Süden gilt seit Jahrhunderten als Gemüse- und Blumengarten Hamburgs. Ab dem 12. Jahrhundert wurde dieses anfangs sumpfige Marschland im Elbe-Urstromtal besiedelt. Der Fluß faserte sich in zahlreiche Arme auf, zerteilte dadurch das Land in viele Inseln, die nach und nach eingedeicht und miteinander verbunden wurden. Schließlich dämmte man auch die beiden größten Elbarme, die Gose Elbe (zwischen 1314 und 1344) und die Dove Elbe (1471) am oberen Ende ab.

Als Hamburg Anfang des 17. Jahrhunderts immer dichter besiedelt wurde und dadurch zunehmend seine Gärten verlor, übernahmen die Vier- und Marschlande die Versorgung der Stadt mit Gemüse, Blumen und Beerenobst. Ein wirtschaftlicher Aufschwung setzte ein. Die Flußmarsch war sehr fruchtbar und Hamburg war über Dove und Gose Elbe gut zu erreichen. Die Menschen wußten mit ihren Pfunden zu wuchern. Noch heute zeugt manch reichverziertes Fachwerkhaus, meist als Niedersächsisches Bauernhaus gebaut, davon.

Auch wenn es überrascht: Die großstadtnahen, landwirtschaftlich so intensiv genutzten Vier- und Marschlande, eines der größten geschlossenen Gemüseanbaugebiete Deutschlands, sind ein schönes Paddelrevier. Das liegt vor allem daran, daß sich viel von dem Charme des alten Bauernlandes, gerade an den beiden Elbarmen, erhalten hat.

Wer von der „Stromelbe“ kommt und in die Dove Elbe übersetzen will, sollte bei Kilometer 592 (Schild) aussetzen. Von dort geht es 1 km auf asphaltierten Wegen zum größeren der beiden Elbarme. Hier ist die Dove Elbe allerdings noch sehr klein und auf den ersten paar hundert Metern wegen des dichten Schilf- und Grasbewuchses nur mit Mühe befahrbar.

Für eine Tagestour durch die Vier- und Marschlande empfiehlt es sich, erst „Bei der Blauen Brücke“ einzusetzen. Von hier, wo 1643/44 die erste (blaue) Brücke zwischen Curslack und Neuengamme über den Fluß geschlagen wurde, sind es 15 km bis zur Einmündung der Gose Elbe. Auf dieser fährt man die gleiche Anzahl von Kilometern wie bei einem V nach Südosten zurück.

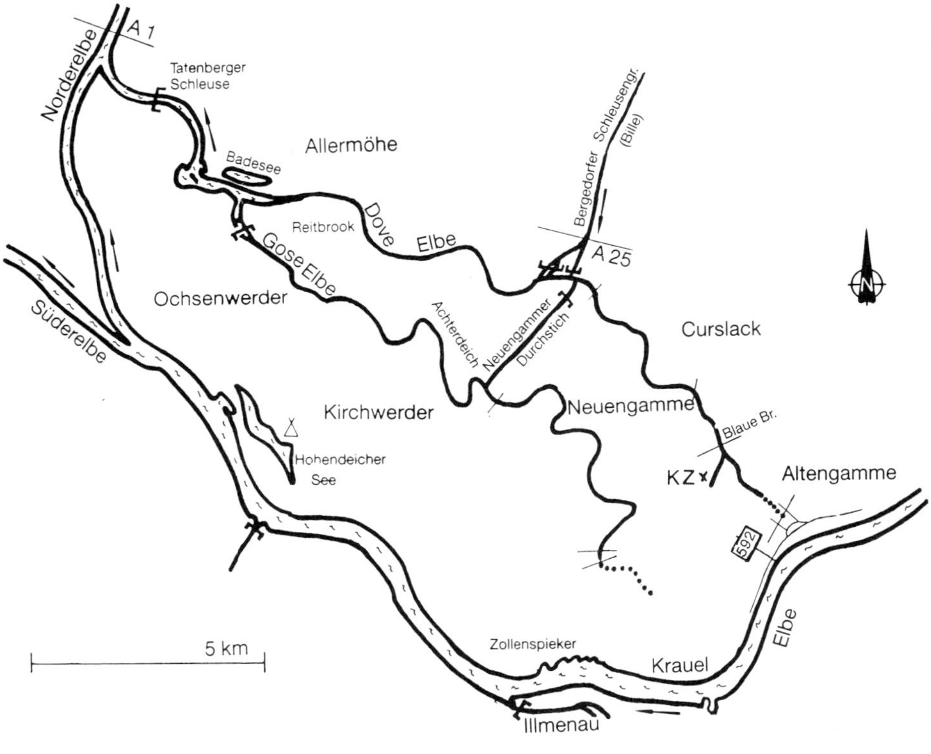

Wasserläufe in den Vier- und Marschlanden

Die erstaunliche Breite, die die Dove Elbe beim Abzweig eines Stichkanals kurz vor der Blauen Brücke plötzlich erhält, verdankt sie einem der dunkelsten Kapitel der Hamburger Geschichte. Gleich um die Ecke lag das KZ Neuengamme, in dem von 1938 bis 1945 100.000Häftlinge registriert waren. 55.000 Menschen starben. Einige Tausend wurden erschossen, erhängt oder vergast. Die allermeisten kamen durch die unerträglichen Lebens- und Arbeitsbedingungen im KZ und seinen über 60 Außenlagern in ganz Norddeutschland um.

Die SS hatte in Neuengamme eine stillgelegte Ziegelei einschließlich der Tongruben erworben, um Hamburgs immensen Bedarf an Ziegelsteinen zu decken. Das deutsche Tor zur Welt sollte eine „Visitenkarte des Nationalsozialismus" mit entsprechenden „Führerbauten" werden. Dabei wollte man zum Vorteil der SS und der Hamburger Verwaltung die billige Arbeitskraft der Häftlinge nutzen.

Eine wichtige Voraussetzung war ein geeigneter Transportweg. Dafür mußten die KZ-Insassen die Dove Elbe verbreitern und vertiefen. Außerdem hoben sie einen Stichkanal zu der Ziegelei hin aus. Unter all den Quälereien war das „Kommando Dove Elbe" für die Häftlinge das schlimmste. Das Schlagwort „Vernichtung durch Arbeit" wurde hier noch grauenhafter Realität, als ohnehin im Lager üblich.

Altes Bauernhaus an der Dove Elbe

Zwischen Stichkanal und Blauer Brücke beginne ich meine Tagestour durch die Vier- und Marschlande. Die ersten Kilometer führen an dichtbesiedelten Ufern vorüber. Die Nordseite gehört zu Curslack, die südliche zu Neuengamme. Alte, zum Teil wunderschöne Häuser wechseln mit neuen, nüchternen Bauten. Überall akkern die Menschen an den Beeten. Ich paddel an zahlreichen Gewächshäusern entlang. Ein Drittel der Gemüse- und Blumenanbaufläche liegt unter Glas.

Nach 7 km zweigt links der Neuengammer Durchstich ab. Dieser reizlose Kanal führt nach 2,8 km zur Gose Elbe. Dadurch wird für die unteren Hälften beider Elbarme ein vollständiger Rundkurs möglich. Schräg gegenüber liegt die alte Mündung des Bergedorfer Schleusenkanals, der das Wasser der oberen Bille abführt. Die neue Doppelmündung mit Schleuse und Wehr erreiche ich ein kleines Stück weiter. Falls jemand seine Bille-Tour auf der Dove Elbe fortsetzen möchte, findet er hier unter der Brücke beim Wehr einen Steg zum Umtragen.

Hier verläßt man die Vierlande, jene übersichtlich gegliederten alten Kirchspiele Neuen- und Altengamme, Curslack und Kirchwerder. Es geht in die Marschlande. Am Fluß wird es ländlicher. Die Ufer sind weniger besiedelt, laden zum Rasten ein. Die Reitbrooker Mühle kommt in Sicht. Dahinter liegen mehrere alte Frachtensegler am Wasser. Sie werden offenbar an einer Werft auf ihren zweiten Frühling vorbereitet.

Kurz vor Allermöhe ist die Zeit für die Mittagspause gekommen. Ich liege auf einer Wiese in der Sonne. Eine Motoryacht tuckert vorbei. Am gegenüberliegenden Ufer bearbeitet ein Mann sorgfältig, fast zenmäßig, seine Beete. Der Garten des Mannes liegt vor dem Deich am Elbarm. Bis Anfang der 50er Jahre hätte er das Stück Land nicht so nutzen können, denn erst 1950/52 wurde die Dove Elbe mit der Tatenberger Schleuse von der Stromelbe abgedämmt. Überflutungen der Vordeichländereien waren bis dahin an der Tagesordnung gewesen.

Unterhalb der schönen Allermöher Kirche weitet sich die Dove Elbe. Die Hamburger Kanuten und Ruderer haben hier ihr Leistungszentrum. Ich paddle in aller Gemütlichkeit durch die Bojenreihen, die die Regattastrecke kennzeichnen. Mitten in der seenartigen Wasserfläche liegt die Mündung der Gose Elbe. Sie ist die kleine Schwester der Dove Elbe, ist flacher (gose = flach), naturnaher und ihre Ufer scheinen weniger besiedelt. Man sieht ihr die nahe Großstadt noch weniger an. Auch Motorboote wird man vergeblich suchen. Sie sind nur bis zur Reitschleuse, gleich hinter der ersten Kurve, erlaubt.

Schon die Reitschleuse macht einen wunderbar verwunschenen Eindruck. Seit dem Bau der Tatenberger Schleuse ist sie funktionslos. Zwei Rohrweihen kreisen über der „Reit“, einem kleinen Naturschutzgebiet an der Landspitze zwischen den Elbarmen.

Kurz hinter der ersten Brücke („Wulfsbrücke“) befindet sich Thomas Meyers Kanuladen, einschließlich Verleih und Zeltmöglichkeit. Etwa hier beginnt – flußaufwärts gesehen – die Gose Elbe zu mäandrieren. Ab und zu schlängelt auch sie sich an Gewächshäusern, riesigen Stapeln von Kisten für Obst, Gemüse und Blumen, endlosen Reihen von Beeten und alten Fachwerkhöfen vorbei. Dann folgen wieder naturbelassenere Abschnitte und Wiesen.

Bei Achterdeich quert ein schwimmender Steg den Fluß. Mit einer kleinen akrobatischen Einlage meistere ich das Hindernis, ohne aussteigen zu müssen. Langsam wird die Gose Elbe schmaler und stärker verkrautet. Kurz vor Ohe (Kirchwerder Mühlendamm) versperrt mir eine aggressive Schwanenfamilie den Weg. Daher drehe ich um. Bei einer Fußgängerbrücke („Alte Twiete") unweit des Heinrich-Stubbe-Weges beende ich meine Tour.

Die 5 km zur Einsatzstelle lege ich zu Fuß zurück. Mein Kajak ziehe ich auf einem Bootswagen hinter mir her. Es geht über den Neuengammer Heerweg/Jean-Dolidier-Weg direkt am ehemaligen KZ einschließlich Mahnmal und Dokumentenhaus vorbei.

STECKBRIEF: Dove und Gose Elbe

Kurzdarstellung: Die fruchtbaren Vier- und Marschlande im Elbe-Urstromtal gelten seit Jahrhunderten als Blumen- und Gemüsegarten Hamburgs. Mitten durch dieses intensiv genutzte Gebiet schlängeln sich die ehemaligen Elbarme Dove und Gose Elbe. Man paddelt, meist begleitet von alten Deichen, vorbei an schönen Kirchen und gediegenen Bauernhäusern, deren reiches Fachwerk vom Wohlstand der Elbmarschen zeugt. Unberührte Ecken wechseln mit endlosen Beerenkulturen, Gewächshausflächen, Äckern, Kuh- und Schafweiden. In Verbindung mit anderen Gewässern (Bille, Stromelbe, Neuengammer Durchstich) ergeben sich verschiedene attraktive Touren.

Besondere Bestimmungen: Der Neuengammer Durchstich darf in der Zeit vom 15.4. bis zum 15.6. nicht befahren werden.

Befahrbarkeit: Dove und Gose Elbe sind auf dem oberen Kilometer flach, schmal und verkrautet. Danach sind sie auch für Canadier ohne Schwierigkeiten und – weil strömungslos – in beide Richtungen befahrbar.

Umtragen:

- Wer von der Stromelbe in die Dove Elbe umsetzen will, muß bei km592 aussetzen. Dann Fußmarsch auf gut asphaltierten Wegen bis zur Brücke der ehemaligen Marschenbahn (1 km). Bootswagen!
- Das Umtragen der Tatenberger Schleuse ist sehr schwierig. Sportboote werden stündlich zur vollen Stunde geschleust und zwar täglich von 6.30 bis 18.30 Uhr, vom 1.5. bis 30.9. von 6.30 bis 20.00 Uhr, an Sonn- und Feiertagen bis 21.00 Uhr. Die „Talfahrt" wird bei der „Bergfahrt" bezahlt. Die Hamburger Schleusenjahreskarte gilt hier.
- Ein schwimmender Steg bei Achterdeich an der Gose Elbe kann mit Mühe unterquert werden. Umtragen ist problemlos.
- Das einzige Wehr im Neuengammer Durchstich ist evtl. geschlossen. Umtragen ist problemlos.

Schwierigkeiten: keine

Wichtige Kilometerangaben **(Dove Elbe)**

0	Straßenbrücke des ehemaligen Marschenbahndammes
2	„Bei der Blauen Brücke", gute Einsatzstelle
7,4	Abzweig des Neuengammer Durchstichs. In 2,5 km Gose Elbe
7,9	Mündung des Neuen Bergedorfer Schleusenkanals (Bille)

15,1 Mündung der Gose Elbe
17,4 Tatenberger Schleuse
19 Mündung in die Elbe bei km 615

(Gose Elbe)

0 Straßenbrücke Kirchwerder Mühlendamm
0,5 Fußgänger-Brücke Alte Twiete. Gute Einsatzstelle.
7,6 Abzweig des Neuengammer Durchstichs (s. oben).
15,9 Mündung in die Dove Elbe

Übernachtung

- Für DKV-Mitglieder auf Nachfrage evtl. Zeltmöglichkeit beim Bergedorfer KC (direkt neben der Einmündung des Neuen Bergedorfer Schleusenkanals an der Dove Elbe).
- Auf Anfrage evtl. beim Kanuladen von Thomas Meyer („Paddel-Meyer", Heinrich-Osterrath-Str. 256, 21037 Hamburg, Tel. 040/737 22 70) an der Gose Elbe.
- Campingplätze in Altengamme an der Elbe (öffentlich?) und am Hohendeicher See (ebenfalls in Elbnähe).
- Freies Zelten praktisch ausgeschlossen.

Auto nachholen: Hamburger Stadtbusse: Linie 120 von der Tatenberger Schleuse nach Altengamme (Einsatzstelle Dove Elbe), 124 von der Tatenberger Schleuse bis zum Heinrich-Stubbe-Weg (d.h. zu den oberen Enden beider Elbarme), 125, 225, 324 Heinrich-Stubbe-Weg von Gose zu Dove Elbe.

Kanuverleih:

- Paddel-Meyer, s.o.
- Kajakschule Bergedorf, Tel. 04102/5 41 95 und 040/721 58 54
- weitere Hamburger Kanuvermieter s. Alster

Wasserqualität: Dove Elbe zwischen Neuem Bergedorfer Schleusenkanal und Tatenberger Gewässergüteklasse II (= mäßig belastet), ansonsten wie die gesamte Gose Elbe II bis III (= kritisch belastet).

Namen: Dove Elbe = taube Elbe (vermutlich im Sinn von Sackgasse); Gose Elbe = flache Elbe; Elbe = Fluß (von der allgem. indogermanischen Bezeichnung albiz oder albi für Fluß).

Spezielle Literatur: A. Sperber, *Vier- und Marschlande* (sehr schönes und informatives Buch mit vielen Fotos) ● H. Rickert, *Zwischen Bille und Elbe* ● W. Johe, *Neuengamme – Zur Geschichte des Konzentrationslagers in Hamburg* ● Museum für Hamburgische Geschichte, Dokumentenhaus des KZ Neuengamme: verschiedene Materialien über das KZ.

Karten: Falk-Stadtatlas Hamburg und Umgebung, 16. Aufl. 1990/91, S. 87/88

Neue und Alte Sorgen
Sorge, Neue Sorge, Alte Sorge

Westlich von Rendsburg liegt eine der schönsten Landschaften Schleswig-Holsteins: die Eider-Treene-Sorge-Niederung, ein flaches, scheinbar endloses Wiesenmeer, aus dem sich wie Inseln Geesthöhen erheben. Die Niederung ist einsam und weit, ein gutes Land für Wolken und Wind.

Die Sorge fließt vom Geestrücken in die tiefliegenden Ländereien herab. Ihr Ursprung ist der Bistensee, nördlich von Rendsburg. Aber nicht hier, sondern auf der Mühlenau beginnt man üblicherweise die Tour, da diese viel größer ist als die obere Sorge.

An der Owschlager Mühle setzen Doris und ich den Kanadier ins Wasser. Die Mühlenau erweist sich als wenig attraktiv. Sie ist begradigt und tief in die umliegenden Wiesen eingeschnitten. Von der schönen Geestlandschaft sieht man in der engen Rinne fast nichts. Auch die folgenden Kilometer der Sorge sind nicht ansprechender. Sie ist zwar breiter und weniger abgesenkt, aber hohes Gras und Schilf behindern zunächst die Sicht. Das nächste Mal würde ich erst bei Alt-Duvenstedt einsetzen oder, noch besser, in Sorgbrück an der B 77. Denn dann erspart man sich das Umtragen des dortigen Wehres. Unterhalb dieses Hindernisses wird die Sorge zu einem wirklich angenehmen Flüßchen. Etwas naturbelassener schlängelt sie sich nun durch ein schönes Waldgebiet. Die Ufer sind flach, laden zum Rasten ein.

Bei Tetenhusen, am Ende des Waldes, beenden wir unsere erste Etappe. Am nächsten Tag folgen wir dem Fluß in die Eider-Treene-Sorge-Niederung. Dünn besiedelte Moorgegend löst Wald und Geest ab. In schönen Mäandern und fast strömungslos schlängelt sich die Sorge nun nach Westen. Leider bläst der Wind recht kräftig von der Nordsee her. Das Paddeln wird anstrengend.

Hinter ein paar Sträuchern verpusten wir eine Weile. Dunkle Wolken schieben sich vor die Sonne. Eine Andeutung von Regenbogen zeigt sich am Himmel. Ein großer Kibitzschwarm spielt mit dem Wind. In der Ferne ist Meggerdorf zu sehen. Das kleine Dorf liegt auf einer dieser Geestinseln in der weiten Niederung, die früher ein Großteil des Jahres unter Wasser stand.

Holländische Einwanderer legten das tiefliegende Gebiet trocken, indem sie u.a. 1630 am östlichen Rand einen schnurgeraden Deich bauten. Sorge und Bennebek leiteten sie in einem neugegrabenen Kanal, Neue Sorge genannt, daran entlang auf direktem Wege in die Eider. Die abgeschnittene untere Sorge, heute Alte Sorge, erhielt eine neue Mündung. Auch der Neuen Sorge verpaßte man einen Damm mit Schleuse („Sandschleuse"), damit das Hochwasser der Eider das Land östlich des Umleitungsdeiches nicht mehr überfluten konnte.

An dem alten Deich der Holländer mit seiner geraden Pappelreihe paddeln wir ein paar Kilometer entlang nach Süden. Es ist ein merkwürdiges Gefühl, auf dem völlig ruhigen Wasser dahinzugleiten, während zehn Meter über uns der stürmische Wind an den Kronen der Bäume zerrt und reißt. Dann stoßen wir auf die Sandschleuse. Hier müssen wir umtragen.

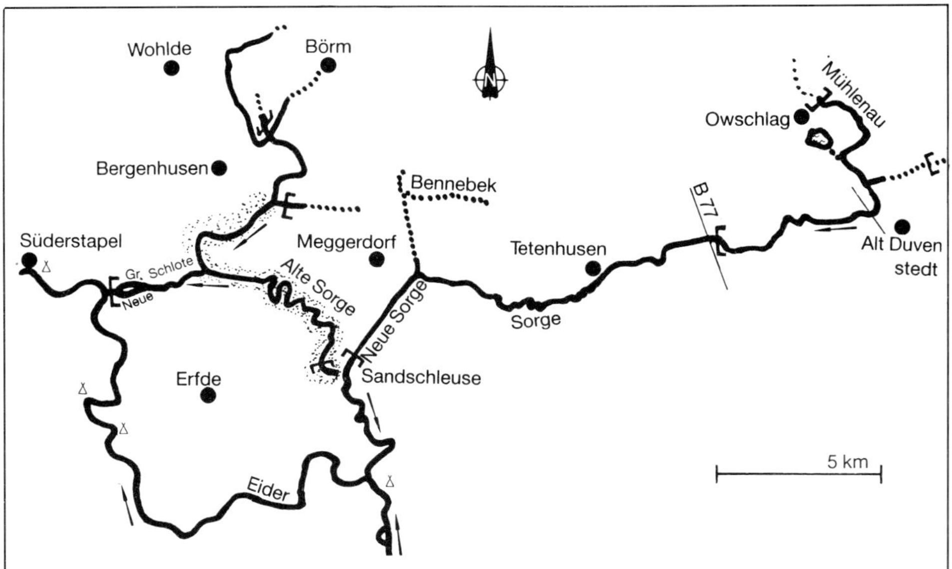

Übersichtskarte Sorge, Neue Sorge und Alte Sorge

300 bis 400 Meter weiter setzen wir unsere Tour auf der Alten Sorge fort. Ein Jahr später wird der Fluß zum Naturschutzgebiet „Alte Sorge-Schleife" erklärt. Das Paddeln ist seitdem nicht mehr erlaubt. Diese Sperrung tut sehr weh, denn der unbedeichte Wasserlauf ist mit seinen fast erhabenen Mäandern einer der schönsten Schleswig-Holsteins.

Als wir die Große Schlote erreichen, muß Doris sich platt auf die Wiese legen. Völlig fertig. Gnadenlos hatte der Westwind uns in der baum- und strauchlosen Wiesenlandschaft zugesetzt. Noch ein paar Kilometer sind es über den künstlichen Mündungsarm der Alten Sorge bis zur Steinschleuse. Dann sind war am Ziel, erschöpft, aber sehr zufrieden mit uns und unserer Tour.

STECKBRIEF: Sorge, Neue Sorge, Alte Sorge

Kurzdarstellung: Weder die Owschlager Mühlenau, die üblicherweise als Anfahrt genutzt wird, noch der obere Abschnitt der Sorge selbst sind sonderlich lohnenswert. Dagegen hat man es unterhalb Sorgbrück (B 77) mit einem ausgesprochen attraktiven Wasserlauf zu tun, der zunächst durch ein wunderschönes, waldgesäumtes Geesttal fließt und sich später in die faszinierend weite Wiesenwelt der Eider-Treene-Sorge-Niederung hineinschlängelt.

Besondere Bestimmungen: Das Paddeln ist auf der Alten Sorge zwischen der B 202 und Fünfmühlen seit dem 19.9.1991 nicht mehr erlaubt. – Die Verbotsschilder an der Mühlenau sind bedeutungslos. Nach Auskunft der Wasserbehörde im Umweltamt des Landkreises Rendsburg-Eckernförde kann das Paddeln auf der Mühlenau nicht verboten werden. Im Gegenteil, das Aufstellen der Schilder ist nicht zulässig. Das weiß auch der Pächter, der sich lediglich eine abschreckende Wirkung auf Fischräuber erhofft. Auskunft erteilt die Wasserbehörde in Rendsburg (Tel. 04331/202-519 bzw. 529).

Befahrbarkeit: Ganzjährig auch für Kanadier ab Owschlag. Unterhalb Tetenhusen auch aufwärts befahrbar, da ab hier ohne oder fast ohne Strömung.

Schwierigkeiten: Auf der Mühlenau könnte es Ärger geben (s.o.). Ansonsten ist von dem Befahren der Sorge unterhalb Tetenhusen bei starken Westwinden abzuraten.

Umtragen:

- An der Mühlenau unterhalb Owschlag gar nicht.
- An der Sorge in Sorgbrück.
- An der Neuen Sorge bei der Sandschleuse.

Wichtige Kilometerangaben:

0 Owschlager Mühle
4 Mündung der Mühlenau in die Sorge.
27,5 Umleitungsdeich. Ab hier „Neue Sorge" und Einmündung der Bennebek.
31,5 Sandschleuse
36,6 Mündung in die Eider bei Hohner Fähre, Gasthaus, Camping.

(Die Alte Sorge darf nur noch nördlich von Fünfmühlen befahren werden, d.h. auf 3 km bis zur „Wassermühle". Dort spaltet sie sich in drei Arme auf, von denen der westliche nach weiteren 3 km zur Gaststätte „Börmer Nordsee" führt.)

Übernachtung: Campingplatz bei der Gaststätte „Hohner Fähre" (Sorgemündung) und in Süderstapel (Eider). Campingplatz in Tetenhusen?

Kanuverleih: Siehe Treene

Auto nachholen: Bus Linie 1510 von Süderstapel über Erfte, Hohn nach Rendsburg. Von hier Zug nach Owschlag. Die Straße (B 202), die auch der Bus nimmt, ist stark befahren. Trampen sollte leicht sein.

Wasserqualität: Überall Gewässergüteklasse II = mäßig belastet.

Namen: Sorge = schlammiger Fluß. Schlot = plattdeutsch für Graben. Noch im 18. Jhd. wurde der Fluß erst dort Sorge genannt, wo Stentenau und Mühlenau zusammenfließen. Letztere betrachtete man als Oberlauf. Erst später wanderte der Name Sorge die Stentenau bis zum Bistensee hinauf. Bennebek = Binnen de Bek = innerhalb des Baches, von Bachläufen umflossen (wohl auf die Ortschaft Bennebek bezogen).

Spezielle Literatur: Siehe Steckbriefe von Eider und Treene.

Karten: Kreis Schleswig-Flensburg, 1:100.000, Landesvermessungsamt Schleswig-Holstein

Die klassische Stör-Tour
Osterau, Bramau, untere Stör, Wilster Au

Wer im Störgebiet eine mehrtägige Paddeltour macht, startet in der Regel nicht auf dem Hauptgewässer, sondern auf der Osterau. Dieser kleine Fluß ist ein Juwel unter den Paddelflüssen Schleswig-Holsteins. Überraschend naturbelassen (und daher für Kanuten von Sperrung bedroht), fließt er in unzähligen engen und engsten Mäandern in einem 100 Meter breiten Tal durch die Ausläufer des Segeberger Forstes, des zweitgrößten Waldgebietes im nördlichsten Bundesland. In Bad Bramstedt tut er sich mit der Hudau zur Bramau zusammen, die, wenn auch stärker reguliert, durch ein ebenso schönes Wald- und Wiesental fließt wie die Osterau. Die Bramau mündet unterhalb von Kellinghusen in die Stör, die hier, 50 Kilometer von der Mündung entfernt, bereits ein eingedeichter und tideabhängiger Fluß ist. Durch die faszinierend weiten Elbmarschen, vorbei an der Münsterdorfer Geestinsel und den Höhen von Itzehoe, an schönen Bauernhäusern und idyllischen Dörfern geht es auf die Elbe zu.

Als ich Ende September mein Kajak bei Heidmühlen in die Osterau schiebe, ist der Herbst schon nicht mehr zu verleugnen. Die ersten Blätter färben sich braun. Es ist ein schöner, frischer Morgen. Das Sonnenlicht bricht sich in den Tautropfen. Dunst steigt aus den feuchten Wiesen auf. Nach dem vielen Regen der letzten Wochen führt der Bach enorm viel Wasser. Die taubeschwerten Äste der Bäume und Sträucher kommen ihm entgegen. Schon nach kurzer Zeit sehe ich aus wie ein naher Verwandter des Waldschrats. Hinzu kommt eine für schleswig-holsteinische Verhältnisse starke Strömung. Aber an diesem Tag wird es zu einer sportlichen Angelegenheit, mein Eskimokajak durch die engen Kurven zu steuern.

Nach 10 Kilometern erreiche ich das erste Gatter des Wildparks Eekholt. Der Park ist das Jahr über eine zusätzliche Attraktion, gleitet man doch direkt an den vielen, zum Teil seltenen Tieren vorüber. In Eekholt gibt es neben Seeadlern, Störchen, Fischottern, Birkwild, Eulen und anderen Tierarten weiße Hirsche, eine fast ausgestorbene Farbmutation. Gerade wegen dieser gewaltigen Hirsche wird von der Paddelei durch den Park während der Brunftzeit dringend abgeraten. Die Passage ist zwar nicht offiziell verboten. Ein Mitarbeiter des Parks, den ich beim Einsetzen in Heidmühlen traf, erläuterte mir aber sehr eindringlich die Gefahren. Man säße möglicherweise plötzlich als Kronleuchter auf dem Geweih der dann unberechenbaren Tiere. Die Brunftzeit ist in den Monaten September und Oktober. Ich entscheide mich für eine Portage um den Wildpark herum: 50 Meter über die Weide am Gatter bis zur Straße, 1,7 Kilometer über den glatten Asphalt und 200 Meter holprigen Waldweg direkt am westlichen Zaun entlang. Mit einem ordentlichen Bootswagen kein Problem.

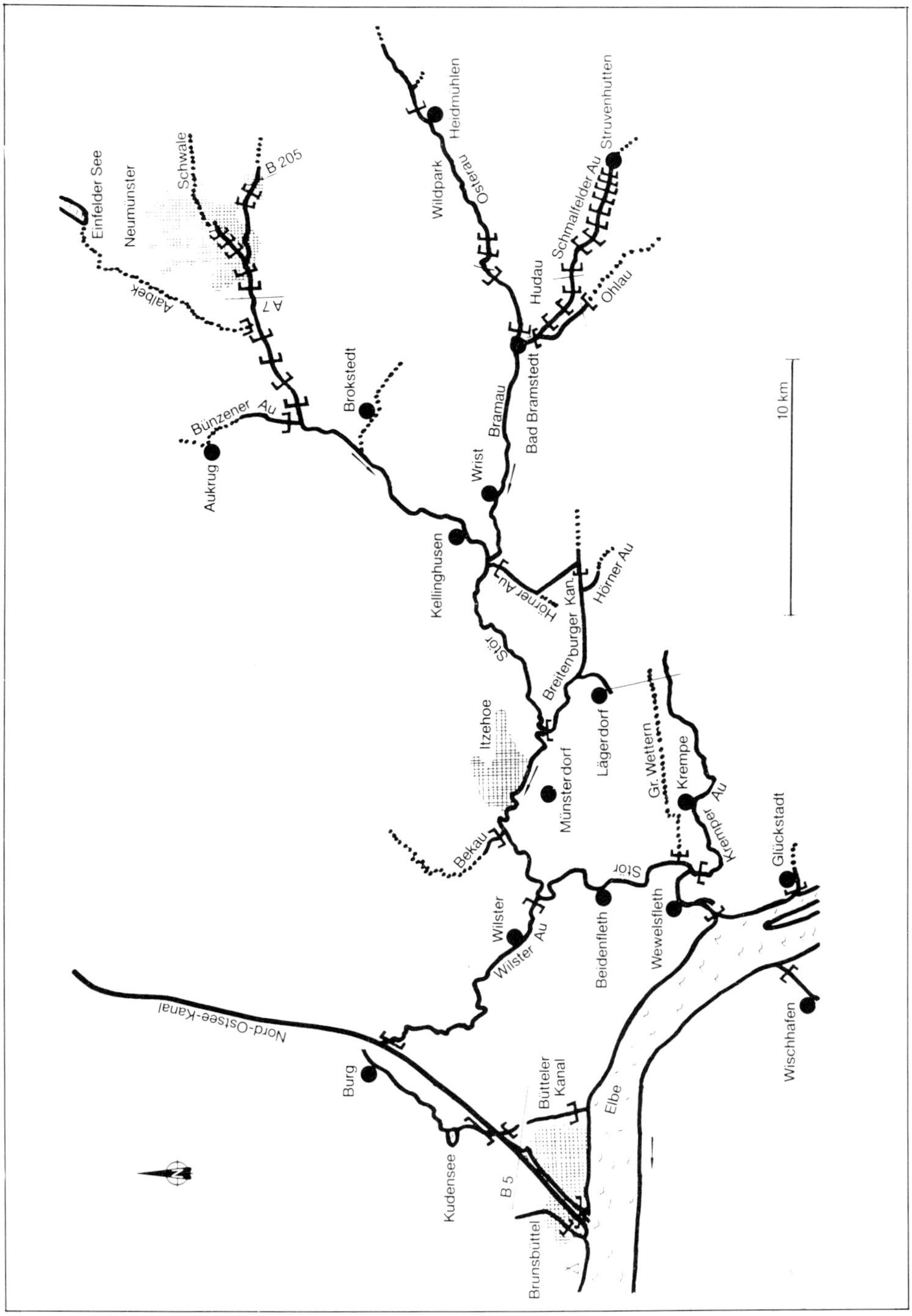
Einfelder See
Neumünster
Schwale
B 205
Aalbek
A 7
Heidmühlen
Wildpark
Osterau
Struvenhütten
Schmalfelder Au
Hudau
Ohlau
Bünzener Au
Brokstedt
Aukrug
Bad Bramstedt
Bramau
Wrist
10 km
Kellinghusen
Hörner Au
Breitenburger Kan.
Hörner Au
Stör
Itzehoe
Lägerdorf
Münsterdorf
Gr. Wettern
Krempe
Kremper Au
Glückstadt
Bekau
Stör
Wilster
Wilster Au
Beidenfleth
Wewelsfleth
Nord-Ostsee-Kanal
Burg
Bütteler Kanal
Elbe
Wischhafen
Kudensee
B 5
Brunsbüttel

Weiter folge ich Kehren und Schlingen, ducke mich unter Ästen und Blättern, schiebe Äste mit der Hand zur Seite. Einmal muß ich einen umgefallenen Baum bewältigen. Bei Bimöhlen rausche ich zwei niedrige Wehre hinunter. Es soll hier noch mehr davon geben. Bei dem Wasserstand sind sie jedoch nicht zu sehen. Erst in Bad Bramstedt werde ich von dem unbefahrbaren Mühlenwehr zum zweiten Frühstück gezwungen. Beim Bäcker um die Ecke (in der Innenstadt) gibt es Brötchen und Kuchen.

Im Tal der Osterau *Foto: U. Beier*

Unterhalb des Stadtzentrums trifft die Osterau auf die Hudau. Der neue Verbund ist die Bramau. Sie ist größer und stärker reguliert, aber nicht tief eingeschnitten. Es gibt keine Bäume und Sträucher mehr am Ufer. Trotzdem macht es Spaß, hier zu paddeln, denn es geht mit flotter Strömung weiter durch ein schönes Wald- und Wiesental bis nach Wrist. Hier verläßt der Fluß die Geest. Statt der Talkante begrenzen nun Deiche die Bramau. Die Wiesen davor sind weiträumig überschwemmt (Naturschutzgebiet „Stellauwiesen").

Plötzlich erlebe ich ein seltenes Schauspiel. Ein Falke verfolgt einen Eisvogel. Dieser versucht, sich in ein paar Weidenbüschen zu verstecken. Er muß immer wieder seine Position verändern, bis der Greifvogel aufgibt.

Ein Stück weiter mündet die Bramau in die Stör, die im Gegensatz zur Au mit Motorbooten befahren werden darf. Mehr noch: Ab Pegel Rensing bei Kellinghusen ist die Stör „Binnenwasserstraße des Bundes". Dort beginnt die offizielle Kilometrierung (mit Schildern) und der Gezeiteneinfluß. Gleich unterhalb der Bramau-Mündung vereinigt sich auch die kleine Hörner Au mit der Stör. Sie ermöglicht bei gutem Wasserstand einen interessanten Rundkurs (s.u.).

Bei Kilometer 8 biege ich in die Mündung der Mühlenbarbeker Au ein. Der Wasserstand der Stör ist mittlerweile so abgesunken, daß ich nur mit Mühe an Land kommen könnte. Die Schilfwände und Uferkanten sind entsprechend hoch. Überall der zähe, klebrige Kleiboden. An der Au ist das Aussetzen wesentlich leichter. Hier finde ich auch schnell einen guten Platz für mein Zelt.

Im Laufe des Abends kommen mehrere Menschen vorbei. Sie beobachten mich. Für Momente fühle ich mich ausgeliefert. Aber dann beginnen sie ein Gespräch oder ich frage irgend etwas und die ungute Atmosphäre löst sich auf. Ein alter Bauer erzählt, wie es hier in seiner Kindheit aussah. Kilometerweit standen im Herbst die Wiesen und Äcker unter Wasser. Die Stördeiche wurden von den Anliegern unterhalten, meist nicht gut genug, so daß es bei Sturmfluten immer wieder zu Deichbrüchen kam. Erst als der Bund die Deiche übernahm, wurde es besser. In den 50er Jahren wurden auch die Nebenflüsse eingedeicht, zunächst nur sparsam, so daß bei hohen Fluten das Wasser in Strömen durch die Gänge der Bisamratten auf die Wiesen floß. Die Menschen mußten nachts raus, um mit vereinten Kräften das Schlimmste zu verhindern. Später vertiefte man die Bäche, regulierte sie. Mit dem Aushub wurden die Deiche verstärkt.

Meine Hoffnung auf besseres Wetter am nächsten Tag wird enttäuscht. Das herbstlich diesige Grau, in das der Vortag nach dem schönen Morgen versunken war, empfängt mich gleich beim Aufstehen. Den ganzen Tag werde ich den Eindruck von Abenddämmerung nicht los. Solch eine Witterung ist gewöhnungsbedürftig, vor allem, wenn der Wetterbericht Spätsommer-Sonnenschein versprochen hat. Irgendwann akzeptiere ich, daß der Sommer vorbei ist. Ich kann nun – in Abwandlung eines alten zen-Wortes – *MIT* dem Wetter gehen. Ich finde Gefallen daran, wie grau-feuchte Herbst das Weideland einhüllt und die vereinzelten Bäume noch einsamer aussehen läßt. Ein Bussard scheint länger als sonst auf dem Ast eines toten Baumes zu sitzen. Die Kühe sinken tiefer in die nassen Wiesen ein, bewegen sich noch sparsamer. Auch die Häuser von Breitenberg, dem ersten Dorf, an dem ich vorübergleite, ducken sich mehr hinter den Deich, rücken näher an die alte Kirche heran. Kein Mensch weit und breit, außer mir. Nur ein paar Autos sind von weitem zu hören.

So paddle ich langsam den Fluß hinab. Die Stör durchfließt in schönen Schwingen ihr 1 Kilometer breites Urstromtal. Die Deiche schneiden die Kurven ab, folgen mal dichter, mal in weiterem Abstand dem Ufer. Das feuchte Land vor den Deichen dient den Kühen und Schafen als Weide. Oder es ist sich selbst überlassen. Reet, Sträucher und krüppelige Bäume bieten hier einer vielfältigen Tierwelt Lebensraum. Unter anderem sehe ich wieder einen Eisvogel. Metallisch blau leuchten seine Federn im grauen Grün. Selbst der Ruf hat etwas Metallisches.

Stör bei Breitenburg

In Breitenburg ist die Zeit für das zweite Frühstück gekommen. Im Wald hinter mir verbirgt sich die Breitenburg, eines der schönsten Schlösser des Landes. Vor mir der Geestrand von Itzehoe. Wie eine Wand ragt die Altmoräne (bis zu 72 m hoch) aus dem flachen Land. Der Laubwald an ihrem Hang würde jetzt bei Sonnenschein in den schönsten Herbstfarben leuchten.

Der Strom ist inzwischen „gekentert". Bislang bin ich gegen die nur noch schwach auflaufende Tide angepaddelt. Nun geht es mit der flotten Strömung flußaufwärts. Die nächste Kehre bringt mich ganz nahe an den schönen Laubwald heran. Dann steuere ich auf Münsterdorf zu. Hier mündet der Breitenburger Kanal, der zusammen mit der Hörner Au den besagten Rundkurs ermöglicht, über eine Schleuse in die Stör.

Itzehoe liegt nun vor mir. Neben dem Turm der Laurentiuskirche in der „Altstadt" bestimmen zahlreiche Klötze die Silhouette der 40.000-Einwohner-Stadt, in der von der langen und zeitweilig bedeutsamen Geschichte nicht mehr viel zu spüren ist. Neben einigen schönen Ecken gibt es viel Kaputtsaniertes. Davon ist vom Fluß aus nicht viel zu sehen. Ein nüchterner Hafen zieht sich ein Stück am Ufer entlang. Er wird von dem riesigen Gebäude der stillgelegten, verrotteten Portland-Cement-Fabrik überragt. Schließlich unterquere ich die große B 5/A 23-Brücke. Im folgenden Heiligenstedten gewinnt die Stör ihr altes Gesicht zurück.

Die Strömung ist sehr stark geworden. Entsprechend schnell bin ich in Kasenort. Ich lege am Yachthafen an. Ein paar Meter daneben befindet sich die Schleuse, die die Weiterfahrt auf der Wilster Au regelt. Hier bricht gerade ein Kanute aus Wilster auf. Er will die zwei Stunden, die das Wasser noch abläuft, nutzen, um zur Störmündung zu paddeln. Mit der Flut soll es zurückgehen.

Der Gedanke, so bequem wie bisher weiterzukommen und noch heute die Mündung zu erreichen, reizt mich mehr als das Teetrinken in dem etwas toten Café. Ich seh' mich etwas um. Dann fahre ich weiter. Der Paddler aus Wilster ist längst in einer der weiten Schwingen verschwunden, die die untere Stör – Eider und Treene nicht unähnlich – so reizvoll machen. Die Gegend wird immer einsamer. Ab und zu deuten Giebel an, welch schöne Häuser hinter dem Deich stehen.

Die Stör fließt nun mitten durch die Elbmarschen. Die Kremper Marsch im Osten und die Wilster Marsch westlich der Stör liegen in weiten Bereichen unter NN (Normal Null), teilweise bis zu 3 Meter. Das mittlere Tidehochwasser beträgt hier 1,5 Meter über NN. Gäbe es keine Deiche, würde die Marsch bei jeder Flut überspült werden. Die tiefliegenden Bereiche stünden auch bei Ebbe unter Wasser. Nicht minder wichtig sind die vielen Schöpfwerke, an denen man vorüberpaddelt. Würden sie das Wasser nicht aus den tieferliegenden Gräben („Wettern" und „Flethen") auf das Stör-Niveau heben, ertränke das Land im Regenwasser.

Vorbei geht es an Beidenfleth mit seiner alten Windmühle, dem außergewöhnlich geformten Kirchturm und der einzig verbliebenen Fähre am Fluß. (Vorsicht Drahtseil!)

Am Anleger von Wewelsfleth, einem weiteren idyllischen Ort an der Stör, treffe ich den Paddler aus Wilster wieder. Er ist bereits auf dem Rückweg nach Kasenort. Gerade vor dem Kentern des Stromes hat er es bis zur Mündung geschafft. Nun hat er mehr Zeit zum Klönen. Er erzählt, daß er mit einem Vereinsmitglied im Wettkampf steht. Es geht darum, wer bis zum DKV-Stichtag Ende September mehr Kilometer zurückgelegt hat. 2.200 Kilometer hat er bislang aufzuweisen, größtenteils durch häufiges Paddeln auf der Stör wie heute erarbeitet. Etwas mürrisch setzt er sich schließlich wieder in sein Boot. Eigentlich hat er gar keine Lust mehr auf die Kilometer zurück zum Vereinshaus. Aber es muß ja sein.

Ich mach mich auch wieder auf den Weg. Es bereitet zunächst kaum Mühe, gegen die Strömung zu anzufahren. Erst beim Mündungs-Sperrwerk wird es anstrengend. Mit Macht quillt das Wasser durch die künstliche Enge. Trotzdem paddle ich auch noch die 1 bis 2 Kilometer bis zur offenen Elbe. Ich will erleben, wie sich die Stör in dem großen Strom verliert. Das Wetter ist sehr diesig. Ich kann das niedersächsische Ufer kaum erkennen. Die Elbe ist hier so breit, daß die nahe Autofähre 30 bis 45 Minuten (je nach Tide) von Glückstadt nach Wischhafen benötigt. Sie quert den Fluß allerdings nicht auf dem kürzesten Weg. Die hohen Aufbauten des Fähranlegers sind ebenso gut im Dunst auszumachen wie elbabwärts das einst so umkämpfte Atomkraftwerk Brokdorf.

Nach einer Runde um die Ansteuerungstonne für die Stör kehre ich zum Sperrwerk zurück. Für das Bauwerk hat die Stör eine neue Mündung erhalten. Der alte, von der Elbe abgedeichte Mündungsarm liegt gleich daneben. Er beheimatet den Borsflether Yachthafen. Hier lege ich an. Niemand hat etwas dagegen, daß ich mein Zelt aufbaue.

Äußerst empfehlenswert ist die Gastwirtschaft „Zur Störmündung“ von Ivenfleth in unmittelbarer Nähe hinter dem Deich. Eine Dorfkneipe, wie sie sein soll, mit netten Leuten, die sich auf Platt unterhalten, Bildern von der örtlichen Feuerwehr, wunderschöne Fotos von der alten Stör und einem großen Modell der Pamir. Eine Tapete an der Decke täuscht Holzvertäfelung vor. Eine drei Tage alte Zeitung liegt auf dem Tisch. Das Essen ist einfach, vorzüglich, reichhaltig und preiswert.

Viel früher als geplant bin ich am Ziel. Die flotte Strömung hat mich in zwei statt in drei Tagen zur Elbe gezogen. Wo soll ich in der geschenkten Zeit noch hinfahren? So hocke ich eine Weile über Karten und Kanuführer. Es gibt verschiedene Möglichkeiten. Ich entscheide mich für die Fahrt zurück nach Kasenort. Von dort soll es auf der Wilster Au weitergehen.

Als ich am nächsten Morgen aus dem Schlafsack krabble, ist es noch dunkel und bitterkalt. Ich krieche schnell wieder in die warmen Federn und bereite das Frühstück im Liegen. Beim Sonnenaufgang bin ich auf dem Fluß. Das auflaufende Wasser soll mich noch eine Weile störaufwärts treiben. Der kräftige Südwestwind, der mich tags zuvor gebremst hat, schiebt mich heute. Bald habe ich Wewelsfleth hinter mir gelassen, kurz danach die Einmündung der Kremper Au. Dieses Flüßchen hatte ich bei meinen gestrigen Planungen auch ins Auge gefaßt. Letztlich habe ich mich dagegen entscheiden, weil die Au nicht sonderlich attraktiv ist.

In Beidenfleth lege ich diesmal an. Beim Fähranleger ist ein guter Platz dafür. Zwei Männer bessern in aller Ruhe die Rampe aus. Als ein Auto kommt, schlendert einer der beiden zur Fähre und setzt sie in Bewegung. Am anderen Ufer vertieft er sich eine ganze Weile in eine Unterhaltung mit einer Frau. Offenbar geht das Leben an der Stör einen gemächlichen Gang. Ich decke mich mit frischen Brötchen und einer Tageszeitung ein. Von hier hat man einen guten Blick auf die Postkartenseite des Ortes. Die Häuserzeile am Fleth ist wirklich hübsch.

Wie anders sieht der Fluß doch bei Flut aus! Der Wasserspiegel liegt rd. 2 Meter höher, nur knapp unter dem Niveau des Deichvorlandes. Kühe glotzen mich an. Reiher steigen auf. Ein Eisvogel fliegt davon. Anders als am Vortag fahren auch ein paar Segel- und Motoryachten auf der Stör. Ein Binnenschiff kommt mir entgegen.

In Kasenort bricht die Sonne hervor, die schon bald nach ihrem Aufgang im Dunst versunken war. Ich sitze auf einer Bank am Betriebshäuschen auf der Schleuse. Windschatten, warme Herbstsonne, der Blick auf die weite Störschlinge, frische Brötchen, Tee, Zeitung. Ein Gruß vom Paradies.

Ich bin nicht der erste Genießer. Die Bank scheint seit Jahrzehnten ein beliebter Platz für Liebespaare zu sein. Jedenfalls sind die Steine des kleinen Gebäudes übervoll mit entsprechenden Bekenntnissen beritzt. Die ältesten Datierungen stammen aus den 50er Jahren. ob die heute ca. 50jährigen ihre(n) Angebetete(n) von damals noch kennen?

Gestärkt und mit gestreichelter Seele ziehe ich mein Kajak über den Deich. Wer sich die Schlepperei ersparen will, sollte in der Stunde um Niedrigwasser (halbe Stunde davor bis halbe danach) kommen. Dann öffnen sich die Tore der Schleuse selbsttätig.

Die Wilster Au ist von gänzlich anderer Art als die nüchterne Stör. Auf's Lieblichste schlängelt sie sich durch die Marsch. Alte Bäume, Erlen und Weiden vor allem, beugen sich über das Wasser. Die niedrigen Deiche verstellen kaum den Blick auf die vielen einmalig schönen Häuser. Ab und zu ergänzen Enten und Pferde die romantische Szenerie.

Die Ortsdurchfahrt von Wilster ist zunächst wenig erbaulich. Hinter dem Abzweig eines heute toten Armes nach rechts in Richtung Innenstadt bestimmt eine anheimelnde Mischung aus morbider, alter Bausubstanz und kleinen bis kleinsten Gärten die Atmosphäre. Nach kurzer Strecke bin ich wieder in der offenen Marsch.

Der Deich ist nun immerhin so hoch, daß ich nicht mehr auf die Wiesen blicken kann. Dennoch ist die Au ein besonders reizvolles Flüßchen. Es ist herrlich, an den alten Häusern, den schönen Bauerngärten und den urwüchsigen Bäumen vorbeizugleiten. Auf den letzten Kilometern erreicht der Wasserspiegel fast die Deichkrone. Man paddelt in einer Höhe, die deutlich über dem Niveau der Wiesen liegt, durch das weite Land. Ich kann mich gar nicht sattsehen an der Marsch. Im Westen ist der Dithmarscher Geestrand gut zu erkennen. Und dann habe ich wieder einmal das schöne Erlebnis, große Ozeandampfer durch die Wiesen fahren zu sehen. Die Au nähert sich dem Nord-Ostsee-Kanal.

Ein Pärchen im Kanadier kommt mir entgegen. Ungetrübt von jeglicher Steuerkunst nutzen sie die ganze Breite des Raumes, fahren im Zick-Zack von Ufer zu Ufer. Offenbar spielen andere Werte eine wichtigere Rolle, sitzen doch beide eng beisammen hinten im Boot.

Dann ist das Schöpfwerk Vaalermoor erreicht. Die Wilster Au hat hier ihre zweite Mündung. Je nach Wasserstand entwässert sie über die Kasenorter Schleuse in die Stör oder per Pumpe in den Kanal. Heute ist das Schöpfwerk der Beginn bzw. das Ende der Wilster Au. Der Nord-Ostsee-Kanal schnitt dem Bach seinen Oberlauf, die Holstenau, ab. Von diesem alten Grenzfluß zwischen den Sachsengauen der Holsten und Dithmarschen entwässert ein zerstückelter Rest ebenfalls über das Schöpfwerk.

Man kann mit dem Pkw an das Schöpfwerk heranfahren. Ich setze aber in den Kanal über, um die 700 Meter zur Burger Fähre zu paddeln. Ich will noch ein Stück mit den Riesen fahren, will den grandiosen Unterschied zwischen der kleinen Au und der meistbefahrenen Wasserstraße der Welt erleben, bevor Brigitte mich abholt.

(Der Steckbrief für alle Wasserläufe des Störgebietes folgt im Anschluß an den Bericht über die zweite Stör-Tour.)

In der Wilster Au

Die störrische Stör-Tour
Obere Stör, Hörner Au, Breitenburger Kanal

Wer die klassische Stör-Tour paddelt, wird kaum auf nennenswerte Hindernisse treffen. Auf der ganzen Strecke bis zur Mündung muß man nur das Mühlenwehr in Bad Bramstedt umtragen, es sei denn, man läßt sich von brünftigen Hirschen und von ein paar kleineren Staustufen bei Bimöhlen schrecken. Anders sieht es aus, wenn man auf dem Oberlauf der Stör in Neumünster startet und dann wie ich auch noch den Abstecher über Hörner Au und Breitenburger Kanal macht. Der DKV-Führer spricht allein von 21 Wehren bis zur Mündung der Bünzener Au.

Ich habe mich trotzdem auf das Paddeln gefreut. Die Geest- und Moorgegenden, durch die man kommt, sind wunderschön. Zudem habe ich ein Musterexemplar von goldenem Oktober-Tag erwischt. An der üblichen Stelle bei der B 206 in Neumünster setze ich ein. Mit munterer Strömung geht es schon nach 100 Metern das erste niedrige Wehr hinunter und dann am südlichen Stadtrand entlang. Ich bin erstaunt, wie ländlich und angenehm der 90.000-Einwohner-Ort, nicht eben eine Zierde unter Holsteins Städten, vom Fluß aus wirkt. Man kommt an Wiesen und Bruchwald vorbei. Die Bebauung macht eher einen dörflichen Eindruck. Nach ein paar Kilometern treffe ich auf ein Stufenwehr mit Betonblock in der Mitte. Dieses Bauwerk wird zu meiner Überraschung das einzige Hindernis auf der Stör bleiben, das ich umtragen muß.

Weiter geht es an Wiesen und herbstlich geprägten Gärten vorbei. Ich habe mit einigen Hindernissen zu tun, von denen neben einer niedrigen Fußgängerbrücke und mehreren befahrbaren Wehren vor allem jene Eisenbahnbrücke zu nennen ist, vor der der Kanuführer so eindringlich warnt. Lebensgefährlich sei die Unterquerung vor allem bei Hochwasser! Und wirklich: Eine Fußgängerbrücke unter der Bahnbrücke läßt nur wenig Raum, um ganz links außen daran entlang zu paddeln. Ihre T-Träger ragen spitz in den Flußbereich und Metallbolzen können zu schlimmsten Verletzungen führen. Zudem ist die Anfahrt durch Steine leicht verblockt. Wer sich also nicht ganz sicher ist, sollte umtragen.

Gleich dahinter ist der Wall einer sächsischen Grenzfeste zu besichtigen. Hier fließt die Schwale in die Stör. Ein paar Kilometer oberhalb der Mündung ließ der christliche Missionar Vicelin 1122 ein Kloster (das neue Münster) bauen, das dem uralten Ort bald seinen Namen gab. Die ehemalige Insel in der Schwale ist noch heute das Zentrum der Stadt. Der kleine Nebenfluß bietet eine Alternative für die Anfahrt, wenn die Stör wegen Niedrigwasser unpassierbar wird.

An der Brücke der A 7 hat man Neumünster endgültig hinter sich gelassen. Jetzt wird auch deutlich, daß die Stör durch ein ebenso schönes Geesttal fließt wie Osterau und Bramau. Wären dem Fluß nicht durch einschneidende Regulierungsmaßnahmen seine Mäander und jeglicher Bewuchs am Ufer genommen worden, besäße Schleswig-Holstein ein Kanu-Gewässer erster Güte mehr. Trotzdem ist es ein Genuß, durch die Wiesen zu gleiten. Nicht weniger angenehm ist die Pause, zu der ich mich bald einlade. Eine nette Wiese. Die warme Herbstsonne über mir. Frische Brötchen ...

Bei der Einmündung der Bünzener Au ist das letzte Wehr bewältigt. Von den 21 angekündigten Staustufen habe ich höchstens 10 wahrgenommen. Vielleicht liegt das an dem guten Wasserstand. Bis auf das genannte Betonstufen-Wehr in Neumünster-Wittdorf handelt es sich um einfache, 50 bis 80 cm hohe Stufen mit abgerundeter Kante und tiefem Unterwasser. Man muß kein Experte sein, um sie zu fahren. Sie lassen sich auch ohne Aufwand umtragen oder treideln.

Die Stör gewinnt allmählich an Breite. Sie fließt nun am Rand des Naturparks Aukrug entlang, aus dessen Herzen die Bünzener Au kommt. Die Gegend wird einsamer. In den wenigen ufernahen Dörfern sind nicht allzu viele Menschen zu Hause. Willenscharen ist eines davon. Hier fällt der Hügel einer ehemaligen Wallburg auf. Ansonsten bestimmen Wiesen und Wald das Bild.

Daß man sich Kellinghusen nähert, läßt sich am Forst Rosdorf erkennen, der mit einer Höhe bis zu 40 Metern aus der flachen Landschaft aufsteigt. Ein Einwohner, den ich während einer weiteren Pause treffe, erzählt, daß ein paarmal im Jahr das ganze Tal überschwemmt wird. In kalten Wintern entstehen erstklassige Eislaufflächen.

Der Pegel Rensing fällt nur durch ein kleines, grün-weiß gestreiftes Häuschen auf. Die Stör verändert ihren Charakter. Aus dem Geestbach wird ein gezeitenbeeinflußter, von zunächst noch niedrigen Deichen eingefaßter Fluß der Niederung und der Marsch. Kanuten müssen sich den Wasserlauf, der ab Rensing als Schifffahrtsstraße des Bundes gilt, nun mit Motorbooten und Berufsschiffahrt teilen.

Kellinghusen ist schon von weitem durch seine Kirche auszumachen. Zwei große Mühlengebäude folgen. An einer Straßenbrücke lädt ein über 200 Jahre altes Gasthaus („Altdeutsches Haus") zum Mahl. Die kleine Innenstadt liegt nur 200 Meter entfernt. Die ablaufende Tide zieht mich schnell an der Stadt vorbei. Bis zur Mündung der Hörner Au sind es nur 4 Kilometer. Sie liegt genau zwischen dem Einfluß der Bramau und der Wittenbergen-Grönhuder-Straßenbrücke, neben der ein riesiges Mühlengebäude aufragt.

In der Hörner Au strömt mir das Wasser mit derselben Macht entgegen, die mich eben noch so flott vorankommen ließ. Die ablaufende Tide zwingt mich zu einer echten Energieleistung. Zusätzlich erschwert wird das Paddeln durch die geringe Wassertiefe und die vielen Äste und Baumteile im Untergrund. So mühselig der untere Kilometer des Flüßchens auch ist: Bei fortgeschrittener Ebbe würde ich nicht mehr vorwärts kommen.

Im Unterlauf der Au ist noch etwas von ihrer Ursprünglichkeit erhalten. Unten in dem tief eingeschnittenen Gewässer habe ich den Eindruck, in einem Dschungel zu paddeln. Dabei hat die nüchterne Gegend, von der parallelen Straße aus betrachtet, so gar nichts Wildes an sich. Nach 1 bis 1 1/2 Kilometern erreiche ich ein Siel. Das ablaufende Wasser hat, so mühselig das Paddeln auch ist, den Vorteil, daß die Tore geöffnet sind. Bei auflaufender Tide werden sie sich bald schließen.

Oberhalb der Sieltore wandelt sich die Au langsam zu einem nüchternen Entwässerungskanal mit normierten Ufern. Der Gegenstrom läßt immer mehr nach und die Wassertiefe ist ausgezeichnet. Der Verlust der Urwüchsigkeit wird durch das schöne Spätnachmittags-Sonnenlicht im herbstlich gefärbten Laub der Baumreihe am östlichen Ufer ein wenig wettgemacht. Ich paddle so vor mich hin und freue mich, daß die Au den Angaben in Kanuführer und Wanderbuch zum Trotz prima befahrbar ist. Bald werde ich unruhig. Müßte ich nicht längst die 5 Kilometer bis zum Breitenburger Kanal gefahren sein? Ah, da ist endlich die erwartete Linkskurve, hinter der das Schöpfwerk zwischen Kanal und Au kommen wird. Aber was ist das? Von dem kleinen Klinkerbau ist nichts zu sehen, nur ein weiteres, langes Stück Entwässerungskanal. Wo bin ich gelandet?

Es dauert eine Weile, bis ich mich orientiert habe. Offenbar sind die Entwässerungsverhältnisse seit der Drucklegung meiner Karte im Jahre 1975 verändert und im Kanu-Führer (7. Auflage) nicht berücksichtigt worden. In der Kurve, in der ich um Orientierung ringe, fließt ein Teil des Wassers über ein Heberwehr in einen breiten Graben, welcher optisch die Verlängerung des von Knöll kommenden Wasserlaufes ist. Bei diesem Graben handelt es sich um das obere Ende des Breitenburger Kanals. In diesen unansehnlichen, sehr verkrauteten, tief eingeschnittenen, aber befahrbaren Graben setze ich um.

Ab Schöpfwerk Hübeck (das ich viel früher erwartete hatte) ist der Breitenburger Kanal ein wunderschönes Paddelgewässer. Meist säumt Bruchwald, seltener Nadelwald, seine verwilderten Ufer. Kaum zu glauben, daß auf diesem verwunschenen Wasserlauf vor noch gar nicht langer Zeit rund 3.000 Schiffe jährlich verkehrten. 1872 bis 1877 ist der Kanal unter Graf Konrad zu Holstein angelegt worden, um das Moor zu entwässern und um über einen Abzweig auf halber Strecke die Lägerdorfer Kalkgruben mit der Stör zu verbinden. Noch 1966 transportierten spezielle „Lägerdorfer Ewer“, Schutenzüge und Frachtschiffe diverser Bauarten 200.000 Tonnen Zement und andere Materialien. 1974 stellte man die Schiffahrt auf dem Kanal ein.

Es geht auf 18.00 Uhr zu. Der rote Sonnenball geht langsam hinter den nur noch dünnbelaubten Ästen unter. Ein schöner Anblick. Aber er erinnert mich auch daran, daß ich mich entscheiden muß, hier irgendwo mein Zelt aufzuschlagen oder mit dem Risiko völliger Dunkelheit bis zur „Breitenburger Fähre" an der Stör zu paddeln. Das Gasthaus als Endziel meiner Tour wollte ich eigentlich erst am nächsten Tag erreichen. Die Vorstellung, den ganzen Abend im einsamen Moor zu hocken, lockt mich wenig. Außerdem bin ich noch nie im Dunkeln gepaddelt. Also weiter.

Ein Eisvogel fliegt mir voraus. Er setzt sich auf einen Ast, wartet auf mich. Dann fliegt er wieder ein Stück weiter. Einmal läßt er mich bis auf 5 Meter herankommen. Stolz (?) zeigt er mir den Fisch, den er gerade gefangen hat. Ich erzähle ihm, er sähe jetzt genauso aus, wie auf einer Briefmarke, die die Bundespost in den 50er oder 60er Jahren herausgegeben hat.

Als ich die Einmündung des Lägerdorfer Kanals passiere, ist es schon fast ganz dunkel. Wenn man hier abbiegt, gelangt man nach 2,5 Kilometern zu dem riesigen Alsen-Zement-Werk. Mit dem Bootswagen kann man dann über den Fahrradweg neben der Straße nach Hohenfelde die Große Wettern (in 2,7 Kilometer) und die Kremper Au (in 4 Kilometer) erreichen. Beide sind unattraktiv, führen aber zur Stör oberhalb Wewelsfleth. Ein Fast-Rundkurs ist also möglich.

Ein Stück weiter unterquere ich ein Förderband. Es transportiert die Kreide von einer riesigen Grube rechts neben dem Kanal zum Werk in Lägerdorf. Ein Eimerketten-Bagger schafft aus 70 Metern Tiefe 600 bis 700 Tonnen Kreide pro Stunde herauf. Im Werk werden vier Teile Kreide und ein Teil Ton gemischt, getrocknet, gebrannt und zermahlen. Das gibt den Portland-Zement.

Die Kilometer bis zum Ende des Kanals bei der Münsterdorfer Schleuse sind eindeutig in der Hand der Enten. Sie machen einen Höllenlärm. Unter anderem scheinen sie zu diskutieren, was sie mit dem Unbekannten Wasser-Objekt (UWO) anfangen sollen, das da in der Dunkelheit an ihnen vorbeigleitet.

Die Schleuse fordert von mir, der ich mittlerweile ziemlich abgekämpft bin, noch einmal allen Einsatz. Das innere Tor ist geschlossen. In der Dunkelheit ist es schon schwierig, mich selbst ans Ufer zu bringen. Dann aber noch das voll beladene Kajak an Land zu zerren, geht fast über meine Kräfte. Zum Glück ist das äußere Tor, das zur Stör hin, offen. Ich weiß nicht, von welcher Gesetzmäßigkeit dessen Öffnung abhängt. Vielleicht hat sie mit der Abfahrt und Ankunft von Schiffen zu tun, die in dem Yachthafen zwischen den Schleusentoren liegen, vielleicht auch mit der Tide. Ich kann jedenfalls mein Boot gleich hinter dem inneren Tor wieder zu Wasser lassen und weiterfahren. Puh!!

In der Stör ist auflaufendes Wasser. So schaffe ich die 2 Kilometer bis zur „Breitenburger Fähre" ohne Probleme.

STECKBRIEF: Stör mit Nebenflüssen und Kanälen

Kurzdarstellung: *Die Oberläufe der Stör und ihre Nebenflüsse, allen voran die Osterau (sensibles Verhalten!) führen durch schöne Geesttäler mit Wald und Wiesen. Im Unterlauf ist die Stör ein eingedeichtes und tidebeeinflußtes Marschgewässer, das in weiten Schlingen der Elbe zufließt. Von den einmündenden Wasserläufen sind vor allem die Hörner Au, die zusammen mit dem urwüchsigen Breitenburger Kanal einen interessanten Rundkurs ermöglicht, und die schöne Wilser Au zu nennen (die Stör und Nord-Ostsee-Kanal verbindet). Hudau/Schmalfelder Au werden im letzten Kapitel gesondert behandelt.*

Besondere Bestimmungen: Wildpark Eekholt muß bis 13.00 Uhr durchfahren worden sein. Auf entsprechenden Abschnitten Binnenwasserstraßenordnung beachten. Die Besitzer der Heidmühlener Mühle und der gegenüberliegenden Weide erlauben nicht, über ihre Grundstücke zu umtragen. Das macht die Weiterfahrt dort nahezu unmöglich.

Befahrbarkeit: Bei Niedrigwasser kann die Stör innerhalb Neumünsters unbefahrbar werden. Dann empfiehlt sich die Schwale als Anfahrt. Im Unterlauf der Stör Tide beachten, um Mühsal zu vermeiden. Bis Kellinghusen kann man bei auflaufendem Wasser aufwärts fahren. Der untere Kilometer der Hörner Au ist bei Niedrigwasser kaum zu befahren, da dann das Wasser mit Macht in die Stör strömt und der Wasserstand bis zur Unbefahrbarkeit absinkt.

Schwierigkeiten: Eventuell häufiges Umtragen auf der oberen Stör. Die engen Mäander der Osterau erfordern erhöhte Steuerkunst. Sie sind nichts für Anfänger.

Umtragen:

Stör: Ein unbefahrbares Stufenwehr in Neumünster, dazu – je nach Fahrkünsten – eine gefährliche Eisenbahnbrücke und bis zu 20 Wehre bis zur Einmündung der Bünzener Au (alle leicht zu umtragen oder mit langer Leine zu treideln).

Osterau/Bramau: Mühlenwehr in Heidmühlen, im September/Oktober Wildpark Eekholt (ca. 2 km), 2 bis 3 kleinere Wehre (je nach Fahrkünsten befahrbar) bei Bimöhlen, Mühlenwehr in Bad Bramstedt.

Hörner Au/Breitenburger Kanal: Sieltor ca. 1 km oberhalb der Mündung (bei ablaufendem Wasser geöffnet), Heberwehr beim Umsetzen in den Breitenburger Kanal (unproblematisch), Mündungsschleuse (schwierig), evtl. schleusen lassen.

Wilster Au: Die Schleuse zur Stör ist eine halbe Stunde vor und nach Niedrigwasser geöffnet. Umtragen direkt rechts neben der Schleuse (Treppe im Wasser) und dann über den Deich. Anstrengend, aber nicht schwierig. Zur Weiterfahrt auf dem Nord-Ostsee-Kanal muß das Schöpfwerk Vaalermoor umtragen werden (leicht).

Andere Stör-Zuflüsse: Alle haben einige niedrige Staustufen in ihrem Lauf, die je nach Wasserstand und Geschicklichkeit befahren werden können.

Bootswagen: Wirklich nötig nur beim Umfahren des Wildparks Eekholt und bei der Portage vom Lägerdorfer Kanal zur Großen Wettern bzw. der Kremper Au.

Wichtige Kilometerangaben:

Stör:

0 B 206-Brücke in Neumünster (Straße nach Segeberg).
6,2 Mündung der Schwale. Diese ist ab Rüterstraße auf 2,5 km befahrbar. Mehrere niedrige Wehre.
28,2 Pegel Rensing bei Kellinghusen.
33 Einmündung in Bramau, kurz dahinter die der Hörner Au.
47,7 Einmündung des Breitenburger Kanals über eine Schleuse.
61,7 Kasenort, Einmündung der Wilster Au über eine Schleuse.
80,8 Mündung der Elbe.

Osterau/Bramau

0 Straßenbrücke Heidmühlen – Rieshorn. Zu erreichen über „Dorfstraße“ und „Rieshorner Weg“ in Heidmühlen. Theoretisch ist der Wasserlauf ab B 205 bei Rickling (hier Rothenmühlenau genannt) befahrbar. Ist dort sehr schmal und unattraktiv. Siehe *Besondere Bestimmungen*: Heidmühler Mühlenwehr.
8,1 Das erste von vier Gattern des Wildparks Eekholt. In der Brunftzeit der Hirsche (Sept./Okt.) wird dringend von einer Durchfahrt abgeraten (weitere Infos durch die Parkverwaltung, Tel. 04327/386 oder 260).
23,5 Mühlenwehr in Bad Bramstedt. Nur für Spezialisten befahrbar. Kurz dahinter Schwall und Vereinigung mit Hudau zur Bramau.
38,9 Mündung in Stör.

untere Hörner Au/Grenzkanal

0 Straßenbrücke in Knöll
1,3 Rechtskurve nach langer Geraden von Knöll. Hinter dem Heberwehr dort beginnt der Breitenburger Kanal, der optisch die Verlängerung des Knöller Grabens ist.
6 Mündung in Stör 100 m unterhalb der Bramau-Mündung.

Breitenburger Kanal

0 Heberwehr an Grenzkanal/Hörner Au
6,7 Abzweig des Lägerdorfer Kanals nach links. Dieser führt in 2,5 km zur Straßenbrücke Lägerdorf – Hohenfelde. Auf dem Radweg neben der Straße gelangt man in 2,7 km zur Großen Wettern und in 4 km zur Kremper Au.
10,8 Mündung in Stör über die Münsterdorfer Schleuse.

Wilster Au

0 Schöpfwerk Vaalermoor am Nord-Ostsee-Kanal.
16 Abzweig eines toten Altarms nach links in Wilster.
18,5 Kasenort, Mündung in Stör über eine Schleuse.

Kremper Au (und Große Wettern)

0 Straßenbrücke Hohenfelde – Lägerdorf. In 1,3 km zur Großen Wetten und in 4 km zum Lägerdorfer Kanal (s.o.).
16,5 Mündung in Stör oberhalb Wewelsfleth. (Die Große Wettern ist ein gerader, häßlicher, breiter befahrbarer Graben, der nach 10,5 km unweit der Kremper Au in die Stör mündet.)

Übernachtung: Keine Campingplätze an den Flüssen. An der Stör ansonsten evtl. auf Anfrage bei der Gaststätte „Breitenburger Fähre“ (Herr Tetens, Tel. 04828/6200), Yachthafen Ivenfleth (an der Mündung), für DKV-Mitglieder beim IKC Itzehoe (am östl. Stadtrand). An der Osterau evtl. auf Anfrage beim Schullandheim Bimöhlen (Tel. 04192/3393) und für DKV-Mitglieder beim TSV Bimöhlen (Kanu-Abt.). An der Wilster Au für DKV-Mitglieder evtl. auf Anfrage bei der Kanu-Gruppe Wilster (am östl. Stadtrand). Jugendherbergen gibt es in Itzehoe (nicht in Wassernähe), in Neumünster (Innenstadt) und in Glückstadt.

Auto nachholen: Bahnlinie 130/131 von Neumünster über Wrist und Brokstedt nach Elmshorn. Dann mit Bahnlinie 120 über Glückstadt, Krempe, Itzehoe, Wilster nach Burg i.D. Zwischen Bad Bramstedt und Neumünster verkehrt die AKN (Eisenbahn). Daneben gibt es einige mehr oder weniger brauchbare Buslinien.

Kanuverleih: Herr Gantzer, Lentförden (b. Bad Bramstedt), Tel. 04192/3405

Wasserqualität: Alle Gewässer bis auf zwei kurze Abschnitte der Wilster und Krempe Güteklasse II (= mäßig belastet) oder II bis III (= kritisch belastet). Hörner Au und Breitenburger Kanal ?

Namen: Stör: Vermutlich „groß, schwer, störrisch, stark“. – **Schwale:** Vermutlich „Schwalbe“, hängt evtl. auch mit „schwellen, Schwall“ oder mit „sich schnell bewegen, plätschern“ zusammen. – **Wilster Au:** Vom Ortsnamen Wilster und der wiederum vom ursprünglichen Flußnamen Wilster. Setzt sich zusammen aus der Silbe „wil“ (Bedeutung unbekannt, hängt evtl. mit „wild“, mit einem Vornamen wie Wulpke, Weil, Wölf oder mit „überquellen“ zusammen) und dem Anhängsel „ster“ (= allgem. Gewässerbezeichnung). – **Au** vgl. Steckbrief Arlau. – **Kremper Au:** Ortsname Krempe stammt wie Wilster von dem ursprünglichen Flußnahmen ab, nämlich Crimpe = etwas Gebogenes, Gekrümmtes.

Spezielle Literatur: S. Krüger, u.a.: *Neumünster – ein farbiger Bildband* ● R. Horstmann: *Grüße aus Wilster und der Wilstermarsch* ● M. Karstens: *Wandern und Erholen im Kreis Steinberg,* enthält auch die Beschreibung mehrerer Kanu-Touren ● H. Longerich, u.a.: *Itzehoe* ● A. Püttger-Conradt: *Elbmarschen in Holstein – Seestermüher, Kremper und Wilster Marsch*

Karten:

- Wandern und Erholen im Kreis Segeberg, 1:50.000 (erfaßt den Stör-Oberlauf einschließlich aller Geestzuflüsse).
- Wandern und Erholen im Kreis Steinburg, 1:50.000 (erfaßt den gesamten Marschbereich des Stör-Gebietes einschließlich der Unterläufe der Geestzuflüsse und des westlichen Nord-Ostsee-Kanals).

Beide Karten vom Landesvermessungsamt Schleswig-Holstein.

Von Lübeck nach Hamburg

Elbe-Lübeck-Kanal, Elbe

Für Wasserwanderer ist Lübeck eine gute Adresse. Hier treffen sich Trave, Wakenitz, Schwartau, Stepenitz, Ostsee und nicht zuletzt der Elbe-Lübeck-Kanal. Dieser Wasserweg nach Lauenburg ist in seinem 92jährigen Bestehen kaum verändert worden. Der vergleichsweise kurvenreiche Kanal ist fast wie ein Fluß mit der schönen lauenburgischen Landschaft verwachsen. Alte Pappelreihen, teilweise auch Wald und Heide, säumen seine Ufer. Die sieben technisch ausgeklügelten Schleusen sind ebenso in der Urform erhalten wie manche Brücke und die Seilfähre Siebeneichen. Und neben einigen sehenswerten Dörfern mit wuchtigen, mittelalterlichen Kirchen und ehrwürdigen Bauernhäusern liegen Lübeck, Mölln und Lauenburg mit ihren wunderbaren Altstadtkernen an der Strecke. Ein Kanal zwar mit einigen langen Geraden und normiertem Querschnitt, aber einer mit Charme.

Im Oktober machten Thomas und ich uns auf den Weg. Am Falkendamm setzen wir in den Klughafen um, dem unteren Ende des Kanals. 200 bis 300 Meter weiter nördlich, zu Füßen des schönen Burgtores, mündet er in die Trave.

Wir paddeln zwischen Hüx- und Possehlbrücke vorbei an schönen Grünanlagen, herbstlich gefärbtem Laub, zwei Türmen aus wehrhaften Zeiten. Rechts sieht man den Krähenteich. Dahinter Reste der Stadtmauer und der Turm der Ägidienkirche. Die Mühlenbrücke folgt. Dann die Reste des Kaisertores (Stadttor) mit der Navigationsschule darüber. Hier ist gut zu erkennen, wie hoch die Wallanlagen einst waren. Schließlich der Abzweig der Trave zur Altstadt hin, dort wo sie zum Wasser hin so malerisch ist. Der Dom beherrscht den Blick traveabwärts. Auf 2 Kilometern haben Kanal und Trave nun denselben Verlauf (daher auch „Kanaltrave").

Danach trennen (bzw. vereinigen) sie sich wieder. Der eigentliche Elbe-Lübeck-Kanal beginnt dort, wo vor seinem Bau die kleine Stecknitz mündete. Das Flüßchen war Teil des Stecknitz-Kanals, der als Vorläufer des Elbe-Lübeck-Kanals Lübeck seit 1398 mit Lauenburg verbunden hatte. Die „Stecknitzfahrt" (so ein anderer Name) war einer der wichtigsten Pfeiler der wirtschaftlichen und damit politischen Macht der Hansestadt im Mittelalter, wurde auf ihm doch das Lüneburger Salz herangeschafft.

Bis hier sind wir zwar erst 5 Kilometer gepaddelt, aber Thomas redet auffallend oft von Pausen und Motor-Antrieb. Am meisten vermißt er die Strömung, in der man sich doch so schön treiben lassen könnte. Er erzählt mit verklärten Augen von einer Kanu-Tour, die er vor Jahren mit einer Gruppe auf der Leine machte. Die Füße hingen im Wasser. Man las sich gegenseitig aus Büchern vor. Ab und zu bewegte jemand sein Paddel.

An der Büssauer Schleuse empfängt uns der freundliche Schleusenwärter mit der Frage, ob er uns schleusen soll. Da das eine halbe Stunde dauern würde, tragen wir unsere Kajaks lieber die 20 Meter um das untere Tor herum. Vorher aber lassen wir uns auf den alten Anlagen nieder. Ein wunderbarer Ort für eine Pause. Ich mag diese historischen Schleusen sehr. Wenn ein großes Schiff geschleust wird, gibt es immer etwas zu sehen, wie etwa vor einem Jahr, als ich mit Brigitte und unserer Tochter hierhergepaddelt war. Ein 1.000 t-Frachter aus der Tschechoslowakei wollte aus der Schleuse ausfahren. Er mußte dabei die niedrige Straßenbrücke über der Anlage unterqueren. Aber das Führerhäuschen war viel zu hoch. Wir sahen das Unheil nahen. Wußte der Schipper nicht um die Gefahr? Einige Meter, bevor es gekracht hätte, sackte der Schiffsaufbau wie ein Fahrstuhl ab und die Brücke war kein Problem mehr. Ich hatte gar nicht gewußt, daß es auf Schiffen eine solche Technik gibt. Das folgende Schiff berührte tatsächlich die Brücke. Es schepperte ganz erheblich an Bord.

Hinter Büssau wird der Kanal richtig schön. Man verläßt das flache Lübecker Becken. Die Gegend wird allmählich hügeliger. Die Pappelreihe an den Treidelpfaden wird durch kleinere Waldstücke ergänzt. Die Krummesser Schleuse ist nur 5 Kilometer entfernt. Die Tore stehen offen und wir fahren in froher Erwartung hinein. Nichts passiert. Kein Schleusenwärter zu sehen. Bald wird klar, daß er auf eine größere Gruppe von Sportbooten wartet, deren Vorhut wir bereits in Büssau beobachtet hatten. Es dauert lange, bis endlich die letzte Yacht eingelaufen ist und das Schleusen beginnt. Etwas unheimlich ist es schon, wenn die Tore sich schließen und man tief unten in dem Kasten hockt. Plötzlich beginnt das

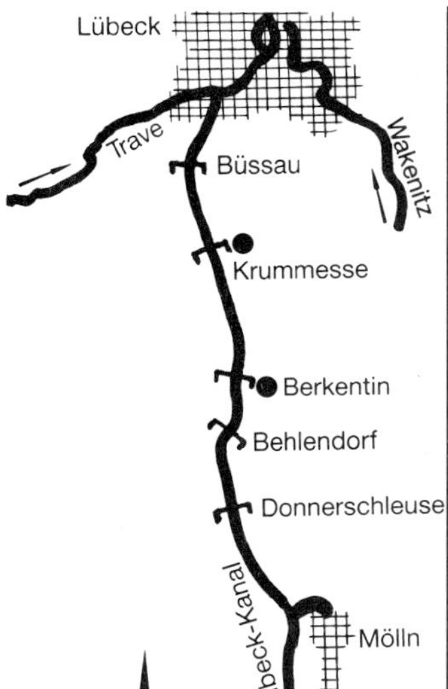

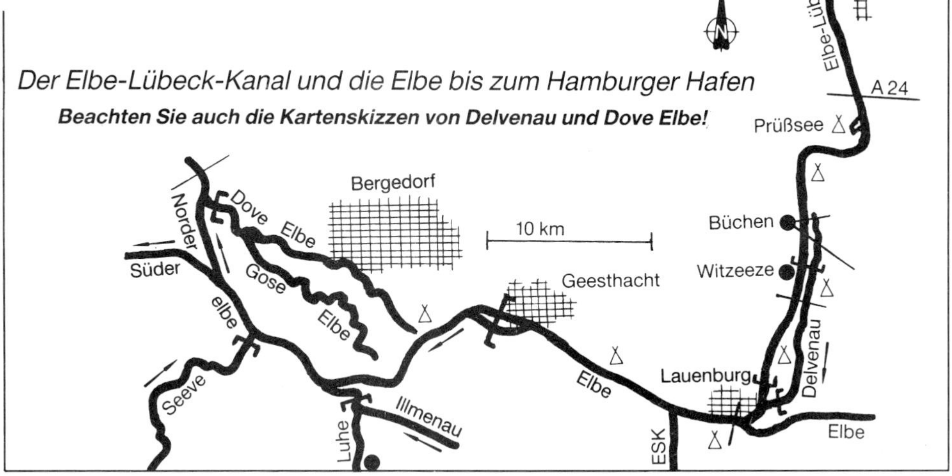

Der Elbe-Lübeck-Kanal und die Elbe bis zum Hamburger Hafen

Beachten Sie auch die Kartenskizzen von Delvenau und Dove Elbe!

Wasser zu brodeln. Wir fühlen uns wie in einem Whirlpool. Wenn man sich an den Leitern festhält, ist der Vorgang aber völlig harmlos.

Nach der Erfahrung in Krummesse tragen wir bei der Behlensdorfer Schleuse lieber gleich um. Dasselbe wiederholt sich bei der Donnerschleuse, aber unfreiwillig, denn der Schleusenmeister macht gerade Feierabend. Die nächsten Kilometer fahren wir bei untergehender Sonne. Als wir in Mölln ankommen, ist es längst dunkel. Zum Glück ist in einer Yacht an dem ersten Anleger noch Licht. Man erklärt uns den Weg zur Jugendherberge. Sie liegt für Kanuten recht günstig in Seenähe.

Begegnung mit Lucifer auf dem Elbe-Lübeck-Kanal

Am nächsten Morgen scheint die Sonne aus einem wolkenlosen Himmel. Das herbstliche Laub an den Bäumen leuchtet in den schönsten Farben. Leider kann Thomas am zweiten Tag der Tour nicht mehr mitpaddeln. So ergänze ich alleine unseren abendlichen Altstadtbummel durch eine kleine Stadtrundfahrt per Boot. Vom Ziegelsee bei der Jugendherberge, in dem sich auch der kleine Hafen der Stadt befindet, paddle ich in den Stadtsee. Dafür muß ich ein paar Meter an dem Bahndamm entlangfahren, der den ehemaligen „Möllner See“ in die beiden genannten Teilgewässer zerschneidet.

Vom Stadtsee und vom anschließenden Schulsee aus habe ich einen wunderschönen Blick auf die Altstadt. Ich habe die Seen an diesem frühen Sonntagmorgen fast für mich. Nur ein paar Angler versuchen ihr Glück. Von dem Trubel, der an manchen Tagen in Mölln herrscht, ist nichts zu spüren. Cafés, Restaurants und Bootsverleih sind noch verwaist.

Die drei Seen sind nur die ersten in einer ganzen Reihe von Gewässern, die in einer eiszeitlichen Schmelzwasserrinne liegen. Diese „Mölln-Gudower-Seenrinne" ist ein Abzweig der Stecknitzrinne, der der Elbe-Lübeck-Kanal folgt. Entwässert wird die Mölln-Gudower-Rinne vom Hellbach, der in Mölln selbst zum Stadtgraben wird. Er war Teil der Verteidigungsanlagen und trieb die Mühlen an. Der Wasserlauf darf – weil privat – zwischen Gudow und Drüsensee nicht befahren werden. Empfehlenswert ist allemal eine Wanderung an den Seen entlang. Die Strecke nach Gudow ist einer der schönsten Spazierwege, die ich kenne.

Nach meinem Ausflug geht es auf dem Kanal weiter. Der Abschnitt südlich des Ziegelsees entspricht dem 11,5 Kilometer langen Delvenaugraben, dem eigentlichen Kanalstück der Stecknitzfahrt. Der Kanal ist hier besonders gerade. Die Ufer steigen 10 bis 20 Meter steil an, so daß von der Umgebung nichts zu sehen ist. Erst bei Güster wird es wieder interessanter. Dort mache ich einen Abstecher auf den Prüßsee. Ich kann nicht glauben, daß es sich bei diesem so natürlich scheinenden Gewässer um eine ehemalige Kiesgrube handelt. Waldige Hänge, Inseln und Halbinseln, Buchten und offene Flächen machen den See zu einem wunderschönen Stück Natur, das den Vergleich zu anderen Gewässern der nahen Lauenburgischen Seenplatte nicht zu scheuen braucht.

In Siebeneichen muß ich warten. Die Seilzugfähre überquert gerade den Kanal. Wenn der Fährbetrieb ruht, soll man das Drahtseil direkt am Schiff unterqueren. Dort hat es den größten Abstand zum Wasserspiegel. Der Fährmann löst das Seil nur, wenn sich ein Motorschiff nähert. Vom Dorf sieht man nur den Turm der wuchtigen Feldsteinkirche. Wer die Muße hat, sollte den Kirchplatz aufsuchen. Hier herrscht eine wunderbare Atmosphäre von etwas längst Vergangenem, so als sei der Ortskern vor hundert Jahren eingeschlafen.

Bei Büchen lege ich eine Pause ein. Ich sehe mir die Delvenau an, die dem Stecknitzkanal als Südstrecke diente. Im Gegensatz zur Stecknitz ist dieses kleine Flüßchen erhalten geblieben, da der Elbe-Lübeck-Kanal vor Büchen das Bett des Vorgängers verläßt und sich einen eigenen, fast parallelen Verlauf zugelegt hat. Im Frühjahr 1991 habe ich auf dem Bach meine Saison eröffnet. Genau hier, an der Büchener Kanalbrücke, habe ich mein Kanu ins Wasser gelassen (vgl. Tour-Bericht Delvenau).

Die Witzeezer Schleuse ist schnell umtragen. Ein Stück unterhalb könnte man wieder in eine ehemalige Kiesgrube einfahren. Es gibt am anderen Ufer ein Restaurant mit schönem Kaffeegarten und einen weiteren Campingplatz. Der einstige Baggersee ist nur einer von vielen am Kanal. Meist werden die Ufer als Campingplatz genutzt und immer ist das Befahren ohne gesonderte Genehmigung verboten.

Die Sonne geht langsam unter, als ich bei der Lauenburger Schleuse eintreffe. Wie schon tags zuvor an der Donnerschleuse hat der Schleusenmeister bereits Dienstschluß. Hier ist das Umtragen allerdings sehr viel mühseliger.

Während der Fahrt durch den Kanalhafen geht die Dämmerung in ihre letzte Phase. Als ich an der Elbe ankomme, herrscht eine wunderbar ruhige Stimmung. Der Fluß liegt ganz still da. Nun bin ich auf einem der größten Ströme Europas. Das Wasser, auf dem ich ganz langsam dahintreibe, kommt teilweise aus dem Riesengebirge. Oder es ist schon auf der Moldau durch Prag geflossen. Bilder vom Elbsandsteingebirge und vom zerbombten Dresden fallen mir ein. Ein Filmausschnitt, wie Russen und Amerikaner sich 1945 bei Torgau die Hände reichen. Zeitungsmeldungen von dem wahren Ausmaß der Elbverschmutzung, nach denen der Fluß die „giftigste Kloake Europas" ist.

Schließlich wende ich meinen Blick der Lauenburger „Unterstadt" zu, die sich so malerisch an das Steilufer schmiegt. Selbst im Dunkeln ist der Kern der alten Herzogstadt schön anzusehen. Am alten Lösch- und Ladeplatz der Stecknitz-Fahrer lege ich an. Brigitte und Edda treffen auch gerade ein.

Wie schön Lauenburgs Altstadt in ihrer für Norddeutschland seltenen Geschlossenheit ist, läßt sich erst bei Tageslicht ermessen. Das hohe Altmoränenplateau an der Ecke zwischen Delvenau-Niederung (Elbe-Lübeck-Kanal) und Elbe-Urstromtal fällt hier 40 bis 50 Meter steil ab. Der Werbespruch vom „Südbalkon Schleswig-Holsteins" ist durchaus treffend. Schöne Bürgerhäuser aus der Zeit zwischen dem 16. und dem 19. Jahrhundert drängen sich an der „Elbstraße" zusammen. Die rückwärtigen Gebäude sind teilweise in den Steilhang hineingebaut, während die wasserseitigen nur eine Mauer von der Elbe trennt. Ein kleiner Marktplatz unterbricht die Uferstraße, die an der Kirche endet. Weitere Häuser quetschen sich an den Straßen zusammen, die sich die schmalen, steilen Erosionstäler zur modernen „Oberstadt" hochwinden. Hoch über dem dem Altstadtkern, auf den sich der Ort bis in das letzte Jahrhundert beschränkte, thronte bis zu einem verheerenden Brand 1616 die namensgebende Burg. Von der mittelalterlichen Anlage ist nur der Wehrturm erhalten. Die Aussichtsplattform daneben bietet einen wunderbaren Blick über die Weite des Urstromtals.

Anderthalb Wochen später, an einem frühen, kalten Novembermorgen, setze ich die Fahrt auf der Elbe fort. Die Sonne vertreibt allmählich die letzten Nachtwolken. Ich gleite an der schönen Unterstadt entlang, lasse Lauenburg hinter mir. Bis Geesthacht wird mich das „Hohe Elbufer" an der schleswig-holsteinischen Seite begleiten. Es ist vollkommen von Wald bedeckt. Das Laub leuchtet in den schönsten Herbstfarben.

Die Elbe hat ihr Bett an den Nordrand ihres 10 Kilometer breiten Urstromtales gelegt, so daß die Flußmarsch ganz auf der niedersächsischen Seite liegt. Ein nüchterner, hoher Deich verstellt die Sicht. Nur die Giebel einzelner Häuser sind zu sehen.

Nach ein paar Kilometern mündet der Elbe-Seitenkanal ein. Er verbindet seit 1976 den Mittellandkanal bei Salzgitter und Wolfsburg mit der Elbe. 9 Kilometer sind es bis zum Scharnebecker Schiffshebewerk. Dort werden die Schiffe wie in einem Fahrstuhl 61 Meter hoch auf das Niveau der mittleren Kanalhaltung gehoben. Das Bauwerk gilt als das größte seiner Art in Europa. Für Paddler ist der nüchterne Kanal interessant, weil er die Elbe mit den Gewässern der Winsener Marsch und der Lüneburger Heide verbindet. Mehrere Rundkurse sind möglich.

Während sich nun auf niedersächsischer Seite eine fast geschlossene Reihe von Häusern hinter dem Deich hinzieht (Marschhufendörfer), ist das Nordufer bis Tesperhude unbesiedelt. Der Ort gehört bereits zu Geesthacht. Er beherbergt neben einigen einladenden Cafés und Restaurants auch die Kernforschungsanlage der GKSS (Gesellschaft für Kernenergieverwendung in Schiffbau und Schiffahrt mbH). Atomar geht es weiter, denn der Schornstein des KKW Krümmel ist schon lange zu sehen. Das Atomkraftwerk ist so umstritten wie die drei anderen an der unteren Elbe. Man hat es und die GKSS in Verdacht, für die europaweit höchste Leukämierate gegenüber in Tespe verantwortlich zu sein. Zudem hätten die Hamburger im Katastrophenfall, vor allem bei Südostwind, keine Chance, der tödlichen Strahlung zu entkommen, so dicht liegt das Werk an der Stadt.

Das anschließende Pumpspeicherwerk ist keine solch traurige Berühmtheit. Vom Fluß aus erkennt man den Auslauf und die gewaltigen Rohre (je 3,80 m Durchmesser, 612 m lang), die den Hang herunterkommen. Das Staubecken ist nicht zu sehen. Es wurde 1958 in die 80 Meter hohe Altmoräne hineingebaut. In diesem Vorratsbehälter werden mit billigem Nachtstrom 3,8 Mill. Liter Wasser gepumpt. In Bedarfsspitzenzeiten läßt man es wieder herabfließen. Das Wasser treibt dann Turbinen und Generatoren an und erzeugt 4 Stunden lang bis zu 580.000 Kilowatt Strom.

Bei soviel Energieerzeugung fällt mir ein, daß es Zeit für das zweite Frühstück ist. Ich wähle einen der Grillplätze mit Tischen und Bänken (mit einem überdachten Teil – für schlechtes Wetter!) für eine geruhsame Pause. Die Sonne scheint immer noch aus einem strahlend blauen Himmel. Unter mir auf der Elbe ziehen mehrere Schiffe ihre Bahn.

Von der Stadt Geesthacht sieht man vom Boot aus nicht viel. Das macht nichts, denn der Ort ist zwar der größte im Kreis Herzogtum Lauenburg, aber nicht der schönste. Die Hauptattraktion ist die Elb-Staustufe. Das Bauwerk war nötig geworden, weil durch die immer stärkere Ausbaggerung der Elbe unterhalb Hamburgs oberhalb der Hansestadt große Erosionsschäden auftraten. Der Grundwasserspiegel sank in diesem Bereich empfindlich und die Bedingungen für die

Schiffahrt wurden schwieriger. Zwischen 1957 und 1960 baute man ein Wehr quer durch den Fluß. Der Wasserspiegel wurde dadurch auf 4 Meter über NN angehoben. Der Schiffsverkehr wird auf einen kurzen Kanal mit Doppelschleuse an dem Hindernis vorbeigeführt. Kanuten sollten auch diesen Weg nehmen, da die Befahrung der Staustufe lebensgefährlich (und verboten) ist. Auch das Umtragen ist kaum möglich. Weiter als Geesthacht sollten Anfänger wie Manfred und Luise nicht fahren. Die Wellen der Schiffe und die Bedingungen des Tidestroms könnten sie allzu leicht in Gefahr bringen. Das gilt in ungleich höherem Maß für den Hamburger Hafen und die Unterelbe.

Ich habe mir vorgenommen, mich schleusen zu lassen. Die Tore sind heruntergelassen worden. Nichts tut sich. Wahrscheinlich nehmen die Schleusenmeister mich gar nicht wahr. Soll ich nicht doch umtragen? Mit meinem Bootswagen wäre das machbar. Nach einer Weile nähert sich hinter mir ein Binnenschiff. Es hupt schon von weitem. Da sich die Tore trotzdem nicht öffnen, macht es an den Dalben vor der Schleuse fest. Ich unterhalte mich eine Weile mit dem Schipper. Sie kommen gerade aus Brandenburg, haben dort ihre Ladung gelöscht. Seine Frau geht im Supermarkt einkaufen, da man im Osten ja nichts bekäme. Dann funkt er die Schleusenleitstelle an. Er weist auch auf mich hin. Man werde mir per Lautsprecher Bescheid geben. Es dauert alles ewig. Schließlich hebt sich ein Schleusentor. Weißes Blinklicht zeigt an, welche der beiden Kammern gerade in Betrieb ist. Ich paddle hinein. Weisungsgemäß halte ich mich an der Steuerbordseite fest (welche war das noch?). Nach 20 Minuten folgen zwei Binnenschiffe und dann auch noch der Hamburger, dessen Frau ihre Einkäufe erledigt hat. Nach insgesamt einer Stunde bin ich endlich im „unteren Schleusenkanal“.

Unterhalb Geesthachts schwenkt die Elbe mitten in ihr Urstromtal hinein. Auch das Nordufer ist nun von einem Deich begrenzt. Der Fluß wird dadurch nüchterner. Wo das Wasser den Deichfuß berührt, wirkt das Ufer sehr sachlich. Ursprünglicher ist es dagegen dort, wo Deichvorland vorhanden ist. Das Nordufer gehört zu den Vier- und Marschlanden, einem ganz besonderen Stück Hamburg. Eine schöne Art, den „Gemüsegarten“ der Hansestadt kennenzulernen, bietet eine Kanutour auf Dove und Gose Elbe (vgl. entspr. Tour-Bericht).

Gegenüber Zollenspieker mündet der Ilmenau-Neetze-Kanal in die Elbe. Er steht mit den Gewässern der Winsener Marsch, Lüneburger Heide und dem Elbe-Seitenkanal in Verbindung. Ein Stück weiter, in Warwisch, beende ich meine dritte Etappe. Ich lasse mein Kajak im Garten einer Bekannten und fahre sehr bequem mit dem Bus nach Lauenburg zurück.

Eine Woche später setze ich meine Tour in Warwisch fort. Diesmal habe ich nicht soviel Glück mit der Sonne. Es herrscht norddeutsches Schmuddelwetter, wie es im November zu sein hat: grau, diesig, Nieselregen. Nur der angesagte kräftige

Wind fehlt. Ich beeile mich mit dem Loskommen, denn nur noch eine Stunde wird das Wasser ablaufen. Mit flotter Strömung geht es an der Wochenendhaus-Siedlung von Overwerder vorbei. Hochwassergefährdet, wie die Häuser im Vorland sind, stehen sie auf Stelzen oder entsprechenden Unterbauten. Die Seevemündung auf der anderen Seite könnte man glatt übersehen, so unauffällig gibt das schöne Heideflüßchen sein Wasser in die Elbe. Der Hafen von Oortkaten folgt.

Ein kleines Stück noch, und die Bunthäuser Spitze ist erreicht. Der Fluß gabelt sich in Norder- und Süderelbe. Dazwischen spannt sich ein „Stromspaltungsgebiet“ mit zahlreichen Nebenarmen, Kanälen und Flußinseln (Werdern) auf, das heute fast ganz vom Hamburger Hafen eingenommen wird.

Als ich hinter der Dove Elbe-Mündung und der Brücke der Autobahn die ersten Anlagen erreiche, kentert der Strom. Ab jetzt muß ich gegen das auflaufende Wasser anpaddeln. Gleichzeitig beginnt es zu regnen. Selbst unter diesen Bedingungen gehört für mich eine Paddeltour durch den nunmehr 800 Jahre alten Hamburger Hafen zu den faszinierendsten Erlebnissen, die Norddeutschland Kanuwanderern bieten kann. Ich habe allerdings auch eine besondere Beziehung zu diesem Teil der Hansestadt.

Während meines Studiums habe ich einen Teil meines Geldes als Lastwagenfahrer für verschiedene Speditionen verdient. Dabei bin ich oft im Hafen gewesen, war in den Hallen und Schuppen, auf den Kais und an (auch auf) den Schiffen, hatte mit der Zollabfertigung und mit begnadeten Gapelstaplerfahrern ebenso zu tun wie mit jenen Menschen, die vom Hafenarbeitsamt kurzzeitig vermittelt werden und die dann nicht selten gleich zwei oder gar drei Schichten hintereinander „kloppen“. Manchmal gab es Lastwagen voller Socken zu fahren, dann wieder Pilze oder Videorecorder oder in Holzkisten verpackte japanische Motorräder(aus einer riesigen Halle mit nichts als Motorrädern). Nicht selten muß man lange auf seine Ladung warten. Ob das eine Machtdemonstration des Lagermeisters ist oder ob es tatsächlich nicht schneller geht, war nicht immer auszumachen. Die Wartezeit habe ich mir damit vertrieben, das Rückwärtsfahren mit Anhänger zu üben. Oder man tauscht die üblichen Hafengeschichten aus. Etwa jene vom Container aus Ostasien, den niemand öffnen mag, weil darin eine fürchterliche Ratte haust. Seit den Jahren weiß ich, wie ungerösteter Kaffee aussieht, daß man aus Gall-Nüssen Kulitinte macht, wie das größte Orientteppichlager der Welt außerhalb des Orients von innen aussieht, wie manchen Seeleuten ihr Hungerlohn an der Reeperbahn abgeknöpft wird, wo man die Fahrtenschreiber der Lkw manipuliert, um die Geschwindigkeit überschreiten zu können, und ähnliches mehr. Der Hafen als Schule des Lebens. Und nun sehe ich das Ganze erstmals vom Wasser aus. Sehr interessant, wenn auch nicht so spannend wie die Innenwelt der Schuppen, Kais und Kantinen.

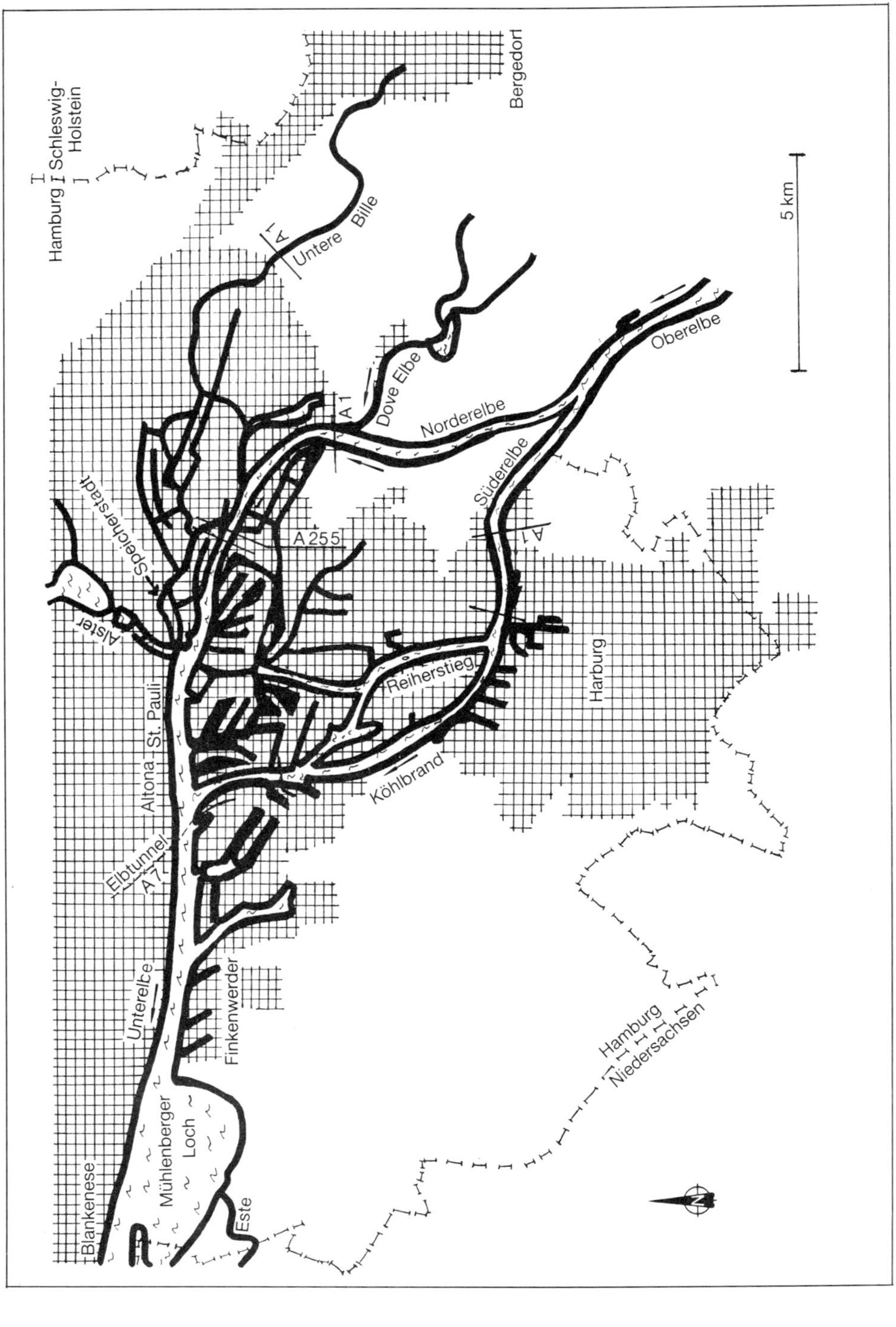
Hamburg
Schleswig-Holstein
Bergedorf
Untere Bille
5 km
Dove Elbe
A 1
Oberelbe
Norderelbe
Süderelbe
A 255
Speicherstadt
Alster
Reiherstieg
Harburg
Altona
St. Pauli
Köhlbrand
Elbtunnel
A 7
Unterelbe
Finkenwerder
Mühlenberger Loch
Blankenese
Este
Hamburg
Niedersachsen

Die Elbbrücken sind die Grenze des Freihafens, also jenes Teils des Hafens, der Hamburg bei seinem Beitritt zum Zollverein des Deutschen Reiches zugestanden wurde. Dieses Gebiet ist Zollausland. Hier können Waren aller Art angeliefert, gelagert, weiterverarbeitet und auch wieder exportiert werden, ohne daß für sie Zoll entrichtet werden muß. Der wird erst fällig, wenn die Güter in das deutsche Zollinland gehen. Folglich passiert man kurz vorher eine schwimmende Zollstation. Die Herren in Grün beäugen mich verwundert und reaktionslos. Da mich niemand stoppt, paddle ich langsam weiter.

Hinter dem Afrika-Terminal biege ich rechts ab in Richtung Speicherstadt. Dieser Teil des Hafens ist eine Welt für sich. Auf 350.000 m^2 sind 270 Firmen untergebracht. Es werden vor allem solche Güter gelagert und weiterverarbeitet, die nicht nach kurzer Zeit ausgeliefert werden müssen: Kaffee, Tee, Silberbarren, Kameras, Fernsehgeräte, die besagten Orientteppiche, Tabak und Rohkakao. Wer eine sensible Nase hat, kann eine bunte Welt voller exotischer Gerüche wahrnehmen. Aber auch schon äußerlich hat die Speicherstadt ein ganz eigenes Flair. Die hübschen Gebäude und die Brücken sind mit reichhaltigen baulichen Verzierungen versehen, mit Türmchen, Erkern, Klinkermuster, kunstvoll geschmiedetem Eisenwerk. Fleete durchziehen – wie in Holland die Grachten – das Areal. Kleine Holperstraßen führen an den Gebäuden entlang.

Dort wo die Alster mündet, kehre ich in die Norderelbe zurück. Von hier bis Altona hat man es mit dem verkehrsreichsten Teil des Hafens zu tun. Die nahen St. Pauli-Landungsbrücken sind der Hauptbahnhof des Hafens. Es ist ein ständiges Kommen und Gehen. Die Linienschiffe der HADAG und die Boote der Hafenrundfahrt halten hier. Schlepper und Barkassen fahren von ihren Warteplätzen los oder kommen von den Einsätzen zurück. Zoll- und Polizeiboote sind unterwegs. Größere Frachter verlassen den Hafen. Der rege Schiffsverkehr ruft die unterschiedlichsten Wellen hervor. Da sie von den Kaimauern zurückgeworfen werden, können sie aus allen Richtungen gleichzeitig kommen. Hier zu paddeln, gleicht zuweilen einem heißen Tanz.

Auch am Ufer ist auf diesem Abschnitt des Hafens besonders viel los. Auf der Flaniermeile zwischen Baumwall und Fischmarkt bewegen sich die Touristenmassen. Wo früher „Bei Tante Hermine" eine typische Hafenkneipe ihre Heimat hatte, verköstigt heute die „Folxküche" die Besetzer der Hafenstraßen-Häuser. Eine Baulücke weiter kann man sehen, was möglicherweise anstelle der Jugendstilbauten für Gebäude errichtet werden. Oberhalb der Häuserzeile beginnt der Kiez, eine Welt voller Reize und Brechreize fern jeglicher Hans-Albers-Romantik. „Auf" St. Pauli verdichten sich die sozialen Widersprüche und Ungereimtheiten zu einem sehr lebendigen und höchst problematischen Gemisch.

Nur ein paar Kilometer weiter wechselt die Elbe, jedenfalls am nördlichen Ufer, ihr Kleid. Övelgönne beginnt hier, die ehemalige Fischersiedlung am Fuße des Steilhangs. Vor den schmucken Wohnhäusern und gediegenen Restaurants ist der Museumshafen untergebracht. Er ist die Heimat für 20 bis 30 wunderschöne restaurierte, historische Segel- und andere Schiffe. Der Betonbunker daneben wirkt unpassend inmitten soviel Gediegenheit. Er dient der Belüftung des Autobahn-Elbtunnels, der hier den Fluß unterquert. Mit der Uferstrecke bis Blankenese und weiter bis Wedel folgt der schönste Spazierweg der Hansestadt. Als ich an diesem grauen, regnerischen Donnerstag im November die Elbe hinunterpaddle, liegt das Ufer weitgehend verlassen dar. Die Reize der Elbe versinken im Schmuddelwetter.

Bald passiere ich den Anleger von Teufelsbrück. Gegenüber liegen Finkenwerder und die Flugzeugwerke von MBB. Ich lasse den Hafen hinter mir. Die Elbe wird wieder zum richtigen Fluß. Sie weitet sich hier zum 2 Kilometer breiten Mühlenberger Loch. Weit im Süden kann ich die Werftanlagen von Cranz erkennen. Dort mündet das hübsche Heideflüßchen Este, nachdem es noch ein paar Kilometer durch das Alte Land geflossen ist.

Blankenese kommt in Sicht. Die Häuser ziehen sich sehr malerisch den Elbhang hinauf. Über kleine, gewundene Straßen und steile Treppen gelangt man zu ihnen. Der 90 Meter hohe Süllberg überragt die Szenerie. Früher einmal war der Ort der typische Alterssitz verdienter Kapitäne. Heute gilt Blankenese als erste Adresse für feinere Bevölkerungsschichten. Hier beende ich meine Tour.

STECKBRIEF: Elbe-Lübeck-Kanal

Kurzdarstellung: Der Kanal ist in seiner über 90jährigen Geschichte fast wie ein Fluß mit der schönen lauenburgischen Landschaft verwachsen. Wald, Heide, Hügel rahmen ihn an vielen Stellen ein. Die romantischen Schleusen sind eine technische Attraktion, ebenso manch alte Brücke und die Seilzugfähre Siebeneichen. Lübeck, Lauenburg und Mölln gehören mit ihren historischen Ortskernen zu den sehenswertesten Städten Schleswig-Holsteins. Dazu kommen mehrere interessante Dörfer an der Strecke und viele schöne Rastplätze auf dem südlichen Abschnitt.

Besondere Bestimmungen: Auf dem Kanal gilt die Binnenschiffahrtsstraßenordnung. Wer sich vernünftig verhält, verletzt sie auch unbekannterweise nicht. Die Möllner Seen (Stadt-, Schul-, Lütauersee und Hellbach) dürfen laut Schild nur mit Genehmigung der Stadt befahren werden. Gedacht ist dabei an Motor- und Segelyachten sowie Surfer. Kanuten dürfen den Stadtsee ohne Formalitäten und kostenlos befahren. Um Ärger zu vermeiden, sollte man trotzdem bei der Stadtverwaltung anrufen: Tel. 04542/803-164 oder 803-161. Die Befahrung des Hellbachs ist zwischen Gudow und Drüsensee verboten. Die Fahrt auf den Kieskuhlen am Rande des Elbe-Lübeck-Kanals ist nur mit besonderer Genehmigung erlaubt.

Befahrbarkeit: Ganzjährig problemlos für alle Boote in beiden Richtungen.

Schwierigkeiten: Außer beim Umtragen der Lauenburger Schleuse keine. Vorsicht bei der Annäherung an die Seilfähre Siebeneichen!

Umtragen: Wenn man sich schleusen läßt, braucht man nirgends umtragen. Schleusenzeiten: 1.4. bis 30.9. von 6.00 Uhr bis 21.00 Uhr, Samstag von 6.00 Uhr bis 18.00 Uhr, 1.10. bis 31.3. von 6.00 Uhr bis 20.00 Uhr, Samstag von 6.00 Uhr bis 17.00 Uhr, An Sonn- u. Feiertagen von 7.00 Uhr bis 21.00 Uhr. Am Neujahrstag, Karfreitag, 1. Mai, 1. Oster-, 1. Pfingst- und 1. Weihnachtstag ruht der Betrieb (Auskunft WSA Lauenburg, Tel. 04153/5940). Schleusenwärter dürfen Sportboote bis zu 1 Std. warten lassen, um Sammelschleusungen durchzuführen und Wasser zu sparen. Weniger als 3 Kanus brauchen nicht geschleust zu werden. der Schleusenvorgang dauert 20 bis 30 Min. Es ist sicher interessant, sich einmal schleusen zu lassen. Ansonsten empfehle ich – außer bei der Lauenburger Schleuse – umzutragen (20 bis 100 m). In Lauenburg ersatzweise zur Palmschleuse (150 m) umtragen.

Wichtige Kilometerangaben:

- –5,6 Lübeck, Burgtorbrücke. Mündung der „Kanaltrave“ in Trave.
- 0 Lübeck-Genin. Beginn sowohl der Kanaltrave als auch des Elbe-Lübeck-Kanals. Beide mit eigener Kilometrierung am Ufer.
- 3,4 Schleuse Büssau, erste von 7 Schleusen.
- 26,3 Mölln
- 47,4 Straßenbrücke Büchen. Beginn der parallelen Devenau.
- 60 Schleuse Lauenburg, letzte Schleuse vor der Elbe.
- 61,6 Mündung in (Ober-)Elbe bei Elbe-km 569,2, aussetzen am östlichen Rand der Unterstadt.

◀ *Auf der Elk in Lübeck*

Übernachtung:

- Offizielle Campingplätze bei Güster (Prüßsee, Tel. 04158/496 od. 497), Siebeneichen (direkt an der Fähre), Büchen (nicht am Kanal, Tel. 04155/5360), Witzeeze (einer vor der Schleuse, ein anderer dahinter an der zum Kanal hin offenen Kieskuhle), Basedow (Tel. 04153/2933 od. 51527), Hohnstorf gegenüber Lauenburg an der Elbe (Tel. 04153/68111).
- Jugendherberge in Lübeck (ca. 1 km von der Umtragestelle Elbe-Lübeck-Kanal/Wakenitz entfernt, Tel. 0451/33433), Mölln (günstig fast direkt am Ziegelsee gelegen, rechts neben dem Yachtclub am nördl. Ufer aussetzen, Tel. 04542/2061), Lauenburg (zwar in Elbnähe am westl. Stadtrand, aber nur über steile Sandwege in ca. 0,5 km zu erreichen, Tel. 04153/2598).

Auto nachholen: Gute Bahnverbindung von Lauenburg über Büchen und Mölln nach Lübeck (Linie 145). Schön ist die Fahrradtour am Kanal entlang.
Kanuverleih: Siehe Steckbrief Trave und Dove Elbe.
Wasserqualität: Zwischen Büssau u. Mölln Güteklasse II bis III (= kritisch belastet), sonst II (= mäßig belastet.).
Name: Alter Name „Elbe-Trave-Kanal“, 1936 geändert.
Spezielle Literatur: Lübeck-Literatur s. Steckbrief Trave ● J. Warncke: *Der Bau des Elbe-Trave-Kanals und seine Vorgeschichte* ● P. Rehder: *Der Elbe-Trave-Kanal* (zur Eröffnungsfeier) ● H. Rissel: *Schiffahrt auf dem Elbe-Lübeck-Kanal* ● H. Harms, u.a.: *Die Alte Salzstraß im Wandel der Zeit* ● H. Morgner: *Schöne Alte Salzstraße* ● W. Müller: *Die Stecknitzfahrt* ● *Der Elbe-Lübeck-Kanal – die nasse Salzstraße*, Karl-Wachholtz Verlag (mit schönen Fotos)
Karte: Kreis Herzogtum Lauenburg, 1:50.000, offizielle Rad- und Wanderkarte, LN-Verlag (Elbe-Lübeck-Kanal gesamt ab Trave, jedoch ohne Lübeck bzw. ohne Kanal-Trave: dazu s. Steckbrief Trave).

STECKBRIEF: Elbe (zwischen Lauenburg und Hamburg-Blankenese)

Kurzdarstellung: Obwohl die Elbe zu den größten und giftigsten europäischen Strömen zählt, ist sie ein wunderschönes, interessantes Paddelgewässer mit einer ganz eigenen Atmosphäre und einer überaus schützenswerten Fauna und Flora. Man kommt am herrlichen Hohen Elbufer (zwischen Lauenburg und Geesthacht) und an Hamburgs Vier- und Marschlande vorbei, fährt durch einen Welthafen. Spätestens unterhalb der Geesthachter Staustufe ist die Elbe nichts mehr für Anfänger. Ab dem Hamburger Hafen ist sie ein Großgewässer, das an Paddler ähnliche Anforderungen stellt wie die Nordsee.
Besondere Bestimmungen: Oberhalb Hamburgs gilt die Binnen-, unterhalb die Seeschiffahrtsstraßenordnung. Im Hafen müssen die Freihafengrenzen beachtet werden. Man muß langsam an den Zollstationen vorbeipaddeln und bei Aufforderung anlegen. Das Deichvorland bei Zollenspieker (km 593,8 - 598) darf nicht betreten werden: Naturschutzgebiet!
Befahrbarkeit: Die Elbe kann zwischen Mündung und Geesthachter Staustufe mit entsprechender Tide auch aufwärts gefahren werden. Sportliche Paddler können auch weiter bis Lauenburg gelangen, weil die Strömung aufgrund des Rückstaus gering ist.

Schwierigkeiten:

- Überall muß auf die Schiffahrt geachtet werden. Kanus müssen allen anderen ausweichen. Der Fluß sollte stets auf dem kürzesten Weg überquert werden. Bereits kleinere Schiffe können durch Wellenbildung und Sogwirkung gefährlich werden.
- Es gibt immer wieder Buhnen („Stacks"), die nur knapp vom Wasser überspült werden und daher kaum zu sehen sind.
- Die Fahrt durch den Hamburger Hafen erfordert höchste Aufmerksamkeit. Es herrscht starker Schiffsverkehr. Ständig legen Schiffe an oder ab. Kleinere Barkassen und Schlepper schießen hinter Anlegern hervor. Wegen der Reflexion an den Kaimauern können sich höchst unangenehme Wellen bilden.
- Die Unterelbe ist bereits ein Großgewässer. Hier spielen Wind und Wellen, Tide und Strömung, Sichtverhältnisse und Orientierung eine ungleich wichtigere Rolle als oberhalb Hamburgs.

Umtragen: Das einzige Hindernis in der Elbe ist die Geesthachter Staustufe. Man kann sich mit anderen Schiffen (am besten Berufsschiffahrt) schleusen lassen. Da das unter Umständen lange dauert, kann das Umtragen günstiger sein. Hierzu setzt man unmittelbar rechts vor der Schleuse aus und 200 bis 300 m weiter westlich wieder ein (Bootswagen!). Die Aktion ist vor allem für Alleinpaddler nicht ohne Mühe. Nicht an der Staustufe selbst umtragen!!! Das wäre lebensgefährlich und ist auch verboten.

Wichtige Kilometerangaben (hauptsächl. Schleswig-Holstein- Ufer):

0 (Elbe-km 569,2) Lauenburg. Mündung des Elbe-Lübeck-Kanals. Günstige Einsatzstelle am östl. Rand der Unterstadt, an einem Parkplatz neben einer Gaststätte.

14,4 (583,6) Abzweig des Geesthachter Schleusenkanals. Zur Weiterfahrt auf der Elbe in den Kanal einfahren. Schleuse in 2,2 km.

39,3 (608,5) Teilung des Flusses in Norder- und Süderelbe.

53,8 (623) St. Pauli-Landungsbrücken, 0,8 km vorher Münderung der Alster. 2,7 km unterhalb: Zusammenfluß mit Köhlbrand (Süderelbe). Ab da „Unterelbe".

65,8 (635) Blankenese

158,0 (727,2) Kugelbake bei Cuxhaven, Mündung in Nordsee.

Übernachtung:

- Freies Zelten auf dem gesamten Schleswig-Holstein-Abschnitt unterhalb Lauenburgs sehr schwierig bis unmöglich.
- Bis zum Stromspaltungsgebiet viele offizielle Campingplätze: Hohnsdorf gegenüber Lauenburg (Tel. 04153/68111), Artlenburg, Tespe (am Hafen, Tel. 04176/360), Tesperhude (Tel. 04152/13278), Stove (Tel. 04177/430), Altengamme, Laßrönne (Tel. 04179/392).
- DKV-Mitglieder können evtl. auf Anfrage bei vielen Vereinen zelten oder sogar im Vereinshaus übernachten: KC Geesthacht (Elbuferstr. 39, 21502 Geesthacht, Tel. 04152/74308), Rosenweide (HKC), unterhalb Over (ETV, Harb. KC, Overfreunde, WV Süderelbe), Hamburger Holzhafen (Niederdeutsche Wanderpaddler), Wittenbergen (ATSV).
- Günstig gelegene Jugendherbergen in Lauenburg (s. ELK) und Hamburg Landungsbrücken (wohl kein Platz für die Boote).
- Daneben besteht die Möglichkeit bei Yachtclubs zu fragen.

Auto nachholen: Bahnverbindungen von Hamburg nach Büchen und mit Umsteigen nach Lauenburg sowie von Hamburg nach Winsen und Lüneburg (150). S-Bahn von Wedel über Blankenese, Altona, St. Pauli-Landungsbrücken zum Hbf. Dazu viele Busverbindungen, z.B. HVV-Bus vom Hamburger ZOB über die Tatenberger Schleuse zum Vierlander Elbdeich und daran entlang nach Geesthacht. Mit Umsteigen nach Lauenburg.

Kanuverleih: Vgl. Steckbriefe von Alster und Dove Elbe und in Lüneburg: Dieter Hückel, Tel. 04131/791500.

Wasserqualität: Die Elbe gilt als dreckigster Fluß Europas (s.o.). Refrain eines Liedes aus den 70ern: „... nimm die Hand aus dem Wasser, denn sonst ist sie ab ..."

Name: Elbe = albis: alte, indogermanische Bezeichnung für „Fluß".

Spezielle Literatur: Hamburger Öffentl. Bücherhallen (Hg): *Hamburg lesen* (ein sehr ausführlicher Überblick über Hamburg-Literatur, soweit sie in den Bücherhallen erhältlich ist). ● W. Klugmann: *Hafen Hamburg* (HB Bildatlas Sonderausgabe; mit sehr schöner Hafen-Übersichtskarte auf S. 96/97). ● Merian-Heft *Hamburg* ● W. Emmerich: *Der Freihafen* ● Freie und Hansestadt Hamburg, Umweltbehörde: *Hamburger Umweltberichte 2/85: Gewässerbericht '84* ● J.A. Cropp: *Die Elbe. Von der Quelle bis zur Mündung* ● A. Kraft, u.a.: *Die Elbe. Vom Riesengebirge bis zur Nordsee* ● *(Bei Christians erschienen): Flug über die Elbe. Von Hitzacker bis Cuxhaven* (mit 44 Luftbildern) ● L.G. Linder, u.a.: *Die Elbe* (halte ich für das gelungenste von allen mir bekannten Elbe-Büchern) ● E. Schröder, u.a.: *Die Landschaften Niedersachsens*, Topogr. Atlas ● Hamburger Electricitäts-Werke AG (Hg): *Alles über HEW* ● Wasser- u. Schiffahrtsverwaltung des Bundes, u.a.: *Schleuse und Wehr Geesthacht* (sehr informative Broschüre mit schönen Zeichnungen, erhältlich über Fremdenverkehrsverein Geesthacht). ● Das Buch zur Ausstellung *Die Elbe/Labe.*

Karten: Eine einfache, billige, ausreichende Karte gibt es nicht.

- Für eine einmalige, kurze Fahrt auf der Elbe reicht die Generalkarte, Blätter 1 u. 5, 1:200.000, aus.
- Die Elbekarte: „Die Elbe von Helgoland bis Schnackenburg" (der „Elbeatlas"), eine hervorragende Sammlung von 8 See-, 5 Flußkarten und 24 Hafenplänen in kleinen Maßstäben (meist 1:50.000), Karten vom Hamburger Hafen, Nord-Ostsee-Kanal, Elbe-Lübeck-Kanal und Elbe-Seitenkanal.

Ein Geestflüßchen wird Wildbach
Bille

Der Sachsenwald ist das größte Waldgebiet (65 km^2) Schleswig-Holsteins. Er ist ausgesprochen reich an vorgeschichtlichen Kulturdenkmälern und ökologisch wertvollen Einzelbiotopen, darunter die naturnah erhaltenen Fließgewässer wie die Bille. Der Bach fließt am nordwestlichen Rand des Waldes in einem 50 bis 100 Meter breiten, tief eingeschnittenen, wunderschönen Tal entlang. In unzähligen Mäandern geht es durch natürliche Auwälder, vorbei an Quellbrüchen, Hochstaudenflächen und bewaldeten Hängen. Auf dem Abschnitt zwischen Grande und Aumühle ist das Billetal besonders geschützt (Naturschutzgebiet).

Grander Mühle

Die historische Grander Mühle (aus dem 17./18. Jh.) dient heute als Restaurant. Nicht nur des schönen Platzes wegen gilt die Mühle als klassische Einsatzstelle. Hier am Wehr befindet sich die entscheidende Pegellatte. Sie zeigt an, ob genügend Wasser im Fluß ist. Wird der rote Bereich nicht überspült, darf nicht gepaddelt werden (s.u.). Außerdem ist die Bille oberhalb Grande sehr stark reguliert und nur bei gutem Wasserstand befahrbar.

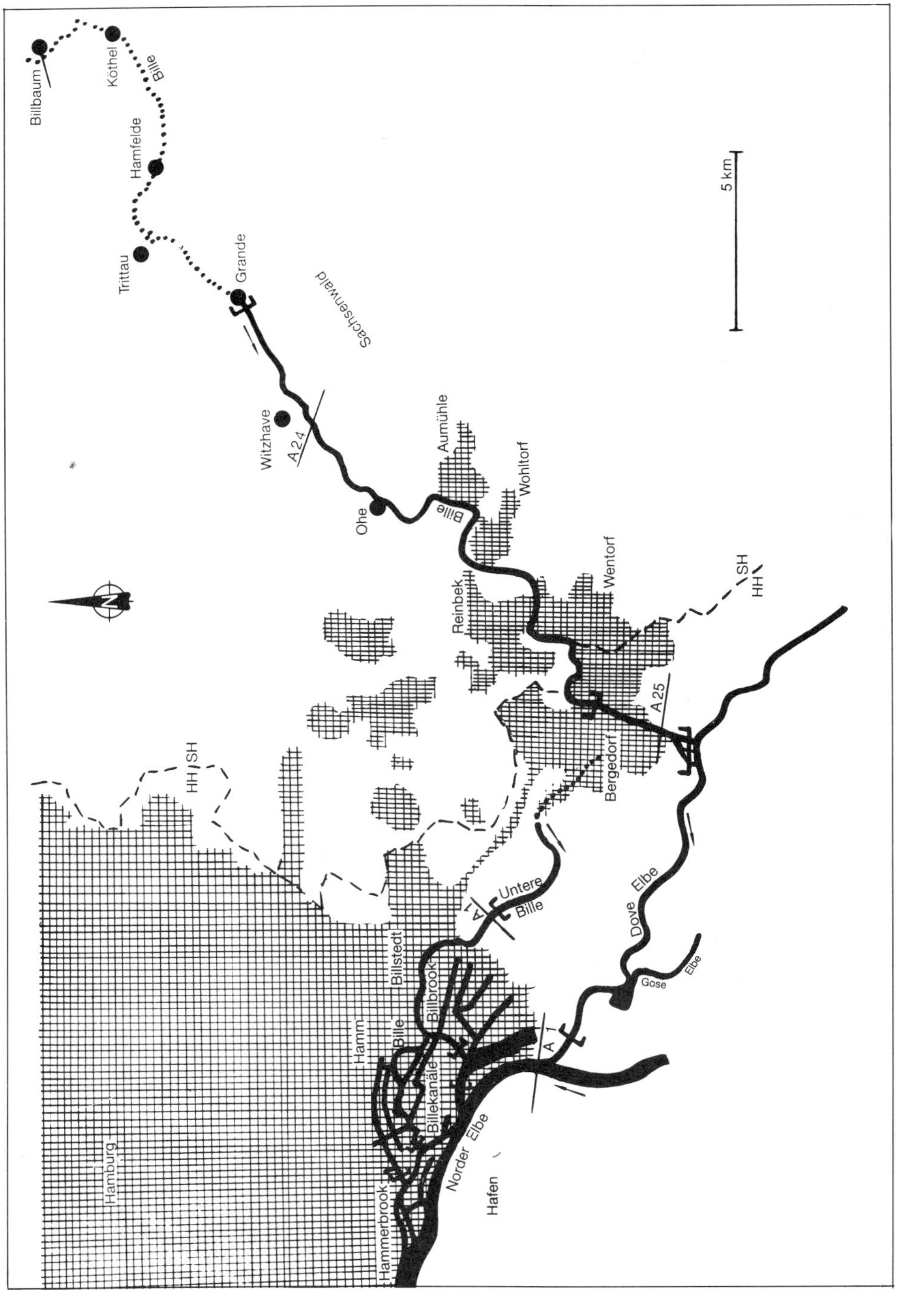
Billbaum
Köthel
Bille
Hamfelde
Trittau
Grande
Sachsenwald
5 km
Witzhave
A 24
Aumühle
Wohltorf
Ohe
Bille
Reinbek
Wentorf
SH
HH
A 25
Bergedorf
HH
SH
Untere
Bille
Dove
Elbe
Billstedt
Billbrook
Hamm
Bille
Billekanäle
Gose
Elbe
A 1
Norder
Elbe
Hafen
Hamburg
Hammerbrook

An der Mühle schieben auch Brigitte und ich unseren Kanadier ins Wasser. Seit Tagen regnet es unaufhörlich. „Ergiebige Niederschläge" heißt es im Wetterbericht. Der Wasserspiegel der Bille ist so hoch, daß die Pegellatte fast völlig in den Fluten verschwindet. Das Wasser quillt unter der Brücke hervor. Sogar das Mühlenrad dreht sich unwillig. Für schleswig-holsteinische Verhältnisse ist die Bille ein reißender Wildbach geworden.

Der Abstand zwischen Ästen und Wasser ist entsprechend gering. Wir müssen unsere ganze Paddelkunst aufbieten, um heil daran vorbeizukommen und nicht zerkratzt zu werden. Die kräftige Strömung könnte das Kanu so in die Sträucher drücken, daß man nicht mehr herauskommt oder gar kentert.

An manchen Stellen gibt es kein Durchkommen mehr. Wir müßten gewissermaßen durch die „Kronen" der Sträucher und kleinen Bäume fahren. Da das Wasser über die Ufer getreten ist, können wir außen herumfahren, also da entlang, wo sonst das Gras einer Wiese wächst. Bei mehreren Fußgängerbrücken reicht die Durchfahrtshöhe nicht mehr aus, wenn sie nicht sogar einem Staudamm gleichen. Hier müssen wir umtragen. Wahrhaft akrobatische Einlagen sind zuweilen nötig, um das Kanu über die Bäume zu ziehen, die im Wasser liegen. Wir balancieren auf den Stämmen, wuchten das Boot gegen die starke Strömung und hieven es über die Hindernisse hinweg. Wir müssen höllisch aufpassen, um nicht beim Einsteigen ins eiskalte Wasser zu fallen.

Kein Wunder, daß wir schon nach wenigen Kilometern ziemlich geschafft sind. Eine Pause auf einer weiteren unbefahrbaren Brücke bringt uns wieder zu Kräften. Trotz der Anstrengungen sind wir uns einig, daß diese Tour ein Erlebnis ganz besonderer Art ist. Natur(-gewalten) pur. Das schöne, naturbelassene Billetal mit Wiesen und Wald, die vielen Hindernisse, der ganze Einsatz von Kopf und Körper, all das paßt gut zusammen. Nicht nötig ist der Regen, der pünktlich zum ersten Becher Tee einsetzt. Was als Nieseln beginnt, wächst sich im Laufe des Tages zu einem kräftigen Dauerregen aus.

Erstaunlich schnell erreichen wir trotz der zahlreichen Unterbrechungen das „Bismarckdorf" Aumühle. Fürst Otto von Bismarck hatte hier seinen Ruhesitz. König Wilhelm I. von Preußen hatte ihm den ganzen Sachsenwald einschließlich mehrerer Dörfer geschenkt. Der Sitz der fürstlichen Familie befindet sich noch heute in Aumühle-Friedrichsruh. An den Reichskanzler erinnert ein Bismarck-Museum, ein Bismarck-Mausoleum, ein Bismarck-Turm, eine Bismarck-Mühle, eine Bismarck-Säule und manches mehr.

Auch die Mineralwasserquelle in Aumühle ist nach dem Fürsten benannt. Die Gebäude des Sprudelwerks sind die ersten im Ort, auf die man beim Paddeln trifft. Von nun an ist die linke Seite des Tals bebaut. Die Häuser halten allerdings einen sicheren Abstand vom Fluß. Das ist auch besser so, denn auf der Strecke bis Reinbek ist sein Lauf oft gar nicht mehr auszumachen, so großflächig steht der Bruchwald hier unter Wasser. Hier sehen wir die ersten Wasseramseln, wegen derer man unter anderem die Fahrbeschränkungen auf der Bille erlassen hat. Die Vögel haben die seltene Fähigkeit, auch unter Wasser laufen zu können.

Ein Schild an einer Fußgängerbrücke zeigt den Beginn des Reinbeker Mühlenteiches an. Es warnt – „Vorsicht Lebensgefahr" – vor dem Wehr in 1.000 Metern. Dieses Wehr unter der Straßenbrücke, gleich neben dem Schloß, ist von ganz besonderer Art. U-förmig stürzt das Wasser 2 bis 3 Meter tief, schießt brodelnd und wirbelnd auf, bevor es weiterfließt. Wer auf der Brücke steht und lange genug nach unten schaut, wird eine hypnotisierende Wirkung spüren.

Fünfzig Meter vorher, zu Füßen des Schlosses, setzen wir an einem speziell zu diesem Zweck gebauten, schwimmenden Steg aus. An schönen Sonntagen kann man wunderschön im Kaffeegarten des Schloßcafés sitzen und den Blick auf den See und die prächtigen Häuser an seinem Ufer genießen. Ich mache statt dessen bei der Brücke die interessante Erfahrung, wie es ist, im Regen Müsli zu essen. Von den Bäumen fallen ab und zu dicke Tropfen in meinen Teller. Dadurch spritzt mir der milchige Brei ins Gesicht und auf die Jacke.

Brigitte fährt mit dem Klapprad zum Auto zurück. Ich paddle die 7 Kilometer zur Dove Elbe allein weiter. Das Billetal gehört weiter dem Bruchwald. Aber die Bebauung der „Hänge" wird zunehmend städtischer. In Wentorf sehe ich die ersten Mehrfamilienhäuser und später auch Wohnblöcke.

Mit dem Mühlenteich im Zentrum von Bergedorf, neben Schloß und alter Kirche, ist die schöne Strecke zu Ende. Auf der aufgestauten Wasserfläche schwimmen Bilder mit Märchenmotiven. Es weihnachtet bereits mächtig, auch in den Geschäften an der „Alten Holstenstraße", über die umtragen werden muß. Als ich den Kanadier auf den Schultern zum Einkaufszentrum trage, sehen mich einige Passanten ungläubig an.

Neben dem City-Center Bergedorf setze ich wieder ein, aber nicht in die Bille, sondern in den „Schleusengraben". Die untere Bille ist in Bergedorf nur noch ein kleiner Graben. Erst ein paar Kilometer weiter, am Stadtrand, wird sie befahrbar. Außer bei Hochwasser wie jetzt, erhält sie kein Wasser mehr aus der oberen Bille. Das fließt über den genannten Schleusengraben, einem unattraktiven Kanal, der Dove Elbe zu. Er führt durch Gewerbegebiet mit nüchternen, teilweise heruntergekommenen Ufern. Vielbefahrene Straßen kreuzen den kurzen Wasserlauf. Unterhalb der Autobahn 25 erreicht man die Marsch der Vierlande. Hier zweigt der „Neue Schleusenkanal" rechts ab. Als ich die letzten paar hundert Meter auf diesem zur Schleuse paddle, wird es langsam dunkel. An der Umtragestelle zur Dove Elbe wartet Brigitte schon auf mich.

An einem kalten, nebeligen Februartag setze ich am westlichen Ortsrand von

Hamburg-Bergedorf die Bille-Tour auf dem unteren Flußabschnitt alleine fort. Die Kilometer bis zur Kirche von Billwerder sind eigentlich recht schön. Als „mittlere Bille“ schlängelt sich das Flüßchen am Naturschutzgebiet „Boberger Niederung“ entlang. Wiesen, auf denen im Frühjahr Pferde und Schafe grasen werden. Alte Weiden, eine Pappelreihe, Bruchwald. In lockerer Folge reihen sich die Häuser an der parallelen (und wenig befahrenen) Straße „Billwerder Billdeich“ auf, einige schöne Bauernhöfe darunter, andere eher mit dem Charme des Verfalls. Es könnte ein Genuß sein, hier zu paddeln, wäre die Bille nicht auf diesem Abschnitt von lauter Verkehrswegen geradezu umzingelt (S-Bahn, A 1, A 25, B 5). Dazu kommt viel Müll.

Am Schöpfwerk, direkt neben der A 1, ist dieser Teil der unteren Bille zu Ende. Bis hierher erinnert der Wasserlauf an die nahen Verwandten Dove und Gose Elbe. Unterhalb der Autobahn geht es immer tiefer in die Industrie- und Gewerbegebiete von Billbrook, Hamm-Süd, Rothenburgsort und Hammerbrook hinein. Gäbe es nicht auch einige Passagen mit Schrebergärten und Wassersportvereinen, die Bille wäre hier nur etwas für besonders hartgesottene oder masochistische Kanuten. Soviel öde Uferstrecken und soviel Müll habe ich auf keinem anderen Wasserlauf gesehen. Wer es auf die Spitze treiben will, sollte auch noch in die verschiedenen Seitenkanäle („Billekanäle“) abbiegen. Genau das mache ich, weil mich – wie schon bei Alster und Elbe – die Perspektive interessiert. Ich habe einige Jahre in der Ecke gewohnt und hatte bei meinen Studienjobs mit mehreren Betrieben in diesem Revier zu tun. Es ist faszinierend, wie anders, wenn auch nicht schöner, die Gegend vom Wasser aus wirkt.

Die Weiterfahrt auf der Elbe (drei „Mündungen“ mit Schleusen zur Auswahl) würde neue Welten eröffnen. Leider muß ich zurück zu meinem Auto. Dazu paddle ich diesmal einfach den ganzen Wasserlauf zurück.

STECKBRIEF: Bille

Kurzdarstellung: Die obere Bille fließt durch das lauenburgische Hügelland und dabei durch den schönen Sachsenwald. Der weitgehend naturbelassene Abschnitt im Waldtal macht sie zu einem der schönsten Paddelgewässer Schleswig-Holsteins. Bei Bergedorf erreicht sie die (Hamburger) Vierländer Marsch. Ihr Wasser führt sie über den unattraktiven, kurzen „Schleusengraben" der Dove Elbe zu. Zur unteren Bille besteht praktisch keine Verbindung. Diese ist zwischen Boberg und Billwerder (auch: „mittlere Bille") ein durchaus ansprechendes Paddelgewässer (Abstriche durch Müll und Lärm). Unterhalb der A 1 wird die Bille zu einem nüchternen, teils öden, vermüllten Hafengewässer mit mehreren Seitenkanälen.
Besondere Bestimmungen: Die Bille darf zwischen Grande und Aumühle (Naturschutzgebiet Billetal) nur in der Zeit vom 15.8. bis zum 28.2. befahren werden, und auch nur dann, wenn der Wasserstand am Grander Mühlenpegel mindestens 39 cm beträgt bzw. im grünen Bereich liegt.
Befahrbarkeit: Oberhalb von Grande nur bei hohen Wasserständen. Die untere Bille ist bei mittlerem Wasserstand (Pegel –0,3 beim Schöpfwerk an der A 1) ab (bzw. bis, da strömungslos) Bojendamm befahrbar. Auf den ersten 2 bis 3 km mehrere flache Abschnitte.
Schwierigkeiten: Zahlreiche Baumhindernisse zwischen Grande und Aumühle. Bei extremem Hochwasser wie bei meiner Tour können diese ebenso wie die dann tiefhängenden Äste und Sträucher für ungeübte Paddler gefährlich werden. Untere Bille: keine Probleme.
Umtragen: *Beim Mühlenwehr in Reinbek:* Rechts am schwimmenden Steg aus- und unter einer kleinen, historischen Brücke rechts neben der Straßenbrücke wieder einsetzen. *Beim Mühlenwehr in Bergedorf:* An der Bootsschleppe neben dem Kiosk aussetzen, nach links über die „Alte Holstenstraße" 50 m zur Straße „Kupferhof" tragen und genau rechts vor dem CCB wieder einsetzen. Bootswagen hilfreich. *Bei der Schleuse zur Dove Elbe:* Neuen Schleusengraben fahren, links vor dem Schleusengelände zweigt ein Arm zum Wehr ab. Beim Wehr unter der Straßenbrücke gibt es einen Steg zum Umtragen. – Dazu je nach Wasserstand bei der Grander Mühle, bei zahlreichen Baumhindernissen und niedrigen Fußgängerbrücken. – *Untere Bille:* Beim Schöpfwerk vor der A 1 (problemlos). An den drei Mündungsschleusen ist das Umtragen ganz oder fast ganz unmöglich. Also schleusen lassen.

Wichtige Kilometerangaben: (obere Bille)

0	Straßenbrücke Billbaum. Bille hier nur selten befahrbar.
15,5	Grander Mühle, übliche Einsatzstelle. Auf Pegel achten!
34	Reinbeker Mühlenwehr neben dem Schloß.
39	Bergedorfer Wehr. Ab hier „Schleusengraben".
41,5	Schleuse Krapphof zur Dove Elbe.
	(untere Bille)
0	Straßenbrücke „Bojendamm" (Bergedorf-West)
4,5	Schöpfwerk vor der A 1-Brücke.
13,5	Mündung in Norderelbe (bzw. Oberhafenkanal) über die Brandshofer Schleuse.

Übernachtung:
- Freies Zelten wegen Naturschutzgebiet und Bebauung kaum möglich.
- Keine offiziellen Campingplätze am Fluß (s. Steckbrief Elbe).
- Auf Anfrage evtl. bei Paddel-Meyer (an der Gose Elbe, Heinr.-Osterath-Str. 256, 21037 Hamburg, Tel. 040/ 7372270).
- DKV-Mitglieder evtl. auf Anfrage beim ASV Bergedorf (1,5 km oberhalb des Bergedorfer Wehrs) und beim BKC (an der Dove Elbe gleich unterhalb der Krapphof-Schleuse) sowie bei mehreren Clubs an der unteren Bille.

Auto nachholen: HVV-Busse 227, 327 u.a. von der Krapphof-Schleuse auf dem Curslacker Heerweg zum Bahnhof Bergedorf. Von da mit der S-Bahn über Reinbek nach Aumühle und Friedrichsruh. Von Aumühle und Friedrichsruh mit HVV-Bus 433 bis Grande. S-Bahn von Hammerbrook, Tiefstack oder Rothenburgsort nach Mittlerer Landweg (von da mit HVV-Bus 330 bzw. 221) oder Nettelnburg (von da zu Fuß).

Kanuverleih: Siehe Steckbriefe von Dove Elbe, Alster und Trave.

Wasserqualität: Gesamte Bille: mehrfach wechselnd zwischen Güteklasse II (= mäßig belastet) und II bis III (= kritisch belastet), dazu im Hafenbereich hochgradig mit Schwermetallen, Furanen u.ä. belastet.

Name: Bedeutung unklar. Viele Möglichkeiten: Zum Beispiel „Beil" i.S. von etwas Trennendem (Bille als Grenzfluß) oder „sanft, ehrlich, rein, gnädig".

Spezielle Literatur: H. Hinrichsen: *Die Bille mit Bergedorf und den Sachsenwaldgemeinden; Wahrung eines alten Flußidylls* und *Die Bille mit ihren Hamburger Wohnvierteln; Wahrung eines alten Flußidylls* ● H. Rickert: *Zwischen Bille und Elbe* ● R. Hennig: *Der Sachsenwald* ● *R. Freygang: Untersuchung zur Belastung der Umwelt durch den Kanusport auf der Oberen Bille*; in: DKV (Hg): *Natur und Gewässerschutz*, Schriftenreihe des DKV, Bd. 6. ● Hamburg-Literatur siehe auch Steckbrief Alster.

Karten:
- Kreis Herzogtum Lauenburg, offizielle Rad- und Wanderkarte, 1:50.000, LN-Verlag (für die obere Bille).
- Stadtatlas Hamburg und Umgebung, 1:20.000, Falk-Verlag (erfaßt die Bille zwischen Grande und Ohe/Aumühle nicht).

Mitten durch den Speck

Pinnau und Krückau

Die Sonne senkt sich postkartentauglich als roter Ball über Pagensand, als ich auf die Elbe hinauspaddle. Hinter der Insel bewegen sich, wie von Geisterhand gezogen, die Aufbauten eines großen Frachters flußabwärts. Schwärme von Enten fliegen auf, lassen sich ein Stück weiter auf dem ruhigen Wasser wieder nieder. Über dem Deich steht ein Drachen am Himmel.

Ein paar Kilometer voller Genuß, dann komme ich in Kollmar an, einem idyllischen Ort mit kleinem Elbhafen oberhalb Glückstadts. Johannes wartet schon an der Mole. Wir gönnen uns Tee und guten Kuchen im „Fährhaus", von dessen Gaststube man einen herrlichen Blick auf den Strom hat. Mittlerweile blinken die Leuchtfeuer in der Dunkelheit.

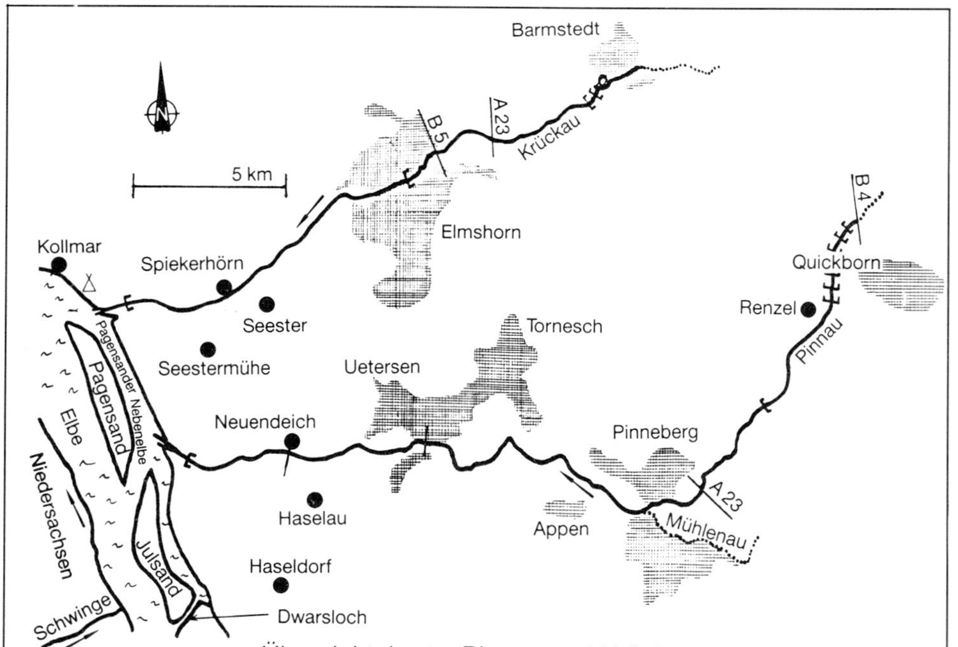

Übersichtskarte: Pinnau und Krückau

Bei zwei Touren im Dezember dienten die Elbe mir als Nachspiel und Kollmar als Zielort. Zunächst paddelte ich die Pinnau hinab, vier Tage später die Krückau.

Beide fließen wie Schwesterflüsse durch den Kreis Pinneberg, also mitten durch das Umland der wuchernden Großstadt Hamburg. Immer mehr Menschen und Betriebe zieht es in den 40 km-Ring um die Hansestadt. Hier kann man noch bauen. Die Infrastruktur ist hervorragend. Die (Gewerbe-)Steuern sind oft niedriger. Den Gemeinden und Städten geht es gut. Die Bezeichnung „Hamburger Speckgürtel" kommt nicht von ungefähr.

Die Expansion hat nicht nur Vorteile mit sich gebracht. Viele Orte haben ihren alten Charakter völlig verloren. Sie sind zu Schlafstädten und Gewerbegebieten verkommen. Die Landschaft ist streckenweise arg zersiedelt. Das hört sich nicht unbedingt wie eine Empfehlung für Pinnau und Krückau als Paddelgewässer an. Daß die Auen tatsächlich nicht zu den lohnenden Wasserläufen zählen,hat andere Gründe, denn von der zersiedelten Gegend bekommt man nicht allzu viel mit. Vielmehr fehlt ihnen ein ausgeprägtes Geesttal, das die meisten anderen Elbzuflüsse so attraktiv macht. Da wirken sich die Regulierungsmaßnahmen der Wasserbauer viel ungünstiger aus. Außerdem sind die Deiche auf den oberen gezeitenbeeinflußten Kilometern unmittelbar an das Ufer gesetzt worden, so daß man vor allem bei Niedrigwasser wie in einer tiefen Rinne fährt. Erst auf den wenigen elbnahen Kilometern werden die Auen zu charaktervollen Flüssen.

Der Quellgrund der Pinnau liegt in Henstedt-Ulzburg, unweit dem der Alster. Nach 10 Kilometern, etwa bei der Bilsener Brücke (B 4), wird sie einigermaßen sicher befahrbar. Hier beginne ich bei grauem Winterwetter meine Tour. Bis zur Brücke bei Quickborn-Renzel (3 km) hat die Au etwas von ihrer Urwüchsigkeit erhalten. Es ist nett, an den leicht verwilderten Ufern vorbeizugleiten, unter Bäumen und Sträuchern hindurch. Der Fluß schlängelt sich sogar ein wenig, wenn auch tief abgesenkt und durch sieben Wehre reguliert.

Aber dann wird die Pinnau zu einem sterilen Entwässerungskanal. Dazu kommt als besonderes Ärgernis nach einigen Kilometern das Wehr der ehemaligen Wulfsmühle. Für besondere Könner mag der vierstufige Abfall befahrbar sein. Normal-Paddler müssen sehr umständlich umtragen.

Pinneberg kündigt sich mit hohen Wohnblöcken an. So wenig ansprechend wie die kurze Ortsdurchfahrt ist der ganze Ort. Unterhalb der Eisenbahnbrücke mündet mit der häßlichen Mühlenau/Rellau der einzig befahrbare Nebenfluß ein. Bis hier macht sich der Tideeinfluß bemerkbar. Die Pinnau wechselt ihr Gesicht, aber attraktiver wird sie nicht.

Schon deswegen lege ich mich mächtig ins Zeug. Hauptsächlich aber will ich die Zeit nutzen, die das Wasser noch abläuft. Als die Tide kentert, bin ich beim Kilometerschild 9 (von Pinneberg aus gerechnet), also in Uetersen. Nach halber Ortsdurchfahrt erreiche ich den kleinen Hafen mit einem großen Mühlengebäude. Am gegenüberliegenden Ufer lege ich eine Pause ein. Ich wate mit meinen Turnschuhen durch die zähen Schlick und sitze dann auf dem Deich im zwischen Bauschutt im nassen Gras. Eine blödere Stelle hätte ich mir nicht aussuchen können. Aber nach der sportlichen Etappe lassen Hunger und Blasendruck keinen weiteren Aufschub zu.

Nach der mäßig gelungenen Unterbrechung wendet sich alles zum Guten. Die Sonne bricht durch. Die graue Wolkendecke weicht nach und nach einem strahlend blauen Himmel. Und die Pinnau wird in der Marsch ein Fluß mit Charakter. Die Deiche treten etwas zurück. Wie es sich gehört, weiden Schafe darauf. Auf dem Vorland finden sich zahlreiche, individuell gestaltete Bootsanleger, kleine Gärten, Weidenbäume. Alte Häuser blicken über den Deich. Eine Spaziergängerin stapft zwischen Schafen und Erlen hindurch. Auch wenn die Deiche den Blick auf die Marsch verstellen, schon das Vorland gibt einen Eindruck von der Schönheit der Gegend. Für einen Liebhaber der Marsch ist es ein Genuß, hier zu paddeln. Balsam für meine Paddlerseele nach den vielen blassen Kilometern vorher.

Bei der Drehbrücke vor Neuendeich bin ich mitten in der Elbmarsch. Südlich dehnt sich die Haseldorfer, nördlich die Seestermüher Marsch aus. Zahlreiche Ausflügler, vor allem aus Hamburg, steuern das flache Land mit seinen kleinen Häfen am gewundenen Deich an. Die Weidenbestände verwildern zunehmend, seit die jungen Triebe nicht mehr zum Körbeflechten verwendet werden. Das früher so verbreitete Handwerk der Bandreißer, also jener, die die Behälter herstellen, ist nahezu ausgestorben. Statt Weiden werden immer mehr Obstbäume angepflanzt. Wie im Alten Land auf der niedersächsischen Elbseite breiten sich zunehmend ganze Plantagen aus.

Dann nähere ich mich auch schon dem Mündungs-Sperrwerk der Pinnau. Hier sind die gewaltigen Industrieanlagen bei Stade gut zu erkennen. Wie eine Science-fiction-Kulisse sehen sie im Gegenlicht aus. Bis Kollmar sind es noch 6 bis 7 Kilometer, eine schöne Strecke, aber nur etwas für geübte Paddler mit entsprechender Ausrüstung. Auch bei günstigen Wetterlagen wie an diesem Tag.

Vier Tage später schiebe ich mein Kajak in Barmstedt an der ehemaligen Durchgangsstraße in die Krückau. Ich paddle zunächst an einem Fabrikgebäude vorbei, das mich an meine verblichene Karriere als Modelleisenbahner erinnert. Ein paar Jogger überholen mich. Rhythmisch schießen ihre weißen Atemfahnen in die kalte, vorweihnachtliche Luft.

Nach einem Kilometer erreiche ich den Rantzauer See. Den See hat der Reichsarbeitsdienst im Zuge der Krückau-Regulierung als Rückhaltebecken ausgehoben. Seit seiner Einweihung 1938 zur 800-Jahr-Feier der Stadt Barmstedt dient er als Naherholungsgebiet. Die beiden Verbindungen zur Krückau sind für Boote gesperrt. Die Gebäude auf der Schloßinsel am Südende des Sees sind wesentlich älter. Von dem Haupthaus aus wurde jahrhundertelang das Amt Barmstedt verwaltet. Gleich dahinter steht das ehemalige preußische Amtsgericht, heute Heimatmuseum, und ein kleines Haus, das eine Galerie und einen Restaurationsbetrieb beherbergt. Im Sommer kann man hier sicher wunderschön im Kaffeegarten sitzen, gleich an der Krückau, mit Blick auf die historischen Mühlengebäude am gegenüberliegenden Ufer. Ein romantischer Platz, wenn auch einer mit Massenandrang bei schönem Wetter.

Man kann direkt an den Kaffeegarten heranpaddeln. Die Umtragestelle zum Unterwasser der Mühle befindet sich schon 50 Meter vorher am ersten Wehr. Ich kann hier mein Kajak sehr bequem wie einen Schlitten durch den Schnee ziehen.

Die folgenden paar 100 Meter sind flach. Einige größere Steine im Wasser erfordern erhöhte Aufmerksamkeit. Besonders unangenehm finde ich die kaum überspülte Schwelle unter der letzten Straßenbrücke. Auf diesem Abschnitt komme ich an einer Baumschule vorbei, der einzigen, die ich auf beiden Touren vom Wasser aus sehe. Das will etwas heißen. Immerhin ist der Kreis Pinneberg das größte Baumschulengebiet der Welt.

Da die Regulierung der Krückau bald 60 Jahre zurückliegt, sieht die Au lange nicht so steril aus wie die Pinnau auf weiten Abschnitten. Die Fahrt bis zum Elmshorner Mühlenwehr könnte ganz nett sein. Aber ich werde mit dieser Au nicht recht warm. Vielleicht liegt es einfach am aufkommenden Nieselregen. Grau und kalt genug ist der Wintertag ohnehin.

Der Elmshorner Hafen, in dem man nach Umtragen des Mühlenwehrs schnell ist, hat auch schon bessere Zeiten erlebt. Ein einziges Schiff liegt am Kai. Es entlädt Getreide für die Kölln-Werke. Die großen Gebäude des Haferflocken-Herstellers werden noch von einem bekannten Teppichhaus überragt.

Seit dem Wehr paddle ich mit Unterstützung des ablaufenden Wassers. Ich hatte gehofft, daß es mich noch ein gutes Stück in Richtung Elbe zieht. Aber schon am Stadtrand strömt mir die Flut entgegen, und nicht zu knapp. Dieser Umstand macht die ersten Marschkilometer auf der Krückau auch nicht schöner. Wie schon bei der Pinnau unterhalb Pinnebergs stehen die Deiche viel zu nah am Fluß.

Die Krückau wird erst ab Seester richtig schön. Ich kann zwar nichts sehen von der Landschaft links und rechts, also von der Seestermüher und der Kremper Marsch. Aber gleich dem Schwesterfluß schlängelt sich die Krückau noch richtig auf ihren unteren Kilometern. Es bleibt vor den Deichen genügend Platz für Kuhweiden und Obstgärten. Improvisierte Anleger und private Minihäfen wechseln sich ab. Reihen von Kopfweiden und anderen Bäumen ziehen sich am Ufer hin. Auch hier gibt es die typischen alten Häuser hinter dem Deich, manche mit Reet gedeckt, viele mit grün-weiß gestreiften Giebeln. Ein paar Gasthäuser laden ein, etwa das in Kronsnest. Das Schilf ist braun. Das Grau und die Kälte des Wintertages sind plötzlich in Ordnung. Es macht Spaß, hier zu paddeln. Leider ist der schöne Abschnitt der Krückau so kurz.

STECKBRIEF: Pinnau und Krückau

Kurzdarstellung: Nüchterne Wasserläufe. Im oberen Abschnitt ohne das bei anderen Geestflüssen so reizvolle (Wald-)Tal. Besonders die Pinnau ist hier stark reguliert und wirkt steril. Im unteren Bereich sind beide tidebeeinflußte Marschenbäche, zunächst eng eingedeicht und dadurch vor allem bei Niedrigwasser mit der Ausstrahlung tiefer Rinnen. Erst auf den letzten Kilometern werden Pinnau und Krückau wunderschöne, charaktervolle Flüsse.

Besondere Bestimmungen: Die Pinnau ist ab Pinneberg, die Krückau ab Elmshorn Seeschiffahrtsstraße. Es gelten die entsprechenden Bestimmungen.

Befahrbarkeit: Die Pinnau ist ab Bilsener Brücke bei guten Wasserständen befahrbar, auch für Kanadier. Zwischen Wulfsmühle und Pinneberg flach. Ab Pinneberg immer für alle Boote befahrbar. Die Krückau ist bei guten Wasserständen auch für Kanadier ab Barmstedt, auf jeden Fall ab Elmshorn befahrbar. Steine und Untiefen auf den 0,5 km unterhalb der Rantzauer Mühle. In ihren gezeitenbeeinflußten Abschnitten sind beide Auen bei entsprechender Tide auch aufwärts befahrbar.

Schwierigkeiten: Pinnau: Über die genannten Untiefen und das Umtragen bei der Wulfsmühle hinaus keine. Krückau: keine. Die Elbe ist auch für den kurzen Abschnitt bis Kollmar nur etwas für großgewässererfahrene und entsprechend ausgerüstete Kanuten.

Umtragen: Pinnau: Zwischen Bilsener Brücke und Renzel 7 Wehre, die bei guten Wasserständen für Einer befahrbar sind. Zweier, Kanadier und vor allem Faltboote würde ich umtragen. Das unbefahrbare Wehr bei der ehemaligen Wulfsmühle ist sehr schwierig zu umtragen: rechts vor dem Wehr und der Straßenbrücke aussetzen, links um das Hotelgebäude herumtragen und von dem Feld- und Waldweg an geeigneter Stelle wieder zum Wasser zurückkehren. Für Alleinpaddler mit Gepäck ist hier ein Bootswagen wichtig. Krückau: An der Schloßmühle in Barmstedt beim ersten Wehr (problemlos; bei großer Trockenheit muß evtl. die ganze Strecke bis zur Straßenbrücke Barmstedt – Tornesch (0,5 km) umtragen werden) und beim Mühlenwehr in Elmshorn: 70 m vor dem Wehr, bei der Einmündung eines Nebenarmes links aussetzen; auf dem „Krückau-Wanderweg" und der anschließenden Straße zum Mühlengebäude (150 bis 200 m); links dahinter einsetzen (Bootswagen!).

Wichtige Kilometerangaben: Pinnau

0	Bilser Brücke (B 4). Wie bei allen Straßenbrücken an der oberen Pinnau ist hier das Einsetzen nicht leicht, vor allem wegen der fehlenden Haltemöglichkeiten für das Auto.
8	Wulfsmühle
14,4	Pinneberg, Eisenbahnbrücke. Km 0 der Seeschiffahrtsstraße Pinnau (mit Kilometerschildern am Ufer).
33,4	Mündung in die (Pagensander Neben-)Elbe

Krückau

0	Einsatzstelle an der ehemaligen Durchgangsstraße in Barmstedt.
9,6	Mühlenwehr Elmshorn. Ab hier Seeschiffahrtsstraße mit beschilderter Kilometrierung und Tideeinfluß.
21,2	Mündung in die Elbe.

Übernachtung: Keine Campingplätze an den Flüssen, aber in Henstedt-Ulzburg (Tel. 04193/92772) und in Kollmar (zwischen Krückaumündung und Fährhaus hinter dem Elbdeich). Nächste Jugendherberge in Glück-

Die Pinnau auf den letzten Kilometern ►

stadt. DKV-Mitglieder Zeltmöglichkeit evtl. auf Anfrage beim Bootshaus der Elmshorner Wanderpaddler in Kollmar am Hafen.

Auto nachholen: Bus Linie 1557 von Glückstadt über Kollmar nach Elmshorn und Linie 1559 von Seestermühe über Seester nach Elmshorn. Von Elmshorn mit S-Bahn über Tornesch, Pinneberg und Hamburg-Eidelstedt nach Hamburg Hbf (oder mit der Bahn nach Hamburg Hbf). Von Hamburg Hbf mit Bus Linie 1675 über Hamburg-Eidelstedt und Quickborn nach Bilsen. Von Elmshorn mit der Bahn (Linie 139, EBO?) nach Barmstedt. Alle sind brauchbar.

Kanuverleih: Die nächsten Kanuverleiher sind in Bad Bramstedt (siehe Steckbrief Stör) und Hamburg (siehe Steckbrief Alster).

Wasserqualität: *Pinnau:* Güteklasse II bis III (= kritisch belastet). *Krückau:* Bis Elmshorn Güteklasse II (= mäßig belastet), von da bis zur Mündung zunächst II bis III (= kritisch belastet) und später III (= stark verschmutzt).

Name: *Pinnau* ist eine „Schrumpfform“ von Pinnebergau. Pinneberg: „Berg wie ein Pinn, Pflock“ (d.h. spitzer Berg) oder ein mit Pflöcken befestigter Berg. *Krückau* bedeutet „Fließgewässer mit vielen Krümmungen, gewundener Fluß“. Alter Name „Seester“: ähnlich gebildet wie Alster und Wilster; bedeutet möglicherweise „einschneidender Fluß“.

Spezielle Literatur: H. Tank: *Kurz gefaßt: Der Landkreis Pinneberg* ● G. Pape (Hg): *Pinneberg, ein heimatgeschichtlicher Abriß* ● G. Helm: *Haseldorfer und Wedeler Marsch* ● A. Püttger-Conrath: *Elbmarschen in Holstein* ● B. Steffen (Hg): *Elmshorn. Eine Stadt und ihre Menschen*

Karte: Landkreis Pinneberg, 1:75.000, Landesvermessungsamt Schleswig-Holstein.

Am Todesstreifen entlang

Delvenau

Die kleine Delvenau hat eine wahrhaft geschichtsträchtige Vergangenheit. So diente sie jahrhundertelang als Südstrecke des legendären Stecknitz-Kanals. Von 1945 an war sie ein Teil der Grenze zur DDR. Von einer Kanu-Tour auf dem Flüßchen mußte daher dringend abgeraten werden.

Seit der Wiedervereinigung ist die Delvenau nur noch die Grenze zwischen zwei Bundesländern. Der Todesstreifen ist abgebaut. Als ich im März 1991 meine Paddelsaison eröffnete, standen noch viele Zaunreste und schwarz-rot-goldene Betonpfeiler. Ob alle Minen gefunden wurden, war damals so fraglich wie heute (1993).

Ich setze neben der Büchener Straßenbrücke über den Elbe-Lübeck-Kanal ein. Hier dükert der nördliche Ringschlot den Kanal, fließt 50 Meter auf der Südseite entlang und biegt dann im rechten Winkel in die Wiesen ab. Nach weiteren 50 Metern mündet der Graben in die Delvenau, die damit befahrbar wird. Wenn es nicht ganz so trocken ist, kann man – wie ich – direkt an der Kanalböschung auf dem Graben starten.

Die ersten Meter sind noch flach und durch Pflanzenbewuchs eingeengt. Bei der folgenden Brücke hat man mit Steinen zu tun. Dann geht es problemlos weiter. Wunderschön schlängelt sich die Au durch ein weites Tal, das auch der fast parallele Kanal nutzt. Die Delvenau hält sich an den östlichen Talrand, der hier 10 Meter und mehr steil ansteigt. Auf diesem Abschnitt fühle ich mich an die schönen Täler mancher anderer Elbzuflüsse erinnert.

Nach ein paar Kilometern unterquere ich die Eisenbahnbrücke (Hamburg – Berlin). Dahinter lassen die Pflanzen, die vom Ufer her in den Fluß wachsen, nur noch eine einen Meter breite Wasserfläche offen. Zwischendrin ist ein Steg so niedrig über den Wasserlauf gelegt, daß ich zwar das Kanu unten durchschieben kann, selbst aber aussteigen muß. Zwei Ecken weiter folgt eine originelle Wiesenbrücke auf Rädern. Bei Bedarf könnte sie an eine andere Stelle gerollt werden.

Nun ist es auch nicht mehr weit bis zur Niebuhrschleuse. Die Delvenau wird um das Gebäude herum in eine der Witzeezer Kieskuhlen geleitet. Dem stillen Gewässer sieht man seine Vergangenheit nicht an, so natürlich ist es mittlerweile mit der Umgebung verwachsen. Der See ist Privateigentum. Das Paddeln ist leider verboten. Nach § 17 SHWG darf man ihn jedoch auf kürzestem Weg überqueren. Dazu muß man nach zwei Halbinseln am linken Ufer anlegen. Das Gestänge des Schützenwehrs dort ist leicht zu erkennen.

Da ich sowieso aussteigen muß, um mein Boot um das Hindernis herumzutragen, lege ich eine Pause ein. Ab hier ist die Delvenau Grenzfluß. Das schöne Tal ist zu Ende. Statt der freundlichen Hänge begleitet nun ein trister Zaun den Bach. Ich finde den Anblick deprimierend. Alle paar 100 Meter markiert ein Grenzpfahl, wo die DDR begann.

Bis zur Kieskuhle bei Witzeeze konnte ich mühelos paddeln. Nun wird es schwieriger. Der Wasserstand reicht gerade eben aus. Wahrscheinlich kann man die Delvenau nur, wie ich, im Winter oder nach längeren Regenperioden paddeln. In trockneren Zeiten sollte man lieber zur Donnerschleuse, an de ich bald vorbeikomme, laufen. Die alte Stecknitz-Kanalschleuse ist als einzige Stauschleuse wenigstens noch als Ruine erhalten. Das ehemalige Schleusenwärterhaus ist heute ein Gasthaus mit überaus einladendem Kaffeegarten.

Ich hätte hier einkehren sollen, denn mit der Zeit geht mir die tote Ebene mit den rostigen Zaunresten immer mehr auf den Geist. Es herrscht eine bedrückende Atmosphäre. Das Leben scheint hier den Atem anzuhalten, so wie alle Vögel im Wald plötzlich verstummen, wenn eine Gefahr sich nähert. Vielleicht passiert das alles nur in meinem Kopf. Vielleicht liegt es an dem trüben Tag, der sich nicht entscheiden kann, ob er noch Winter oder bereits Vorfrühling sein will. Ich bin jedenfalls froh, als ich endlich in Lauenburg ankomme.

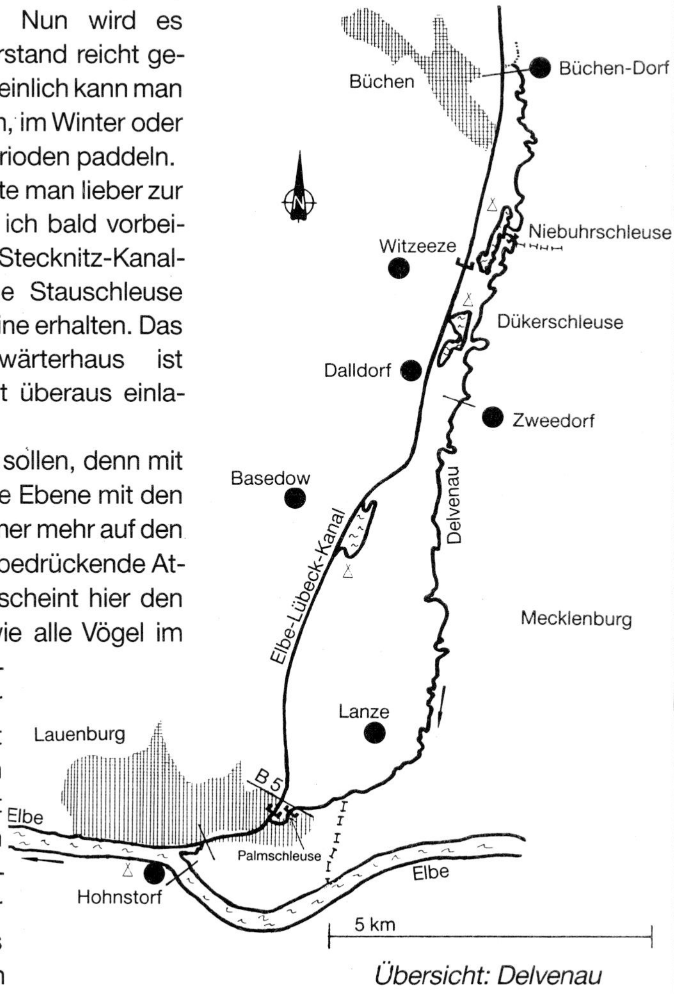

Übersicht: Delvenau

Ich setze vor der B 5 aus. Eigentlich wäre es schön, bis zur Mündung in den Elbe-Lübeck-Kanal weiterzufahren, vor allem, weil man dabei durch die Palmschleuse käme. Diese restaurierte Anlage des Stecknitz-Kanals gilt als älteste

Kammerschleuse Europas. In ihren besten Zeiten hatte sie eine ähnliche Bedeutung wie die Schleusen des Nord-Ostsee-Kanals in Holtenau und Brunsbüttel. Ein schönes Stück schleswig-holsteinischer Geschichte, das sich übrigens auch sehr gut von einem Gasthaus daneben bewundern läßt. Aus der direkten Durchfahrt wird leider nichts, denn die letzten 200 Meter bis zum Elbe-Lübeck-Kanal sind durch ein Schöpfwerk versperrt.

Mit dem Fahrrad, das ich vor Beginn der Tour in Lauenburg abgestellt habe, radle ich nach Büchen zurück. Die Strecke am Kanal entlang ist sehr empfehlenswert.

STECKBRIEF: Delvenau

Kurzdarstellung: Die Delvenau ist kaum begradigt und wenig in die umgebenden Wiesen eingeschnitten. Im Oberlauf schlängelt sie sich durch ein wunderschönes Geesttal parallel zum ELK. Ab Witzeeze fließt sie als ehemaliger Grenzbach zur DDR durch eine weite Ebene.

Besondere Bestimmungen: Der durchflossene See bei Witzeeze muß – weil Privatgewässer – auf dem kürzesten Weg überquert werden.

Befahrbarkeit: Auch für Einer nur bei sehr gutem Wasserstand. Ausschlaggebend ist nicht der Wasserstand bei Büchen, sondern der bei Witzeeze: Zur Besichtigung vor einer Tour vom Parkplatz hinter der ELK-Schleuse in Richtung Niebuhrschleuse (ca. 500 m) gehen. Der dortige Wasserstand bleibt bis Lauenburg gleich.

Schwierigkeiten: Außer bei niedrigem Wasserstand keine.

Umtragen: Einmal beim Ausfluß aus der Kieskuhle unterhalb der Niebuhrschleuse nahe Witzeeze: problemlos. Ein zweites Mal beim Lauenburger Schöpfwerk (nur nötig, wenn man auf der Elbe weiterfahren will): vor der B 5 aussetzen (leicht), links neben der Palmschleuse wieder einsetzen. Diese Stelle ist auch für das Umtragen der Lauenburger ELK-Schleuse zu empfehlen.

Wichtige Kilometerangaben:

0 Büchen, Graben neben dem ELK, 50 m nördl. der Kanalbrücke Büchen – Büchen-Dorf.
4,3 Wehr an der Kieskuhle bei der Niebuhrschleuse.
19,1 Schöpfwerk zwischen B 5-Brücke und Palmschleuse in Lauenburg.

Übernachtung: Offizielle Campingplätze und Jugendherbergen siehe Steckbrief Elbe-Lübeck-Kanal.

Auto nachholen: Gute Zugverbindung von Lauenburg nach Büchen (Linie 145).

Kanuverleih: Siehe Steckbriefe von Trave, Dove Elbe und Alster

Name: Delvenau = Graben + Au, wird auf vielen Karten Stecknitz genannt, weil sie einst Teil des Stecknitz-Kanals war.

Spezielle Literatur und Karte: Siehe Steckbrief Elbe-Lübeck-Kanal.

Im Herzen Dithmarschens
Miele

Das Zentrum und der Westen Dithmarschens sind geprägt von Feuchtgebieten, ehemaligen See- und Moorflächen, Nehrungshaken, Geestvorsprüngen, von Marsch und von einer teilweise eingedeichten Meeresbucht. Mitten durch diese Gebiete, die sich teilweise zu wertvollen Reservaten für seltene Tiere und Pflanzen entwickelt haben, fließt die Miele mit ihren Quellbächen.

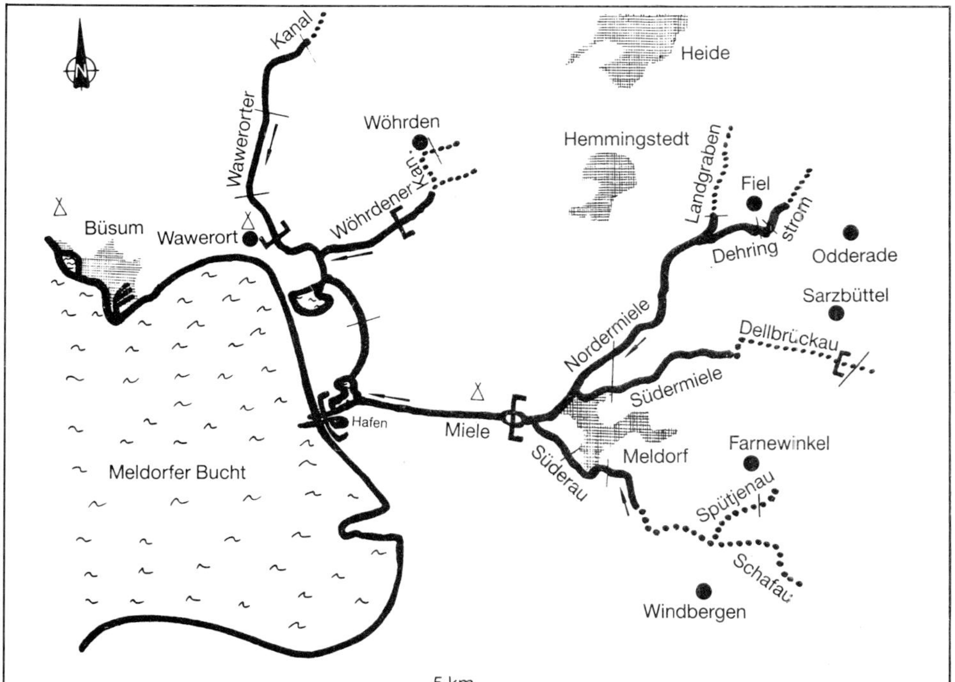

Übersicht: Miele und Zuflüsse

Ich setze bei dem kleinen Dörfchen Fiel ein, das inselartig, leicht erhöht in dem weiten, flachen Grünland einer verlandeten Meeresbucht liegt. Hier in der Niederung fließen mehrere Geestbäche zur Nordermiele zusammen. Auf den ersten Kilometern kann man sehr schön über die niedrigen Ufer blicken. Es geht durch die sumpfigen Wiesen und Reetfelder des ehemaligen Fieler Sees. Am Himmel toben die aufgeregten Lerchen. Eine Weihe schwebt über dem Gelände. Bereits bei der Anfahrt nach Fiel hatte ich ein Storchenpaar beobachtet. Später begegne ich mehreren Reihern. Beim nahen Odderade gibt es die größte Kolonie dieser Vögel in Dithmarschen.

An der Bahnlinie ist es mit der ohnehin mäßigen Attraktivität der Nordermiele vorbei. Hier endet die „alte Marsch" (vor 1700 eingedeicht). Das Flüßchen läuft nun tief eingeschnitten auf Meldorf zu, von dem entsprechend wenig zu sehen ist. Statt dessen schickt die Raffinerie von Hemmingstedt, die riesig und unübersehbar Marsch und Niederung beherrscht, einen Hauch von Tankstelle herüber. Unterhalb der Stadt lag einst der alte Meldorfer Hafen. Von einem Hafen, geschweige denn von einem alten, romantischen, ist allerdings nichts mehr zu sehen. Ein Siloturm überragt die Ecke. Das Altpapierlager einer Papierfabrik verbreitet die Atmosphäre von Müllplatz und stinkender Industrie. Hier gabelt sich der Fluß, der seit der Vereinigung mit der Südermiele bei der B 5-Brücke einfach Miele heißt, in zwei Arme. Ich folge dem linken zum Schöpfwerk. Hier läßt sich das Kajak leichter über den Deich in den Speicherkoog tragen.

Der westliche Teil der Meldorfer (Nordsee-)Bucht ist nach den Erfahrungen mit der Sturmflut 1962 eingedeicht worden, um mit einer vorgeschobenen, zweiten Deichlinie für mehr Küstenschutz zu sorgen. Gleichzeitig wollte man Speicherkapazitäten für das Niederschlagswasser aus dem Hinterland schaffen. Bis dahin war es in regenreichen Zeiten in den tieferliegenden Ländereien immer wieder zu Überschwemmungen gekommen. Vom alten Seedeich hat man einen ebenso schönen Blick über den Speicherkoog bis hin zum neuen Meldorfer Hafen im Westen wie auf die schöne Silhouette Meldorfs im Osten: in der Mitte der alles überragende Dom, am linken und am rechten Ortsrand je eine Windmühle und dazwischen kleine Häuser. Der Ort ist tatsächlich ganz hübsch, vor allem der Kern um die Kirche herum.

Langsam paddle ich gegen den kräftigen Westwind auf den neuen Seedeich zu. Kurz vorher weitet sich der Fluß zum „Surfsee". Ein paar Brettersegler flitzen mit großem Tempo über die Wasserfläche. Ob sie mich sehen? Entgegen meinen Befürchtungen komme ich unbeschadet bis zum Kiosk am Deich. Hier lege ich an. Wenigstens ein Blick auf das Meer muß sein, wo ich schon nicht hinausfahren kann. Die Miele entwässert über Siele und ein Schöpfwerk in die Nordsee. Zum Hafen daneben besteht keine Verbindung. Im trockengefallenen Watt spiegelt sich die Sonne. Ein breiter Priel zieht an Büsum vorbei. Der Ort scheint zum Greifen nahe.

Die Miele verliert sich in der Nordsee. Ich will noch weiter nach Wöhrden. Um dort hinzukommen, paddle ich zurück zu dem Wasserlauf, der von Norden durch den Speicherkoog zum Surfsee verläuft. Diese vereinigte Verlängerung von Wawerorter und Wöhrdener Kanal ist in ihrer Kargheit nur etwas für Vogelfreunde. Richtig trostlos sind die genannten Kanäle außerhalb des Koogs. Den einen sehe ich mir bei einem Abstecher nach Wawerort lediglich an. Den Wöhrdener Kanal (Norderstrom) paddle ich tatsächlich bis nach Wöhrden. Es ist ein häßlicher, tief eingeschnittener und zunehmend stinkiger Entwässerungsgraben, an dem nur das Ziel lohnt. Der alte Wurtenort hatte mich gereizt. Die Kirche oben auf dem künstlichen Erdhügel, die Wohnhäuser eng darum gruppiert. Dazu ein historisches Gasthaus, dessen Kaffeegarten im Sommer vermutlich sehr einladend ist.

STECKBRIEF: Miele

Kurzdarstellung: Alle Wasserläufe des Mielegebietes sind sehr nüchtern, auch wenn die Quellbäche in ihren oberen Abschnitten weder eingedeicht noch tief eingeschnitten sind. Eine Paddeltour lohnt sich hier nur wegen der reichen Vogel- und Pflanzenwelt.

Besondere Bestimmungen: Das Gebiet des Speicherkooges südlich der Straße von Meldorf zum neuen Meldorfer Hafen (Salzwasserbiotop) darf nicht betreten oder befahren werden. Der kleine Seitensee unterhalb des Treffpunkts von Waweorter und Wöhrdener Kanal (Süßwasserbiotop) ist ebenfalls Sperrzone. Die Naturschutzbehörde des Kreises Dithmarschen bittet darum, den Bereich des Speicherkooges nördlich der Tonnenabgrenzung (am Surfsee) von Mai bis August nicht zu befahren, da hier u.a. dann eine der größten Kolonien der gefährdeten Säbelschnäbler an der deutschen Küste brütet. Die Niederungen um die ehemaligen Seen von Fiel und Windbergen sollen Naturschutzgebiete werden. Das Durchfahren wird aber weiterhin erlaubt bleiben.

Befahrbarkeit: *Nordermiele* (Dehringstrom) ab Straßenbrücke Fiel – Odderade wahrscheinlich ganzjährig auch für Kanadier befahrbar. Auf jeden Fall bei Pegel 39 an der folgenden Straßenbrücke (Fiel – Meldorf). *Südermiele* (Dellbrückau) ab dem Wehr 50 m unterhalb der Straßenbrücke Dellbrück (kleine Straße). Bei gutem Wasserstand auch höher. *Süderau* ab ehemaligem Windberger See. Mögliche Einsatzstelle an der Spütjenau, Brücke eines Weges von Farnewinkel aus. Hier knapp für Einer befahrbar.

Schwierigkeiten: Schwieriges Paddeln bei starken Westwinden im Speicherkoog.

Umtragen: *Miele:* Vom alten Meldorfer Hafen über den Deich in den Speicherkoog. Einfacher beim Schöpfwerk (linker Arm), aber auch hier nicht ohne Mühe. Bootswagen nicht hilfreich. *Nordermiele* (Dehringstrom): kein Umtragen. *Südermiele* (Dellbrückau): Stufenwehr unterhalb Straßenbrücke Dellbrück, leicht zu umtragen, evtl. sogar befahrbar. Weitere Wehre: ?

Süderau (Schafau): ?

Wichtige Kilometerangaben:

Nordermiele (Dehringstrom) und Miele:

0 Straßenbrücke Fiel – Odderade

9,1 Zusammenfluß mit Südermiele zur Miele. Ortseingang Meldorf.

11,2 Schöpfwerk im alten Hafen. Ab hier Speicherkoog.

16,8 Schöpfwerk im neuen Seedeich.

Südermiele (Dellbrückau):

0 Straßenbrücke Meldorf – Hanerau

10 Zusammenfluß mit Nordermiele

Süderau (Schafau):

0 Zusammenfluß von Weddelbek und Frestedter Au zur Schafau.

9 Mündung in Miele bei km 10,5

Waweorter Kanal:

0 Straßenbrücke Reinsbüttel – Wesselburener Deichhausen (bei gutem Wasserstand ab Hassenbüttel (2,6 km höher).

5,7 Zusammenfluß mit Wöhrdener Kanal (Norderstrom) im Speicherkoog.

10,5 Mündung in Miele (im Surfsee).

Wöhrdener Kanal:

0 Straßenbrücke bei Wöhrden

5,8 Zusammenfluß mit Waweorter Kanal.

Übernachtung: Freies Zelten nirgends möglich (wegen der sensiblen Natur). Offizielle Campingplätze in Christianskoog (vom alten Meldorfer Hafen 1,5 km am nördlichen Speicherkoog-Deich entlang, nicht an der Miele, Tel. 04832/3222) und in Wawerort (nicht direkt am Kanal, Tel. 04834/8438). Drei weitere in Büsum (Perlebuch, Tel. 04834/2295; H.O. Losse, Tel. 04834/2536; Camping Nordsee, Tel. 04834/2515) und zwei weitere in Westerdeichstrich (In Lee, Tel. 04834/8197; Am Friesenhaus, Tel. 04834/1401). Nächste Jugendherbergen in Büsum, Albersdorf und Heide.

Auto nachholen: Bus 1529 Wöhrden – Meldorf (eher selten, nicht wirklich nützlich). Stadtbus Linie 4 von Meldorf nach Fiel.

Kanuverleih: Scheint keinen zu geben in Dithmarschen. Daher siehe StB Eider, Treene und Stör.

Wasserqualität: Nordermiele und ihre Quellbäche Gewässergüteklasse II (= mäßig belastet). Südermiele II bis III (= kritisch belastet), Oberlauf (Dellbrückau) II. Süderau und obere Zuflüsse bzw. Quellbäche teils II, teils II bis III. Waweorter Kanal II bis III. Wöhrdener Kanal (Norderstrom) III (= stark verschmutzt).

Name: Entweder war der Name Miele zuerst da; dann leitet er sich wahrscheinlich vom altsächsischen Milina = Mühlenbach ab. Meldorf würde dann „Dorf an der Miele" bedeuten. Oder der Name Meldorf war zuerst da; dann würde er wohl „Dorf des Milo" bedeuten. Und die Flußbezeichnung wäre eine Rückbildung von Meldorf.

Spezielle Literatur: Kreisverwaltung Dithmarschen (Hg); O.G. Meier (Verfasser): *Wanderwege in Dithmarschen* (mit vielen Karten, sehr schön) ● C. Jessen, u.a.: *Dithmarschen – Land an der Küste* ● N.R. Nissen: *Kleine Geschichte Dithmarschens*

Karte: Kreis Dithmarschen, 1:75.000, Landesvermessungsamt Schleswig-Holstein.

... und ich berausche mich an der Weite

Broklandsau

Das nördliche Gegenstück zu den Niederungen bei Meldorf ist das tiefliegende Wiesenland zwischen Heide und Eider. Hier verhinderte der Lundener Nehrungshaken eine höhere Aufschlickung durch das Meer. Das sumpfige, teils vermoorte Gebiet konnte nur schwer entwässert werden. Es war daher weder als Siedlungsfläche noch für die Landwirtschaft von großem Wert. Wie in der Mieleniederung konnten sich viele seltene Tiere und Pflanzen halten, etwa der Fischotter im Bereich des Mötjensees.

Der Hauptwasserlauf dieses Gebietes ist die Broklandsau. Ich hatte einen Bach erwartet, der ähnlich der Miele überwiegend als begradigter, tief eingeschnittener Entwässerungskanal durch die Wiesen führt. Zu meiner Überraschung treffe ich auf ein Flüßchen, das sich nur mäßig begradigt durch eine baumlose, grüne Weite schlängelt. Auch die Ufer sind angenehm niedrig, da die Broklandsau auf ganzer Länge im Flachmoor und in der tiefliegenden, alten Eidermarsch verbleibt.

An der klassischen Einsatzstelle zwischen Barkenholm und Rederstall beginne ich meine Tour. Gerade einen Kilometer oberhalb entsteht der Bach durch die Vereinigung von Osterau und Lindener Au. Anfangs fließt das Flüßchen wie in einem Tal. Die Ränder steigen sanft zum Heider Geestvorsprung und zur Geestinsel von Hennstedt an. Dort „oben“ stehen die Bauernhöfe, von denen aus die Weiden bewirtschaftet werden. Dort gibt es kleine Dörfer. Dort wachsen Bäume und Sträucher. Eine parkähnliche Landschaft. Die Niederung ist kahl wie die Prärie.

Ohne es zu sehen, paddle ich am Südholmer-Ostroher Moor vorüber. Das Niedermoor war bis in die Nachkriegszeit eines der größten Torfabbaugebiete Schleswig-Holsteins. Seitdem haben sich die zahlreichen Tümpel, die vom Torfstich übriggeblieben sind, zu einem wertvollen Niedermoor-Biotop entwickelt.

Unterhalb der Straßenbrücke bei Aukrug wird die Au breiter. Auch die Ebene weitet sich allmählich. Ein riesiger, grüner Teller liegt vor mir. Ein paar Kilometer weiter ist es Zeit für eine Pause. Ich liege auf einer Wiese und berausche mich an der Weite.

Der Bach wendet sich nun nach Nordwesten, der Eider zu. Ich komme in den seltenen Genuß eines kräftigen Rückenwindes. Einmal pro Jahr scheint es an der Westküste einen Tag zu geben, an dem es einem nicht entgegenbläst. Also ist es doch ein Vorurteil, daß der Wind an der Nordsee immer von vorne kommt, egal wohin man paddelt. Entsprechend flott fahre ich durch die Wiesen.

Bei Kleve fische ich eine besonders originelle Flaschenpost auf. „Oma und Opa sind lieb. Katrin“ steht auf dem kleinen Zettel, sonst nichts.

Hinter der Brücke von Wiemerstedt liegt die Au etwas tiefer im Land. Weiden und Erlen wachsen an den Ufern. Hier und ein Stück weiter berührt der 20 bis 30 Meter breite Fluß den Geestrand. Dann geht es hinaus in die völlig flache Eider-Niederung.

Im Laufe des Tages wird es immer wärmer. Als ich das Schöpfwerk Westermoor erreiche, das das Wasser der Broklandsau in die Eider pumpt, ist es ein sonniger Frühlingstag wie aus dem Bilderbuch geworden, vielleicht der erste des Jahres.

Natürlich steige ich zuerst auf den Deich, um einen Blick auf die Eider zu werfen. Es ist, als träfe ich eine alte Bekannte wieder, bin ich doch vor einem Jahr hier entlanggepaddelt. Da Brigitte und Edda noch nicht da sind, laufe ich mit dem Kajak auf dem Bootswagen den einen Kilometer bis zur Schleuse Nordfeld. Bei meiner Tour im letzten Mai bin ich hier in der Dämmerung angekommen. Der Schleusenmeister hatte mich gleich durchgeschleust. Jetzt sehe ich mir die Anlage noch einmal in aller Ruhe an.

Einen würdigen Abschluß findet meine Broklandsau-Tour später in einem Straßencafé im nahen Friedrichstadt.

Übersicht: Broklandsau

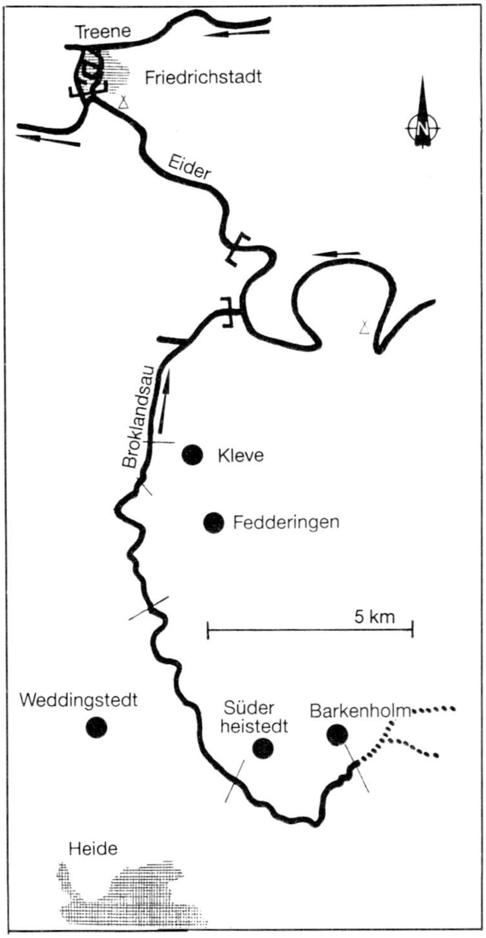

STECKBRIEF: Broklandsau

Kurzdarstellung: Die Broklandsau schlängelt sich nur mäßig begradigt, wenig eingeschnitten und ohne Deiche durch eine baum- und strauchlose Niederung zwischen den Geesthöhen von Heide und Hennstedt und der unteren Eider. Sie ist ein sehr empfehlenswertes Flüßchen für all jene Paddler, die ihre Freude an der scheinbar unendlichen Weite der grünen Wiesenlandschaft haben.

Besondere Bestimmungen: keine

Befahrbarkeit: Auf ganzer Länge (ab Straßenbrücke Barkenholm – Rederstall) ohne Probleme. Das gilt vermutlich von Anfang an ganzjährig auch für Kanadier, auf jeden Fall aber bei Pegel 37 (bei der Straßenbrücke Heide – Süderheistadt). Da überall strömungslos, kann man die Au auch in Gegenrichtung paddeln.

Schwierigkeiten: Keine. Starke Winde sollte man allerdings auf seiner Seite haben.
Umtragen: Allenfalls beim Schöpfwerk Westermoor in die Eider. Das ist nicht ganz einfach. Bootswagen ist nicht nötig.
Wichtige Kilometerangaben:
0 Straßenbrücke Barkenholm – Rederstall
18,6 Schöpfwerk Westermoor an der Eider
Übernachtung: Keine offiziellen Campingplätze am Wasser. Die nächsten sind in Tellingstedt (Tel. 04838/657), Horst (a. d. Eider, Tel. 04836/611) und Friedrichstadt. Nächste Jugendherberge in Friedrichstadt und Heide.
Auto nachholen: Gute Zugverbindung von Friedrichstadt nach Heide (Linie 120). Stadtbus von Heide in Richtung Linden.
Kanuverleih: Siehe Steckbriefe Treene und Eider.
Wasserqualität: Gewässergüteklasse II (= mäßig belastet).
Name: Brokland = Bruchland, also sumpfiges Land, Au = allgemeine Bezeichnung für Fließgewässer (siehe Steckbrief Bongsieler Kanal).
Spezielle Literatur und Karten: Siehe Steckbrief Miele.

Ganz oben links

Gewässer im Gotteskoog und im südwestlichen Dänemark

An einem wunderschönen Abend im Mai fahre ich mit dem Auto kreuz und quer durch den Gotteskoog, Deutschlands nördlichstes festländisches Kanurevier. Ich versuche herauszufinden, welche von den vielen, kurzen Wasserläufen, die hier wie zu einem engmaschigen Netz verknüpft in der Marsch liegen, befahrbar sind und eine Tour lohnen. Fazit: Die wenigen schönen Gewässer gehen neben der Übermacht häßlicher, steriler, tief eingeschnittener, übermäßig begradigter und stellenweise stinkig-verdreckter Entwässerungsgräben fast unter. Wenn ich nur wegen einer Kanutour ganz von Lübeck in das nördliche Nordfriesland gekommen wäre, würde ich mich ärgern.

Kern des Gotteskooges ist das Gebiet um den ehemaligen Gotteskoogsee (= Bundesgaarder See). Da es landwirtschaftlich nicht zu nutzen war, konnte sich hier ein wertvolles Reservat für seltene Tiere und Pflanzen entwickeln. Mittlerweile ist das sumpfige Gelände eingedeicht und unter Naturschutz gestellt worden. Es darf weder befahren noch betreten werden.

Auf diese Mitte sind fast alle Wasserläufe im Koog sternförmig ausgerichtet. Von all den häßlichen breiten Gräben auf der Südseite ist der Neue Sielzug noch der interessanteste, weil er eine befahrbare Verbindung zum Schöpfwerk Südwesthörn herstellt. Der mehr oder weniger parallele Alte Sielzug unterscheidet sich nur durch eine gewundene Linienführung und einen unbefahrbaren Abschnitt von seinem sterilen, tief eingeschnittenen Nachfolger.

Die Schmale ist der Hauptwasserlauf nach Norden. Das kurze, mit 20 bis 30 Meter Breite gar nicht so schmale Flüßchen ist der Lichtblick im Koog. Leicht kurvig zieht es vom Bruchwald in der verlandeten Seefläche durch niedrigliegendes Wiesen- und Ackerland zum Ruttebüller See an der deutsch-dänischen Grenze. Der Lauf der Schmale in das Naturschutzgebiet ist durch einen Damm unterbrochen. Hier zweigen in beide Richtungen breite Gräben ab. Die „Umleitung West“ stellt die Verbindung zum Neuen Sielzug her, die „Umleitung Ost“ jene zu Schnerpe und Schlage.

Am folgenden Tag starte ich an der Straßenbrücke Süderbevertoft (bei Neukirchen) – Süderlügum zu einem Fast-Rundkurs. Hier setze ich in die Schmale ein. Zunächst fahre ich in südliche Richtung zum Abzweig der Umleitungen. Die Wasserläufe selbst sind zwar um diese Zeit (15.3.–1.7.) auch für DKV-Mitglieder gesperrt, aber ich möchte wenigstens einen Blick darauf werfen. Wie der gesamte Bereich an der südlichen Schmale ist das Gelände von Schilf und schönem Bruchwald bestimmt.

Nach der kleinen Erkundungsfahrt drehe ich um. Die Schmale ist ein angenehmes Flüßchen. Ich fahre an Weiden mit Schafen vorüber. Den Lämmern ist die

Schwierigkeit anzusehen, mich einzuordnen. Sie starren mich bewegungslos und fragend an, während die Alten in aller Ruhe weitergrasen. Auf den wenigen Äckern beginnt der Raps zu blühen. Bald wird auch Schleswig-Holsteins Norden die Frühjahrs-Landesfarben gelb-grün-blau annehmen. Der Himmel ist voller Vögel. Genau in dem Moment, in dem ich mich über das Ausbleiben der allgegenwärtigen Reiher wundere, fliegt einer vor mir auf. Koinzidenz.

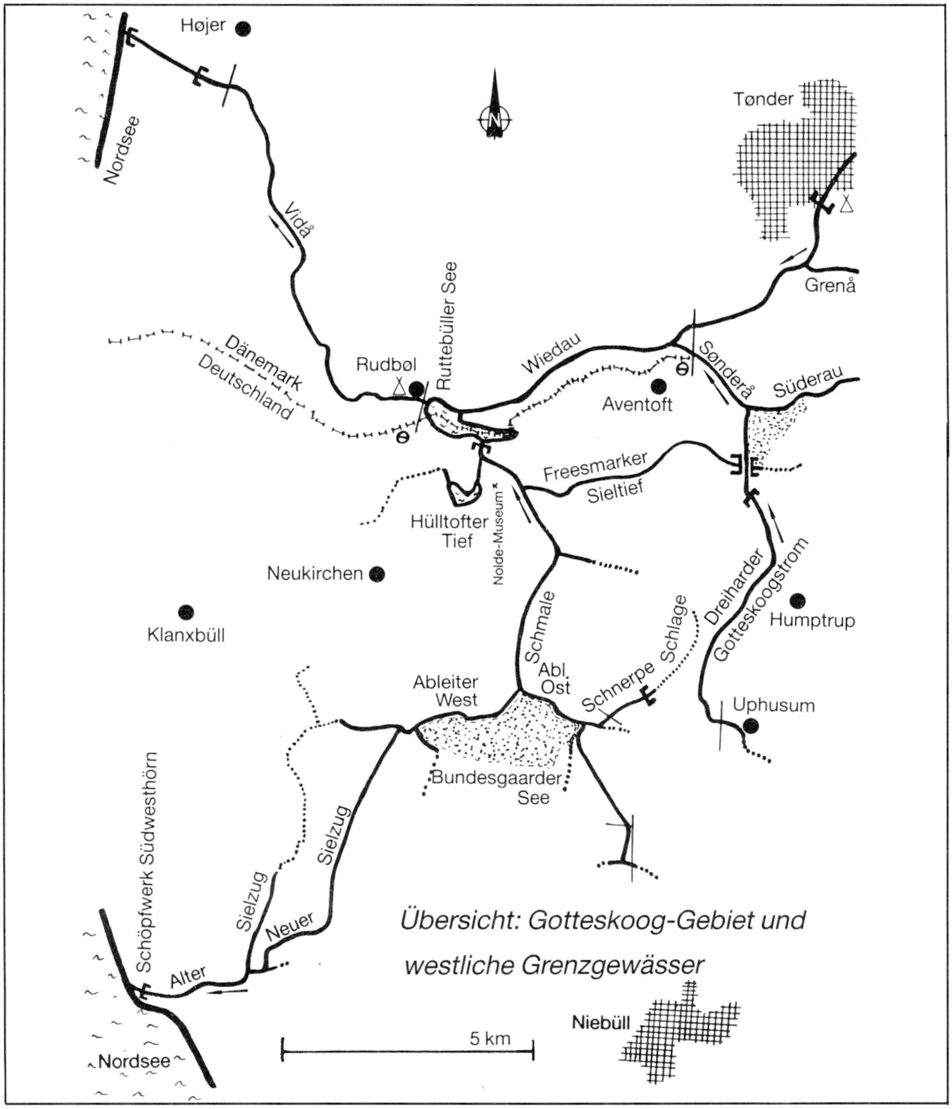

Bald ist das Nolde-Museum zu sehen. Hier hat der Künstler die letzten 30 Jahre seines Lebens gelebt. Eine ständige Ausstellung zeigt viele seiner Bilder. Mich haben (Tage später) am meisten jene Arbeiten berührt, die den Norden darstellen. Emil Nolde muß die Marsch geliebt haben. Er hat es in wunderbarer Weise verstanden, den Zauber der Landschaft festzuhalten, ihre Weite, den Himmel, die Häuser auf den Warften und vor allem die Farben.

Über das Schöpfwerk Verlath mündet die Schmale in den Ruttebüller See. Das Umtragen ist nicht zu vermeiden. Ich belohne mich mit einem zweiten Frühstück auf dem Deich. Wie freundlich das Gewässer daliegt! Zwei Angler versuchen ihr Glück von Ruderbooten aus. Überall ragen Stangen für die Reusen aus dem Wasser. Im Hintergrund sind einzelne Bauernhäuser zu sehen.

Mein nächstes Ziel ist die (dänische) Wiedau (Vidå). Sie fließt ein kleines Stück durch den Ruttebüller See, wird selbst aber nicht zum Grenzgewässer. Da ich Deutschland verlassen will, paddle ich zum Grenzübergang Fischerhäuser/ Rudbøl. Die Pavillons vom Zoll liegen direkt am Westende des Sees.

Nach den Grenzformalitäten paddle ich wiedauaufwärts. Der Hauptfluß des südwestlichen Nordschleswigs ist ein stilles Gewässer. Die Deiche halten Abstand von den schilfgesäumten Ufern. Immer wieder gibt es seenartige Buchten. Die amphibische Landschaft zwischen den Deichen gehört den Vögeln. Bei Aventoft mündet die Süderau in die Wiedau. Auf diesem, im unteren Abschnitt nicht sonderlich attraktiven Flüßchen fahre ich 2 Kilometer bis zur Einmündung des Dreiharder Gotteskoogstroms aufwärts. Ein Jahr später verbieten die dänischen Behörden das Paddeln auf der Süderau zwischen Vindtved-Kanal und Mündung. Der im Steckbrief beschriebene Fast-Rundkurs durch den Gotteskoog und das dänische Grenzgebiet (d.h. die interessanteste Paddeltour in diesem Bereich) ist somit nicht mehr möglich, es sei denn, man nimmt einen weiteren Landtransport (von 2 Kilometern) in Kauf.

Der Dreiharder Gotteskoogstrom führt als eng eingedeichter Hochkanal das Wasser aus der Gegend zwischen Süderlügum und Leck ab. Ich paddle die häßliche, leicht verkrautete Rinne, weil ich über sie nach Humptrup gelange. Dort haben wir eine Ferienwohnung gemietet.

STECKBRIEF: Wasserläufe im Gotteskoog (inkl. Überblick über das Wiedaugebiet)

Kurzdarstellung: Die Wasserläufe im Gotteskoog sind durchweg nüchterne, wenig attraktive Entwässerungskanäle oder -gräben. Von der Schmale und einigen kurzen Teilstrecken abgesehen sind sie als Paddelgewässer nicht zu empfehlen. In Verbindung mit den deutsch-dänischen Grenzgewässern ergibt (ergab?) sich jedoch ein interessanter Fast-Rundkurs: Schnerpe, Umleitung Ost (Befahrung nicht für alle und zu jeder Zeit erlaubt, s.u.), Schmale, Ruttebüller See, Wiedau, Süderau (jetzt auf der parallelen Straße umtragen oder die

Tour über den Freesmarker Sielzug abkürzen), Dreiharder Gotteskoogstrom, Landtransport (2 bis 3 km) von Uphusum zurück nach Schnerpe.

Besondere Bestimmungen: Für das eingedeichte Kerngebiet des früheren Gotteskoogsees (= Bundesgaarder Sees) gilt ein ganzjähriges Betretungsverbot. Die Wasserläufe in dem Bereich dürfen nicht befahren werden. Die beiden Kanäle (Gräben) am Nordrand des Kerngebietes, die „Umleitung Ost" und die „Umleitung West" östlich und westlich von der Schmale, sind ebenfalls ganzjährig gesperrt. DKV-Mitglieder dürfen die beiden Umleitungen außer in der Zeit vom 15.3. bis 1.7. allerdings befahren.

Die deutsch-dänischen Grenzgewässer (Ruttebüller See, Süderau, Alte Au) dürfen nur mit einer schriftlichen Sondergenehmigung befahren werden. Das entspr. Antragsformular ist beim Grenzschutzamt Flensburg, Tel. 0461/12066 od. 12067 od. 12068, anzufordern und ausgefüllt zurückzuschicken. Nach kurzer Zeit bekommt man den Erlaubnisschein, der für mehrere Wochen bis hin zu 3 Jahren – je nachdem, welchen Zeitraum man beantragt hat – dazu berechtigt, die Grenzwasserläufe zu befahren, ohne das dänische Ufer zu betreten. Der Zoll in Fischerhäuser interpretiert die Bestimmungen so, daß man sich bei einem evtl. Grenzübertritt per Boot auch nicht mehr beim deutschen Zoll abmelden muß. Wohl aber muß man sich beim dänischen Zoll anmelden, wenn man die Grenze übertreten/überfahren will. Wer ohne Erlaubnis angetroffen wird, riskiert wenigstens Ärger. Seinen Ausweis sollte man auf keinen Fall vergessen. An diesen Grenzformalitäten wird sich in den nächsten Jahren auch nichts ändern, da Dänemark trotz des Schengener Abkommens an seinen Kontrollen festhalten will.

Die dänischen Behörden haben die Süderau zwischen Vindtved-Kanal und Mündung in die Wiedau seit dem 1.4.92 ganz gesperrt. Wie sich das mit der deutschen Befahrens-Erlaubnis verträgt, weiß ich nicht.

Befahrbarkeit: Die Schmale, der Freesmarker Sielzug, die beiden Umleitungskanäle, die Schnerpe und der Neue Sielzug sind auf ganzer Länge ganzjährig auch für Kanadier und in Gegenrichtung befahrbar. Der Dreiharder Gotteskoogstrom ist in wasserreichen Zeiten ab Uphusum ebenfalls für Kanadier befahrbar. Im Sommer soll er stark austrocknen. Die Schlage und der Reedammszug sind gar nicht, der Alte Sielzug auf Abschnitten nicht befahrbar.

Schwierigkeiten: keine

Umtragen: Im Gotteskoog selbst kein Umtragen nötig. Zur Weiterfahrt auf den Grenzgewässern muß beim Schöpfwerk Verlath von der Schmale in den Ruttebüller See umtragen werden. Wer vom Freesmarker Sielzug in den Dreiharder Gotteskoogstrom überwechseln will, muß umtragen. Der Gotteskoogstrom hat einen (befahrbaren?) Sohlabsturz oberhalb der „Grenzstraße". Die Süderau muß für den beschriebenen Fast-Rundkurs umtragen werden.

Wichtige Kilometerangaben:

Schmale:	0	Nordrand des eingedeichten Bundesgaarder Sees mit Abzweig der beiden Umleitungen.
	5,7	Mündung in den Ruttebüller See über das Schöpfwerk Verlath. Dazwischen mehrere Straßenbrücken.
Umleitung Ost:	0	Vereinigung mit Schmale
	1,7	Mündung der Schnerpe

Schnerpe/Schlage: 0 Mündung in Umleitung Ost
0,3 Feldweg-Brücke zum Umsetzen in den Dreih. Gotteskoogstrom hier aussetzen und über den Feldweg und dann eine Straßenbrücke in 2,5 km nach Uphusum.
1,2 Straßenbrücke Aventoft – Niebüll, Ende der Befahrbarkeit.

Umleitung West/Alter Sielzug: 0 Vereinigung mit Schmale
2,8 Abzweig des Neuen Sielzugs. Ab hier Alter Sielzug, bis km 10,2 mit unbefahrbaren Abschnitten.
10,2 Einmündung des Neuen Sielzugs
13 Mündung in Nordsee über Schöpfwerk Südwesthörn

Neuer Sielzug: 0 Abzweig von Umleitung West/Alter Sielzug
6,2 Mündung in den Alten Sielzug

Freesmarker Sielzug: 0 Mündung in Schmale
4,6 Düker unter dem Dreiharder Gotteskoogstrom

Dreiharder Gotteskoogstrom: 0 Straßenbrücke bei Uphusum
5,3 Mündung in die Süderau

Übernachtung: Kein offizieller Campinplatz im Gotteskoog, wohl aber in Rudbøl an der Wiedaubrücke. Weitere Plätze bei Dagebüll, südlich Südwesthörn (Tel. 04667/818), Niebüll-Legerade, Klanxbüll, Tondern. Jugendherbergen in Rudbøl (Wiedau-nah im Ort), in Tondern (direkt an der Wiedau) und in Niebüll.

Auto nachholen: Bus-Linie 1503 Niebüll – Emmesbüll – Neukirchen – Niebüll (brauchbar). 1504 Niebüll – Rodenäs verkehrt sehr selten.

Kanuverleih: Siehe Steckbriefe Bongsieler Kanal und Treene.

Wasserqualität: Dürfte abschnittsweise sehr schlecht sein.

Namen: *Schmale* wohl von „schmaler Wasserlauf". *Schlage* und *Schnerpe* ? Häufige Ortsnamen und Ortsnamenteile: *Büll* (friesisch) = Bøl (dänisch) = Büttel (sächsisch) = Siedlung. *Harde* im schleswig'schen Bezeichnung für einen Amtsbezirk; *Gaard* Hof, gewöhnlich der eines Adeligen; *Hallig = Holm* hängt mit engl. hill = Hügel zusammen, also Erhebung im Meer (Insel) oder im flachen Land; *Lund* Hain, Gehölz; Endung *-um* wie bei Uphus*um* Heim; *Toft* Siedlungs-, Hausplatz.

Spezielle Literatur: K. Petersen: *Der Kreis Südtondern im Bild* ● Nordfriesland siehe Steckbrief Arlau

Karten:

- Wandern und Erholen im Kreis Nordfriesland, Blatt Nord, 1:50.000. Die Eindeichung des ehemaligen Bundesgaarder Sees ist in der aktuellen Auflage der Karte noch nicht vollständig erfaßt. Die Umleitungen Ost und West sind nicht verzeichnet. (Das macht die Topograph. Karte 1118 Neukirchen, 1:25.000.) Ansonsten sind alle Wasserläufe für den Fast-Rundkurs – auch die Grenzgewässer und die dänischen – enthalten.)
- Topograph. Karten L 1118 Süderlügum, L 11220 Ladelund (beide 1:50.000) und C 1118 Süderlügum (1:100.000) decken das westl. bzw. östl. Wiedaugebiet bzw. das ganze südwestl. Nordschleswig mit ab.

Alle Karten vom Landesvermessungsamt Schleswig-Holstein.

Überblick: Die Wiedau und die Grenzgewässer

Die Wiedau (dänisch: Vidaa oder Vidå = Weite Au) ist der Hauptwasserlauf des südwestlichen Nordschleswig. Sie entwässert mit ihren Zuflüssen die Tonderner Marsch (Dänemarks einziges Marschgebiet) und die östlich und nordöstlich anschließende Geest. In der Niederung sind die Wiedau und ihre Nebenflüsse eingedeicht und strömungslos. Die oberen Zuflüsse auf der Geest sind in der Regel nur nach starken Regenfällen für Einer befahrbar.

Die Wiedau ist ein breiteres, einsames Marschgewässer mit Schilfwäldern, Inseln und Nebenbuchten. Der Fluß macht trotz der Eindeichungen keinen rinnenartigen, sterilen Eindruck. Unterhalb der Vereinigung ihrer beiden Quellbäche Hvirlå und Arnå liegt Tondern (dänisch: Tønder). Die kleine Stadt besitzt einen wunderbaren historischen Kern. In Flußnähe liegen eine Jugendherberge und ein Campingplatz.

Auf halbem Wege zur Mündung fließt die Wiedau durch den Ruttebüller See, über den eine Verbindung zu den Wasserläufen des deutschen Gotteskoog besteht. In Rudbøl (deutsch: Ruttebüll) gibt es einen Campingplatz direkt am Fluß (neben der Wiedau-Brücke) und eine Jugendherberge (fast daneben). Der Ort Højer (deutsch: Hoyer) ist der alte Vorhafen Tonderns. Auch hier sind einige historische Häuser erhalten, allen voran die Mühle, die heute ein Mühlen- und Marschmuseum beherbergt. Nach der Eindeichung des neuen Kooges in den 80er Jahren mündet die Wiedau nicht mehr bei der – erhaltenen – Schleuse am Ortsrand von Højer in die Nordsee, sondern 1 km weiter westlich bei der „Vidåsluse" (Wiedau-Schleuse). Gleich daneben kann man sich in einer Cafeteria stärken und eine Ausstellung über das Wattenmeer ansehen. Vom Deich aus blickt man auf die Nordsee und auf Sylt. Højer liegt etwa auf der Höhe von Kampen.

Die größten Nebenflüsse der Wiedau sind die Grønå (deutsch: Grünau) und Sønderå (Süderau). Die Grønå entsteht durch den Zusammenfluß von Slogså und Ugebæk. Sie ist von Anfang an ganzjährig auch für Kanadier befahrbar. Nach 11,5 km mündet der unattraktive 2,8 km lange Vindtved-Kanal, der einen Teil des Sønderå-Wassers ableitet, ein. Ab hier ist die Grønå ein eng eingedeichter, steriler, reizloser Entwässerungskanal.

Die Sønderå schlängelt sich über 22 attraktive Kilometer auf die deutsch-dänische Grenze zu. Die anschließenden 11,7 km ist sie selbst Grenzfluß. Auf dieser Stecke ist sie stark begradigt und unattraktiv wie die untere Grønå.

Die dänischen Detailkarten von diesem Bereich sind in Deutschland nicht leicht zu bekommen und außerdem teuer. Viel leichter und erheblich billiger ist es, die deutschen topographischen Karten zu nehmen, die das gesamte Wiedau-Gebiet in verschiedenen Maßstäben miterfassen (s. StB Wasserläufe im Gotteskoog). Es ist auch nicht leicht, spezielle Literatur über die Gegend zu finden. Als eines von vielen Büchern über ganz Dänemark sei hier K. Kunzmann, *Dänemark*, Goldstadt-Reiseführer, Bd. 4016, empfohlen: Weiteres Material ist über das Tourist-Büro in Tondern oder über das dänische Fremdenverkehrsamt in Hamburg (Tel. 040/327803 od. 04) zu erhalten.

Seit dem 1.4.1992 hat das dänische „Amt Sønderjylland" (Südjütland) das Paddeln auf 41 von 55 Flüssen (= 485 von 661 km) verboten. Wiedau und Grønå darf man weiterhin auf ganzer Länge befahren, die Hvirlå nur noch auf den unteren 2,4 km (ab Hostrup), die Arnå mit Rodå und Surbæk gar nicht mehr. Die Ugebæk ist nur noch auf den unteren 5,5 km (ab Frestrup), die Slogså mit Zuflüssen gar nicht mehr erlaubt. Die Süderau darf man vom 15.6. bis 14.11. zwischen Store lyndevad und Vindtved-Kanal befahren. Ansonsten ist sie wie ihre Zuflüsse gesperrt. Auf dem Kanal gibt es keine Beschränkungen. Zusammengefaßt muß festgestellt werden, daß Kanuten von den attraktivsten Abschnitten ausgeschlossen werden.

Darüber hinaus sind Befahrensregeln zu beachten. Eine Tour mit mehr als 10 Booten muß schriftlich angemeldet werden. Fließt der Fluß durch eine Fischzuchtanlage, müssen die Boote vor Antritt der Fahrt desinfiziert werden, um die Fische vor Krankheiten zu bewahren. Mehr Informationen, auch über die anderen Flüsse des südlichen Jütlands, finden sich in der DKV-Zeitschrift *kanu Sport* 6/92. Nachfragen auch beim „Sønderjyllands Amt, Miljø-og Vandlobsvaesenet, Jamfrustien 2, DK 6270 Tønder, Tel. (0045) 74722929 (9 bis 15 Uhr).

Schon wieder ein Wehr

Olendieksau, Brahmsee, Wardersee, Mühlenau, Wehrau, Nord-Ostsee-Kanal, Eider

Auf der Mühlenau/Wehrau im Herzen Schleswig-Holsteins kann man die gesamte Bandbreite von Hindernissen kennenlernen, die dieses Land Kanu-Wanderern zu bieten hat. Wer die Ärgernisse in ihrer ganzen Intensität genießen möchte, sollte wie Doris, Uli, Johannes und ich mit einem vollbeladenen Kanadier und einem Faltboot fahren.

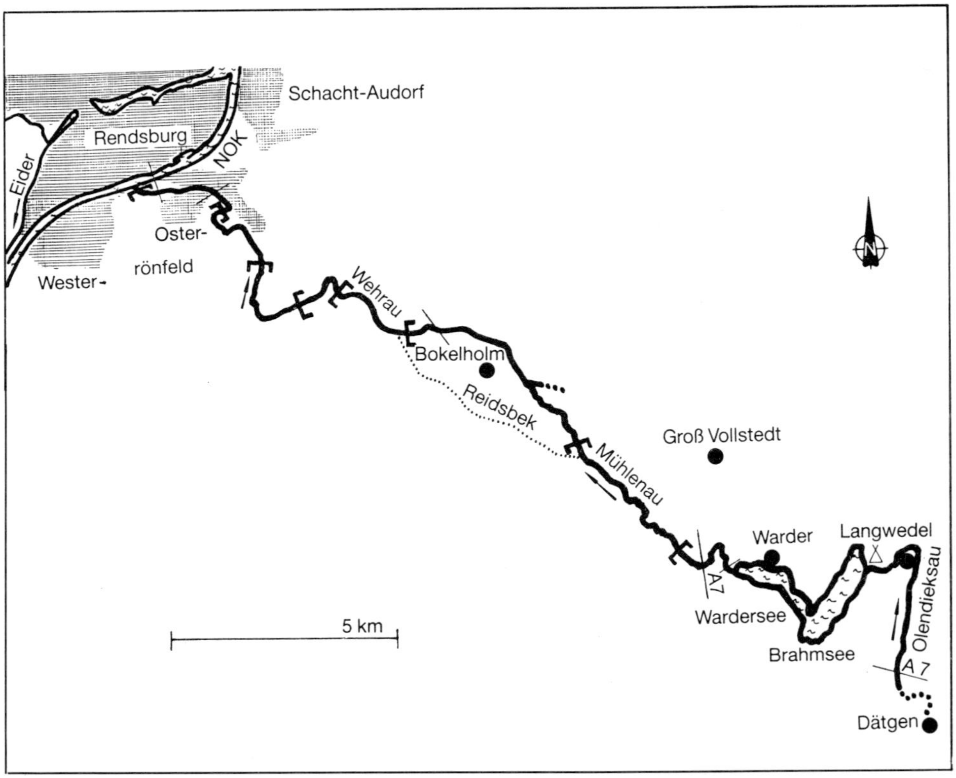

Dabei hat alles so gemütlich begonnen. Wir sitzen in Langwedel auf einer Fußgängerbrücke und geben uns einem zweiten Frühstück hin. Unter uns fließt die idyllische Olendieksau. Ein Entenpaar schwimmt auf uns zu. Sein zögerliches Verhalten löst bei uns einen wahren Kreativitätsschub aus. Die Dialoge, die wir den beiden unschuldigen Vögeln in den Schnabel legen, sind offenkundig von einsetzender Verdauung und abnehmender Logik geprägt.

Bevor die Enten sich beschweren können, schieben wir unsere Boote in das

Flüßchen. Nach 200 Metern sind wir auf dem Brahmsee. Der kleine See ist fast vollständig von Wochenendhäusern gesäumt. Beim anschließenden Wardersee beschränkt sich die Bebauung auf das nördliche Ufer. Trotz der Besiedlung herrscht auf beiden Mitgliedern der Nortorfer Seenkette kaum Betrieb. Eine nette Vorfahrt für die Mühlenau.

Der Ausfluß des Wardersees ist ein wunderbarer, vergleichsweise naturbelassener, kleiner Fluß, in herrlicher Geestlandschaft. Mit seinen engen und engsten Mäandern kann es der Bach ohne weiteres mit der oberen Treene und der Osterau aufnehmen. Die Manövrierfähigkeiten von Kanadier- und Faltbootfahrern werden einer harten Prüfung unterzogen. Es wäre eine Lust, hier zu paddeln, gäbe es nicht diese Vielzahl von Ärgernissen. Gleich am Anfang wartet die Au mit kaum unterquerbaren Straßenbrücken, mit dem Krach der Autobahn 7 und dem Mühlenwehr von Alt-Mühlendorf auf. Später folgen viele Steinschüttungen, meist unter Brücken. Wir müssen höllisch auf einzelne Steinbrocken, Baumteile, Bretter, Reusen und andere Gemeinheiten unter Wasser achten, um unsere Boote einigermaßen unbeschadet durch die Mühlenau zu steuern. In manchen Kurven lenken kaum sichtbare Mini-Buhnen die Strömung vom Ufer ab. Zwei- oder dreimal müssen wir unsere Köpfe einziehen, weil stromführende Drähte über den Fluß gespannt sind. Unter den meisten Brücken zwingen Steinschüttungen zum Treideln. Vor allem die Faltbootcrew ist zunehmend genervt. Am Abfluß der (unbefahrbaren) Reidsbek zwingen eine halbzerfallene Wiesenbrücke und ein Wehr zum dritten Umtragen. Vorher lag schon einmal ein Stahlträger als Behelfsbrücke unbefahrbar knapp über dem Bach. Dazu der ewige Lärm der A 7.

Bei der Eisenbahnbrücke hinter Bokelholm kommt es noch einmal konzentriert: Zunächst eine doppelte Steinschüttung und dann ein dreistufiges Wehr. Hier lassen wir die Kanus gleich an Land. Der Platz für die Zelte ist gefunden. Puh!

Die Nacht ist kalt und klar. An einem fantastischen Sternenhimmel senkt sich später ein leuchtend orangefarbener Halbmond auf den Horizont. Um vier Uhr morgens sind unsere Boote mit einer Eisschicht überzogen. Beim Frühstück ist vor Nebel kaum etwas von der Umgebung zu sehen. Erst um elf Uhr kommt die Sonne zögernd durch. Das soll nun der Wonnemonat Mai sein!

Seit der Eisenbahnbrücke haben wir es mit der Wehrau zu tun. Streng genommen ist die Mühlenau ein Nebenfluß der Wehrau, faktisch aber der Oberlauf. Mit dem Namen hat sich aber auch der Charakter des Baches geändert. Es gibt keine unvorhersehbaren Hindernisse mehr. Die Au ist begradigt, tiefer in die Landschaft eingeschnitten und durch mehrere unbefahrbare Wehre reguliert. Einige Male müssen wir umständlich über Stacheldraht und Brennesselfelder umtragen. Fast unter jeder Brücke zwingt eine Steinschüttung zum Treideln. Nur die Autobahn sind wir los.

Das Wetter wird immer schöner und unsere Stimmung immer gereizter. Der Tiefpunkt ist erreicht, als wir gegen 15 Uhr am Gasthaus unter der Rendsburger Eisenbahnbrücke eintreffen und die Küche seit einer halben Stunde geschlossen hat.

Es könnte so schön sein auf der Mühlenau ...

Ich mache an dieser Stelle eine wichtige Erfahrung. Immerhin noch Uli teilt meine Begeisterung für die Brückenkonstruktion und die (fast) einzigartige Schwebefähre darunter. Aber von dem Kanal und den gewaltigen Schiffen bin allein ich fasziniert. Während ich mich auf die Kanal-Strecke bis Nübbel freue, ertragen die anderen den Abschnitt unserer Tour als notwendiges, aber ödes Zwischenstück. Zum Glück sind es bis zur Lotsenstation in dem kleinen Rendsburger Vorort nur 4,4 Kilometer.

Dort setzen wir in die Untereider um. Es gibt auf dem schönen Fluß zwar keine Hindernisse mehr. Aber am folgenden Tag zwingt uns ein sehr kräftiger Westwind zur Umkehr nach Rendsburg. Ein voller Erfolg war unser Pfingstausflug nicht gerade.

STECKBRIEF: Olendieksau, Brahmsee, Wardersee, Mühlenau, Wehrau

Kurzdarstellung: Die aufgezählten, sehr unterschiedlichen Gewässer bilden eine durchgehende Paddelroute. Wegen der wunderschönen „Holsteiner Vorgeest", der hübschen Seen und der 11,3 km langen, naturbelassen mäandrierenden Mühlenau könnte sie zu den attraktivsten Wasserwanderstrecken im Norden zählen. Leider schmälern zahlreiche Hindernisse und der Krach der nahen Autobahn den Genuß deutlich.

Besondere Bestimmungen: Brahmsee und Wardersee dürfen nur mit Genehmigung des Fischers Schmidt in Langwedel **be**fahren, nach § 17 SHWG aber ohne besondere Erlaubnis **durch**fahren werden. Zum Durchfahren muß bereits auf der Olendieksau eingesetzt werden. – Die Wennebek ist oberhalb des Brahmsees ganzjährig gesperrt. – Für Bestimmungen NOK siehe StB NOK.

Befahrbarkeit: Ohlendieksau, Mühlenau und Wehrau sind für Gepäckfahrten mit Zweiern und Kanadiern nicht zu empfehlen. Faltboote sind nicht geeignet. Man sollte sich am besten bei mind. mittlerem Wasserstand (Pegel 3,20 unter der ersten Eisenbahnunterquerung in Osterrönnfeld) mit kleinen Einern ohne Gepäck auf den Weg machen. Geübte Paddler können mit einem solchen Boot die meisten Hindernisse befahren.

Schwierigkeiten: Hindernisse aller Art im, am und über dem Wasser machen die Befahrung mit größeren Booten mühselig. Die engen Kurven der Mühlenau dürften ungeübte Paddler wie Manfred und Luise vor Probleme stellen.

Umtragen: Auf der Gesamtstrecke gibt es 7 Wehre, die für geübte Paddler mit kleinen Kajaks teilweise befahrbar sind. Weniger erfahrene Kanuten und solche mit größeren Booten müssen hier umtragen oder wenigstens treideln (lange Leine wichtig!). Dazu kommt ein Stahlträger als Behelfsbrücke zu dicht über'm Wasser (unterhalb Alt-Mühlendorf). Zum Schutz der Boote muß an vielen anderen Stellen, meist unter Brücken, ebenfalls getreidelt werden.

Wichtige Kilometerangaben:

- 0 Olendieksau. Erst-Einsatzstelle an einer Stichstraße genau südlich der A 7.
- 3,8 Fußgängerbrücke in Langwedel (Stichstraße neben dem Sportplatz bis hinter die Tennisplätze fahren, hier links 50 m zu Fuß), letzte Einsatzstelle vor dem Brahmsee.
- 7,4 Mühlenau, erste Straßenbrücke unterhalb Wardersee.
- 11,7 Links Abzweig Reidsbek, nicht fahren.
- 28,8 Mündung in NOK bei km 62,3, 400 m westl. von der Rendsburger Eisenbahnbrücke.

Übernachtung: Viele schöne freie Plätze am Wasser.

- Offizieller Campingplatz in Langwedel am Brahmsee (Tel. 04329/370). Der nächste liegt am Nordufer des Borgdorfer Sees (Tel. 04392/4925), d.h. nicht am Fluß.
- Keine Jugendherberge in Gewässernähe. Die nächsten sind am Westensee (im Dorf Westensee) und in Rendsburg.

Auto nachholen: Bahn-Linie 131 Rendsburg – Nortorf. Bus-Linie 1035 Rendsburg – Nortorf. Bus-Linie 1572 von Rendsburg über Osterrönfeld, Bokelholm, Klein Vollstedt nach Nortorf (nützlich). Bus-Linie 1670 von Kiel über Emkendorf nach Groß Vollstedt nach Rendsburg (mäßig nützlich).

Kanuverleih: Beate Naefe-Storm, Steinberg 8, 2371 Groß Vollstedt, Tel. 04305/351. Weitere siehe StB Eider.

Wasserqualität: Gewässergüteklasse II = mäßig belastet.

Namen: Brahm = Ginster. Warder = Insel. Der Wardersee ist nicht zu verwechseln mit dem Warder See (auseinandergeschrieben) bei Bad Segeberg (Trave). Wehrau vermutlich nicht als Kurzform von „Au, schon wieder ein Wehr!"; wohl eher aus der Zeit, als das Flüßchen Teil der gewaltigen Rendsburger Befestigungsanlagen war.

Spezielle Literatur: Siehe Steckbriefe Eider (Rendsburg, Eider) und NOK.

Karte: Wandern u. Erholen im Kreis Rendsburg-Eckernförde, Bl. Süd, 1:50.000, LVA Schleswig-Holstein. (Stellt allerdings die Mühlenau unterhalb des Abzweigs der Reidsbek falsch dar: Die Mühlenau ist Hauptwasserlauf, die Reidsbek unbefahrbares Nebengewässer).

Nichts für Eskimos im Sommer

Schwartau

Mein Verhältnis zur Schwartau ist gespalten. Eigentlich ist sie eines dieser netten Flüßchen des Östlichen Hügellands. Sie schlängelt sich durch ein zuweilen weites, dann ausgeprägtes Tal mit Kuhweiden und Feuchtwiesen, Bruchwald und herrlichen Buchenwald-Steilhängen. Vor allem im Mai könnte die Au ein Gedicht sein, wenn alles wieder sprießt und blüht und die Äcker ihr rapsgelbes Kleid tragen.

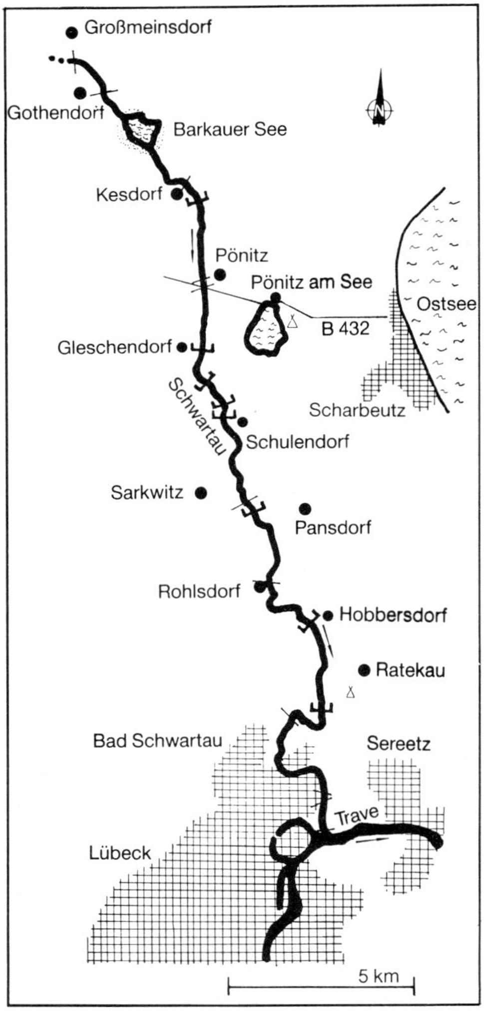

Aber gerade im Mai haben Brigitte und ich schlechte Erfahrungen mit der Schwartau gemacht. Der Wasserstand reichte für unseren unbeladenen Kanadier nicht aus. Da wir Flußbett und Ufer nicht durch häufiges Treideln belasten wollten, mußten wir nach wenigen Kilometern aufgeben. Nicht viel erfolgreicher verlief der zweite Versuch im Oktober ein Stück weiter flußabwärts. Diesmal quälten uns zusätzlich Bäume, die die ersten Herbststürme quer in das Wasser gelegt hatten. Und unsere Tochter machte ihrem Unwillen laut und ausdauernd Luft.

Zwei Jahre später gehe ich auf Nummer sicher. Bevor ich zum dritten Mal aufbreche, lasse ich eine ergiebige Regenperiode den Wasserspiegel der Schwartau um 50 bis 80 cm anheben. An einem kalten Novembermorgen setze ich mein Eskimo-Kajak in den Fluß. Die Sonne zeigt sich als fahle, weiße Scheibe über den Hügeln, als ich mich Gleschendorf nähere.

Wie so viele steinig-nervige Untiefen im Sommer macht sich die Brückendurchfahrt im Ort lediglich als munterer Schwall bemerkbar. Einem ersten wunderbaren Waldtal mit unbefahrbarem Wehr am Ende folgt ein stärker begradigter und abgesenkter Abschnitt. In einer

Kurve springt ein größeres Tier ins Wasser: Ein Fuchs schwimmt 30 Meter vor mir durch den Fluß. Später fliegen ab und zu Wasseramseln ein Stück vor mir her. Auch ein paar Reiher lassen sich sehen.

Die Welt ist in eine schöne Spätherbst-Atmosphäre getaucht. Kalte und feuchte Luft. Die Sonne hatte gleich nach ihrem ersten zaghaften Versuch dem grauen Dunst das Feld überlassen. Moderig ist es überall und erstaunlich still.

Bei Hobbersdorf

Mit der flotten Strömung bin ich bald in Hobbersdorf, wo eine große, moderne Mühlenanlage den Fluß versperrt. Nach dem Umtragen habe ich den Riesebusch zu meiner Linken. Dieses schöne Waldgebiet zieht sich mit herrlichen, buchenbestandenen Steilhängen bis Bad Schwartau hin. Bei Sonnenschein wäre der Genuß noch größer. Dann würde der Herbst in den Bäumen leuchten.

Der Arbeitsdienst hat den Fluß 1935 zwischen Bad Schwartau und der Mündung kanalisiert. Will man sich diesen Abschnitt ersparen, sollte man an der ersten Straßenbrücke im Ort die Tour beenden. Wer aber, wie ich, noch nach Lübeck will, erreicht nach 4 Kilometern die Trave. Genau an der Mündung lag auf einer Halbinsel Lübecks slawische Vorgängersiedlung Liubice. Noch heute kann man den

Ringwall der ehemaligen Palisadenburg und die Fundamente der ersten christlichen Kirche in der Mitte des Runds besichtigen. Der Platz besitzt eine ganz eigentümliche Atmosphäre. Sie wird durch den Nebel noch verstärkt, der mittlerweile so dicht ist, daß ich kaum das gegenüberliegende Ufer sehen kann. Einem Geisterschiff gleich tuckert ein Binnenschiff Richtung Ostsee.

STECKBRIEF: Schwartau

Kurzdarstellung: Die Schwartau ist ein hübscher Fluß des Östlichen Hügellandes. Von einigen weniger ansprechenden Abschnitten abgesehen, schlängelt sie sich durch ein teils weites, teils enges Tal mit Wiesen, Äckern, Bruchwald und von herrlichem Buchenwald bestandenen Steilhängen. Interessant könnte neben der einfachen Fahrt für Großgewässertaugliche der Fast-Rundkurs über Trave und Ostsee bis Scharbeutz sein. (5 km Landtransport über einen gut ausgebauten Radweg entlang der B 432). Problematisch ist die eingeschränkte Befahrbarkeit der Au.

Besondere Bestimmungen: Der Barkauer See darf nicht befahren werden (NSG).

Befahrbarkeit: Bei dem normalen Wasserstand der wärmeren Jahreshälfte ist die Schwartau nur etwas für kleine Kajaks. Für Faltboote sind die steinigen Untiefen dann ruinös. Bei höheren Wasserständen ist die Befahrung auch für größere Boote problemlos (bis auf die Wehre). Unterhalb von Bad Schwartau ist das Flüßchen nahezu strömungslos, daher bis hier auch aufwärts befahrbar.

Schwierigkeiten: Bei niedrigem Wasserstand (s.o.) und durch Wehre. Stromführende Stacheldrähte unter der ersten und dritten Brücke in Pönitz!

Umtragen: Durchschnittspaddler müssen auch bei gutem Wasserstand in Woltersmühlen, unterhalb Gleschendorf, Schulendorf und Hobbersdorf umtragen bzw. überheben oder treideln (lange Leine mitnehmen!). Dazu kommen unterhalb Pönitz (je nach Wasserstand und Fähigkeit) das Wehr an der Straßenbrücke Sarkwitz – Pansdorf, ein Wehr unter einer Wegebrücke am Riesebusch und rd. 10 kleinere Stufen, Untiefen u.ä. Für manchen sind die erwähnten Stacheldrähte in Pönitz auch nicht zu fahren. Wer ganz oben einsetzt, muß wegen des Barkauer Sees einen weiten Landweg in Kauf nehmen.

Wichtige Kilometerangaben:

0 Straßenbrücke Großmeinsdorf – Gothendorf

8,6 Erste Straßenbrücke Pönitz. Einsatzstelle beim Fast-Rundkurs über Trave und Ostsee nach Scharbeutz (s.o.).

33,1 Mündung in Trave unterhalb Bad Schwartau.

Übernachtung: Direkt am Fluß gibt es keine Campingplätze. Nahe liegen Pönitz am See (bei Pönitz) und Ratekau (Tel. 04504/3833). Günstig liegt für den erwähnten Fast-Rundkurs neben jenem in Pönitz am See auch der Campingplatz in Scharbeutz (Tel. 04503/72366). Es gibt keine Jugendherbergen am Fluß. Die nächste ist jene in Scharbeutz-Klingberg, südl. vom Großen Pönitzer See. Weitere befinden sich in Eutin und Lübeck.

Auto nachholen: Sehr günstig ist die Bahnlinie 145 von Lübeck über Bad Schwartau und Pönitz nach Eutin (1x/Stunde). In Frage kommende Busse verkehren sehr selten.

Kanuverleih: Siehe Steckbriefe Trave und evtl. Schwentine.
Wasserqualität: Zwischen Woltersmühlen und Rohlsdorf II bis III (= kritisch belastet), sonst II (= mäßig belastet).
Name: Vom slawischen (altpolabischen) svartov für „Krümmung, Wendung". Möglicherweise aber auch aus dem Germanischen (Schwarze Au) übernommen, d.h. eingeslawischt.
Spezielle Literatur: M. Steen: *Bad Schwartau* und *Alt Schwartau* ● Weitere siehe Steckbrief Trave
Karte: Rund um Lübeck (1:50.000), LN-Verlag Lübeck (sehr schöne Karte).

Schluß

Schmalfelder Au, Hudau

Ab und zu schiebt der kalte Wind Wolkenschleier vor die blasse Sonne da oben am Winterhimmel. Rauhreif liegt auf den Wiesen und dort, wo das Wasser aus kleinen Gräben in die Au tröpfelt, sind skurrile Gebilde aus Eis gewachsen. Ein Zaunkönig versteckt sich raschelnd in dem gefrorenen Geflecht aus braunen, verdorrten Gräsern, Schilfhalmen und anderen Pflanzen, als ich mit meinem Kajak vorbeigleite.

Ich mag die Atmosphäre vor Weihnachten sehr, wenn der Frost Einzug hält und die Tage immer kürzer werden. Die graue Luft strahlt etwas Besinnliches aus. Auf der dünnbesiedelten holsteinischen Geest scheint die winterliche Ruhe in jeden Baum und jeden Strauch gekrochen zu sein.

Die Schmalfelder Au habe ich mir für meine letzte Tour in diesem Jahr ausgesucht, kein Luxusflüßchen. Das war mir vorher klar gewesen. Aber ich wollte einen Wasserlauf in Schleswig-Holstein paddeln, auf dem ich noch nicht war. Und da ist die Auswahl mittlerweile sehr begrenzt.

Die umgebende Geestlandschaft und das Tal auf den unteren Kilometern sind wunderschön. Aber von der Au ist nach der Regulierung nur noch eine sterile Rinne übriggeblieben. Der Wasserspiegel wurde so sehr abgesenkt, daß man vom Boot aus kaum etwas von Wald und Wiesen sehen kann. Dazu kommen – und das habe ich vorher nicht gewußt – 13 Wehre. Die oberen sieben sind Steinschüttungen mit steinigem, flachem Unterwasser. Ich muß mein Kajak treideln, um es nicht zu ruinieren. Keine einfache Sache bei hartgefrorenen, rutschigen Ufern und eisigem Wasser. Mit lauten Flüchen macht sich meine zunehmend genervte Paddlerseele Luft. Alle weiteren Wehre kann ich zum Glück problemlos befahren. Die 50 bis 100 cm hohen Stufen haben sogar ihren Reiz. Das versöhnt mich etwas mit der Au. Insgesamt bleibt der Genuß auf dem Flüßchen aber mäßig.

Mein Entschluß, mit diesem Buch zu Ende zu kommen, wird dadurch bestärkt. Mit dem Wasser des Baches fließen tausend Gedanken dahin. Mir fallen Erlebnisse ein, die ich auf den Paddeltouren hatte. Stimmungen werden wieder wach. Ich denke an die Freunde, die den einen oder anderen Wasserlauf mitgefahren sind, freue mich, daß es sie gibt. An die vielen, vielen Menschen, die mir auf die eine oder andere Art geholfen haben. An meine Tochter Edda, die zu der Zeit das Licht der Welt erblickte, als die ersten Überlegungen zu diesem Buch konkret wurden. Und an Brigitte, mit der ich nachher im warmen Wohnzimmer Tee trinken werde. Ohne ihre tatkräftige, geduldige Unterstützung wäre kaum eine Seite zustande gekommen.

Die Fahrt von Struvenhütten durch die einsame Gegend bis Bad Bramstedt wird so zur Abschiedstour. In dem Kurort tut sich die Schmalfelder Au mit der Ohlau zur Hudau zusammen. Ein letztes Wehr steht im Weg. Vorsichtig nähere ich mich der

Stufe, um vor dem Paddeln einen Blick auf das Unterwasser zu tun. „Nun fahr mal", ruft ein Spaziergänger aufmunternd.

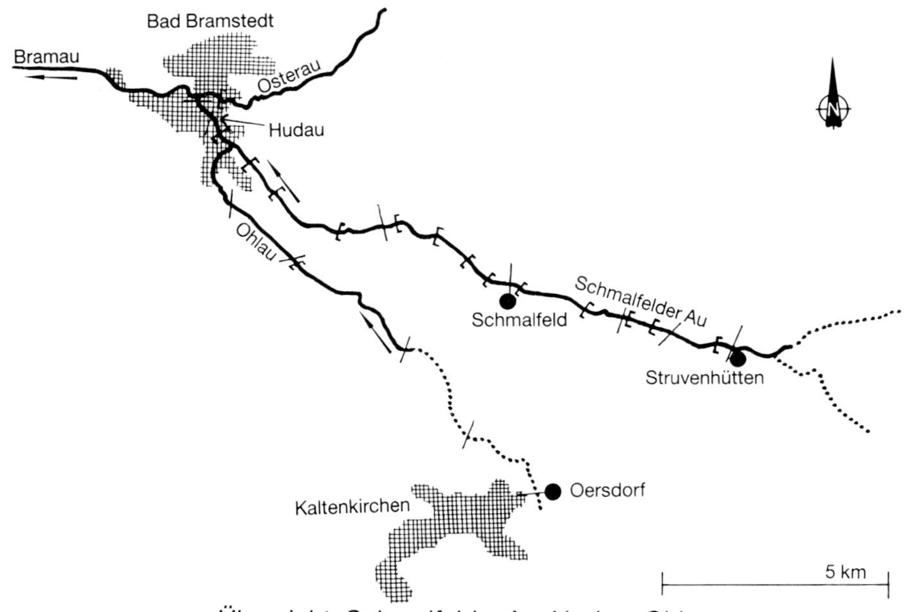

Übersicht: Schmalfelder Au, Hudau, Ohlau

Kurz vor der Vereinigung der Hudau mit der Osterau setze ich aus. Das Kajak stelle ich bei einer nahen Tankstelle unter. Dann fahre ich mit dem Fahrrad durch die schöne, winterliche Geestlandschaft zurück zur Einsatzstelle.

STECKBRIEF: Hudau, Schmalfelder Au, Ohlau

Kurzdarstellung: Die Schmalfelder Au ist eine von Bad Bramstedts fünf Auen. Sie nimmt hier die Ohlau auf und wird damit zur Hudau. Diese wiederum vereinigt sich nach nur 1,4 km Länge mit der Osterau zur Bramau. Die Schmalfelder Au fließt durch eine herrliche Geestlandschaft. Leider ist das Flüßchen stark begradigt und abgesenkt worden, so daß man vom Boot aus wenig von der schönen Umgebung sieht. Der Paddelgenuß bleibt in der sterilen Rinne begrenzt. Und der dürfte sich für so manchen Paddler wegen der 13 Wehre vollends erledigen. Für die kleinere Ohlau gilt ähnliches.

Besondere Bestimmungen: keine

Befahrbarkeit: Die Schmalfelder Au dürfte ab Struvenhütten, außer bei sehr niedrigen Wasserständen, immer befahrbar sein. Oberhalb des Ortes entsteht sie durch den Zusammenfluß mehrerer kleiner Bäche, die bei sehr guten Wasserständen auch ein Stück befahrbar sind. Die Ohlau soll ab Kaltenkirchen befahrbar sein. Sie ist hier aber nur 1 m breit und flach. Ich kann mir ein Einsetzen vor der Straßenbrücke Kaltenkirchen – Schmalfeld nicht vorstellen. Sicher befahrbar (für Einer) ist die Ohlau wohl erst ab km 8 oder 10.

Schwierigkeiten: Von den Wehren abgesehen keine.

Umtragen: Alle 13 Wehre zwischen Struvenhütten und Hudau-Mündung sind prinzipiell befahrbar. Die ersten 7 sind Steinschüttungen, auf die eine 50 bis 100 m lange, flache Strecke mit steinigem Untergrund folgt. Überall droht die Beschädigung des Kanus. Treideln ist problemlos. Die unteren Wehre sind mehr oder weniger saubere Sohlabstürze mit ausreichend tiefem Unterwasser. Halbwegs geübte Paddler können sie ohne Schaden befahren. Alle Wehre sind leicht zu umtragen. Man benötigt keinen Bootswagen. Über Zahl und Art der Wehre der Ohlau weiß ich nichts.

Wichtige Kilometerangaben: **Schmalfelder Au/Hudau**

0	Straßenbrücke in Struvenhütten
14,1	Vereinigung mit Ohlau zur Hudau
15,4	Vereinigung mit Osterau zur Bramau
	Ohlau
0	Straßenbrücke Kaltenkirchen – Oersdorf
4,7	Straßenbrücke Kaltenkirchen – Schmalfeld
15	Vereinigung mit Schmalfelder Au

Übernachtung: Keine Campingplätze an den Auen. Der nächste ist in Weddelbrook (Tel. 04192/2289), 3 bis 4 km südwestlich von Bad Bramstedt. Keine Jugendherberge weit und breit. Viele schöne freie Plätze.

Auto nachholen: Keine nützliche Busverbindung für die Schmalfelder Au. Für die Ohlau ist die AKN (Eisenbahn) zwischen Bad Bramstedt und Kaltenkirchen hilfreich.

Kanuverleih: Herr Gantzer, Lentförden (bei Bad Bramstedt), Tel. 04192/3405.

Wasserqualität: Alle drei Auen fallen in die Gewässergüteklasse II (= mäßig belastet).

Namen: *Au* ist die allgemeine Bezeichnung für ein fließendes Gewässer (vgl. Steckbrief: Bongsieler Kanal). *Ohlau* entweder alte Au, tiefe Au oder Au in einer feuchten, sumpfigen Wiese. *Hudau* wohl als Kombination von Au und Hude (Hude = Stapelplatz, Anlegestelle, Fährstelle).

Spezielle Literatur: Siehe Steckbrief Stör.

Karte: Wandern und Erholen im Kreis Segeberg, 1:50.000, Landesvermessungsamt Schleswig-Holstein.

Die ersten Trockenübungen ➤

Der Spezialist für Kanu-Bücher
Fordern Sie den Gesamtprospekt an!

Pollner Verlag
Rotdornstraße 7
85764 Oberschleißheim

Lustige Kajakschule
Von William Nealy
180 Seiten, 24 x 17 cm, Fadenheftung, reich illustriert

Wieder so ein Kajaklehrbuch?
Nein, Nealy's spitzer Zeichenstift zeigt seinen überreichen Erfahrungsschatz aus Wildwassererlebnissen in lustigen und lehrreichen Skizzen. Den Wildwasserneuling sowie auch den mit allen Wassern gewaschenen Könnern ermöglicht das neue Einblicke.
Walzen, Wasserfälle, Sicherung, Selbstrettung und Paddlerlatein sind Schlagworte seiner Sammlung an Tips und Tricks für's Kajakleben. Kurze, wichtige Infos mit einprägsamen Bildern ersetzen lange Erklärungen.
Auf 180 Seiten finden Sie die jahrzehntelange Erfahrung als Anleitung zum sicheren Wildwasserfahren. So deutlich zeigt's keiner – dabei mit viel Witz bei allem Ernst.

Pollner Verlag

CARTOONS – mit wertvollen Tips für's „Überleben"

Skikatastrophen
Cartoon von William Nealy,136 Seiten,18,-- DM
Nealy hat den Skiwahnsinn mit spitzem Zeichenstift aufgespiest – mit wertvollen Tips für's Überleben!

Kajak-Blindflug
Cartoon von Foxy,136 Seiten,18,-- DM
Foxys Zeichenstift,gepaart mit trockenem,englischem Humor,zeigt die wahren Erlebnisse auf wilden Wassern auf.

Lustige Mountainbike-Tips
Der Cartoonspezialist William Nealy hat mit spitzem Zeichenstift seine über zehnjährigen Biker-Erlebnisse aufgespießt. Seine ironische Situationskomik stellt mögliche Tücken des Bikerlebens treffend dar.

Kajakfahrten zwischen Donau und Inn

Von Peter Dinter Preis: 54,--
280 Seiten, 20 x 22 cm, Fadenheftung, 92 Farb- und 22 Schwarzweiß-Aufnahmen, 69 Flußskizzen,

Hinter diesem wenig aufreißerischen Titel verbirgt sich ein neuer und in seiner Aufmachung einzigartiger Wildwasserführer für das Engadin, Tirol, Oberbayern und den Bayerischen Wald. Es ist ein Buch, das mehr bietet als nur nüchterne Beschreibungen einzelner Flüsse. Neben den kurzen und auf das wesentliche beschränkten Flußbeschreibungen mit Kurzhinweisen und übersichtlichen Kartenskizzen findet man weitaus mehr.
Da wird zum Beispiel über spannende Erstbefahrungen berichtet. Der Bericht von der Erstbefahrung der Achstürze durch Gregor Otto fehlt natürlich genauso wenig wie Sepp Strohmeiers Report über seinen „Erstling“ durch die Rißbachklamm.
Oder die historischen Bilder und Berichte aus der Faltbootpionierzeit.

KANUFÜHRER
Pollner Verlag

Durch Österreichs Schluchten
Kajakfahrten und Wanderungen

Von Prof. Hans Matz, DM 40,--

In seinem neuesten Buch führt Prof. Hans Matz seine Leser in die romantische und geheimnisvolle Welt der Schluchten Österreichs. Der Bogen der vorgestellten Klammen und Schluchten spannt sich dabei von kleinen Felsengen im Bregenzer Wald über die figurenreichen Alpenschluchten Tirols bis zu den versteckten Flußklammen Kärntens und der Voralpen. Die trotz ihrer Sachbezogenheit anregenden und fesselnden Beschreibungen vermitteln dem Leser neue Eindrücke aus verborgenen Landschaftsteilen der Alpen und eröffnen ihm bisher wenig bekannte Erlebnisbereiche. Der Verfasser schildert nicht nur Kajakfahrten durch tief eingeschnittene Täler und enge Felsklammen, sondern er zeigt auch dem Fußgänger den Weg durch die Schluchten über Stege, Galerien und Leitertreppen. Begleitet werden die informativen Darstellungen von aussagekräftigen Bildern, die Naturell und Eigenart jeder Klamm oder Schlucht aus attraktiven Blickwinkeln präsentieren.

Marokko – Zu Fuß, mit Fahrrad und Boot

Von Franz und Marlen Riegel
200 Seiten, 21 x 14 cm, Fadenheftung, 110 einfarbige Abbildungen, zahlreiche Kartenskizzen

Dieser Reiseführer ist für Abenteurer, die sich abseits der Touriстenströme bewegen, gedacht. Im Tourenteil werden 22 Flüsse mit ca. 1 000 km Wildwasser beschrieben. Für Radfahrer sind zwei schöne Mountainbike-Touren und eine Straßenstrecke aufgezeichnet. Eine Durchquerung des Hohen Atlas ist für Wanderer beschrieben.

Kanuführer Französische Alpen
– Auf wilden Wassern –

von Jean Magdinier und Sven Grimpe 45,-- DM

Jean Magdinier, ein mit allen französischen Wildwassern gewaschener Kanute, und Sven Grimpe haben zusammen einen Wildwasserführer über dieses faszinierende, an landschaftlichen Höhepunkten reiche Wildwassergebiet geschrieben. 61 Wildwasserflüsse werden mit kurzem Text und einer Lageskizze sowie Angaben über Streckenlänge und Schwierigkeiten vorgestellt. Das Besondere dieses Führers sind die 99 Bilder, davon 44 in Farbe. Die Fotos vermitteln fast durchwegs die hinreißende Stimmung, wie sie die Flußlandschaften der Provence oder des Dauphiné ausstrahlen. Ob das nun Bilder der Bonne, des Esteron, der Durance, des Artuby oder der Bevera sind – Charakter und Atmosphäre der Wildflüsse kommen in den Fotos so intensiv zum Ausdruck, daß man sich unmittelbar in die Geräusch- und Geruchswelt der Schluchten und Klammen hineinversetzt fühlt.
Abgerundet wird dieser Führer mit sechs Cartoons von Rainer Kiek, der die Erlebnisse und Neuheiten aus der Kanuszene mit spitzem Stift festhält.
Für die PE-Bootfahrer von heute wird der bebilderte Bericht von Walter Frenz über die Erstbefahrung der Verdon-Schlucht 1932 im Faltboot eine interessante Bereicherung sein.

mit 20 Flußbeschreibungen

Schlauchboote
Ausrüstung, Paddeltechnik, Wildwasser

Von Franz Riegel u. Dieter Raffler
106 Seiten, 29,7 x 21 cm, Fadenheftung,20 farbige Aufnahmen u. 62 Zeichnungen, Preis 38,-- DM

Das Buch befaßt sich mit den Grundlagen des Schlauchbootfahrens. Es beschreibt, für welche Zwecke die unterschiedlichen Schlauchboottypen am besten geeignet sind. Die vielfältige Paddel- und Rudertechnik im Wildwasser werden in Wort und Bild ausführlich dargestellt. Im Ausrüstungsteil werden die notwendigen Ausrüstungsgegenstände genau beschrieben. Besonders faszinierend für den Schlauchbootfahrer ist das Wildwasser. Dieses wird durch 20 farbige Aufnahmen herausgestellt. Ebenso wichtig ist, daß auf die speziellen Gefahren des Wildwassers genau eingegangen wird, wie z. B. Gefahren bei Wehren, Anwendung der Rettungsleine und Bootsbergung.

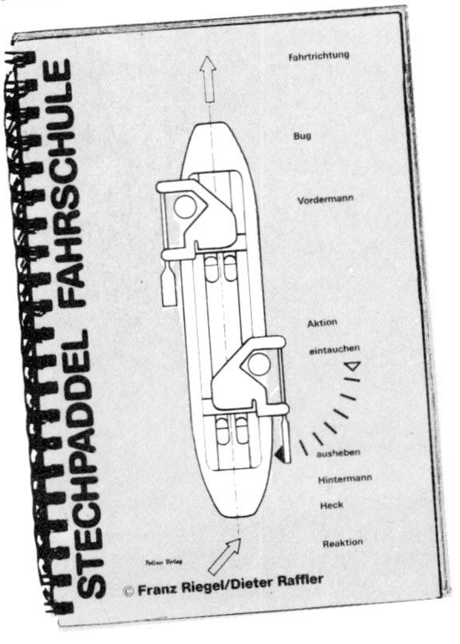

Stechpaddelfahrschule

Von Franz Riegel und Dieter Raffler, 20 Seiten, 18 x 12 cm, Ringheftung, 12,80 DM

Mit Zeichnungen und exakten Erklärungen wird das Grundlagenwissen für den Canadierfahrer (auch Zwei-Mann-Schlauchcanadier) vermittelt.

Das baldverlorene Paradies

Von Herbert Rittlinger, 8. überarbeitete Auflage
382 Seiten, 128 Schwarzweiß-Fotos, 34,-- DM

Der viel zu früh verstorbene Reiseschriftsteller und Faltbootpionier Herbert Rittlinger wirkt mit seinen Schilderungen abenteuerlicher Kanuunternehmungen weit in unsere „moderne“ Kajakzeit hinein. Unzählige junge und alte Kanuten hat er mit seinen Erzählungen fasziniert, Tausende haben ihn gelesen, eine ganze Faltbootgeneration hat ihm nachgeeifert. „Ganz allein zum Amazonas“, „Faltboot stößt vor“, „Schwarzes Abenteuer“ und andere Titel machten ihn gleichsam zum Luis Trenker des Kanusports. Die meisten seiner Bücher sind längst vergriffen, natürlich auch „Das baldverlorene Paradies“, in welchem der Verfasser „die tausend unentdeckten Schönheiten der heimischen Gewässer“ Drau und Enns beschreibt.
Neben aller Fröhlichkeit und Erlebnisfreude, die diesem Buch zu eigen ist, nimmt Rittlinger ahnungsvoll Abschied von den romantischen, damals noch ganz unberührten Flußauen, Buchten und versteckten Zeltlagerplätzen der beiden großen Alpenflüsse. Die Zeit der Staumauern, der Begradigungen, der Stauseen und der rücksichtslosen Ausbeutung der Landschaften stand unmittelbar vor der Tür oder hatte in einer bis dahin unbekannten Intensität bereits begonnen. Heute sind weite Strecken von Enns und Drau zu öden Stauseen verkommen, die romantischen Buchten und Rastplätze Rittlingers überflutet, die Paradiese zumindest über weite Strecken zerstört.
Jetzt hat der Pollner-Verlag Rittlingers Buch mit einer Neuauflage aufgewertet. Die vorliegende Fassung zeichnet sich durch eine Inhaltserweiterung aus, die den Originalbildern Rittlingers modernes Bildmaterial mit den flußlandschaftlichen Veränderungen von heute gegenüberstellt. Das Buch wird damit zur seltenen Dokumentation der partiellen Umgestaltung zweier Gewässerlandschaften im Zeitraum von wenigen Jahrzehnten.

Englische Bücher

Alone at Sea **Neu! Neu!**

A doctor's survival experiments of two Atlantic crossings in a dugout canoe and a folding kajak

36,00 DM

Versandservice

Diese Bücher, Wildwasser-Kalender, Kanuimpressionen-Kalender können Sie im Kanufachhandel und Buchhandel kaufen.
Sollten Sie diese Bücher nicht im Handel bekommen, können Sie auch direkt beim Verlag bestellen:

Pollner Verlag
Rotdornstraße 7
85764 Oberschleißheim

Pollner Verlag

Der Hadernkahn
Geschichte des Faltbootes
Von Ursula u. Christian Altenhofer
200 Seiten, 20 x 22 cm, Fadenheftung, 175 Schwarzweiß-Aufnahmen und 103 Grafiken, Preis 38,-- DM

Der „Held" dieses Buches ist das Faltboot, ein genial erdachtes Sportgerät, das zahllosen naturnahen Menschen außergewöhnliche Erlebnisse auf stillen und auf wilden Wassern erschloß.
Das Buch berichtet von großen Wanderfahrten und vom Freiluftleben an (damals noch sauberen) romantischen Flüssen, an großen Strömen und in den unberührten Schluchten Europas. Es erzählt von Erstbefahrungen reißender Wildflüsse, von kühnen Faltboot-Expeditionen in Übersee, von raffinierten Bootskonstruktionen und mutigen Männern, die nicht vergessen werden sollten.
Die große Zeit des Faltboots fiel in die eineinhalb Jahrzehnte vor dem Zweiten Weltkrieg. Das „Faltbootfahren" war eine populäre Sportart, deren Anhängern bewundernswerte Leistungen gelangen. Sie sind auf hervorragenden Fotos dokumentiert.

Wildwasser-Kalender 1994
Mit 13 einmaligen Bildern aus dem Wildwassersport und 13 Flußbeschreibungen

Kajak Optimal 1994
Mit 12 optimalen Bildern auf bewegten Flüssen

Kanu-Impressionen 1994
Mit 12 beeindruckenden Aufnahmen von den schönsten Paddelrevieren der Welt auf ruhigen Gewässern - mit 12 Tourentips

Über 100 Titel lieferbarer

KANU-LITERATUR UND GEWÄSSERKARTEN

erhalten Sie über meinen Buchversand.

Vom Kanu-Klassiker wie MacGregors „Rob Roy“ über Abenteuerbücher und spannende Expeditionsberichte bis zu den aktuellen DKV-Flußführern und besonderen Auswahlführern reicht die Auswahl meines Sortiments.

Bildbände, Lehrbücher zum Kanusport sowie spezielle Gewässerkarten gehören ebenfalls zu meinem Angebot, über das eine aktuelle Kanu-Literaturliste informiert.

Bitte anfordern bei
KANULITERATUR UND -KARTEN
Peter Hübinger
Schlosserstraße 5, 57076 Siegen

KANUFÜHRER

Dänemark
Sylt
Wiedau
Süderau
Flensburg
Lecker au
Wallsb. Strom
Föhr
Bongs. K.
Amrum
Halligen
Arlau
Treene
Schlei
Loiterau
Schleswig
Pellworm
Husum
Alte
Sorge
Sorge
Eider
Brocklandsau
Rendsburg
Kiel
Eider
Kanal
Wehrau
Eider
Heide
Ostsee-
Nord-
Miele
Kührener Au
Neumünster
Nordsee
Stör
Burger Au
Wilster Au
Itzehoe
Stör
Osterau
Bramau
Breit. Kanal
Schmalf. Au
Ohlau
Stör
Kremper Au
Niedersachsen
Krückau
Pinnau
Hamburg
Alster
Elbe
Bille
50 km
Dove Elbe
Gose Elbe